近代化と伝統の間

——明治期の人間観と世界観

吉田公平・岩井昌悟・小坂国継 編
東洋大学国際哲学研究センター 第一ユニット 著

教育評論社

近代化と伝統の間

――明治期の人間観と世界観

吉田公平・岩井昌悟・小坂国継 編
東洋大学国際哲学研究センター 第一ユニット 著

教育評論社

はじめに

国際哲学研究センター 第一ユニット長
岩井昌悟

東洋大学国際哲学研究センターは三つのユニットからなり、本書を刊行する第一ユニットは、「日本哲学の再構築に向けた基盤的研究」をその使命として、より具体的には（一）東洋大学の創設者である井上円了に関する研究の促進と、（二）明治期の日本における哲学の解明の二つを大きな研究の柱として、センター設立の平成二三年（二〇一一年）七月一日より、研究活動を行ってきた。

（一）については「井上円了データベース」の構築に加えて、国際井上円了学会の設立とその活動に結実し、今に至る。国際井上円了学会は年刊ウェブジャーナルとして『国際井上円了研究』（International Inoue Enryo Research）を発行し、平成二八年（二〇一六年）一月現在で第三号まで刊行されている。

（二）の明治期の日本における哲学の解明のためには、特に日本近現代哲学の独創性の探究に焦点が当てられ、活動当初から多方面から種々の視点が提示されて、研究は大きな広がりをもった。そこで一度、集約を試みる意味で、活動をはじめて四年目にあたる二〇一四年度に「明治期日本人の人間観と世界観」というテーマを掲げ、連続研究会を一〇回にわたって開催した。国内外の中国哲学、仏教、西洋哲学の専門家が集い、それぞれの専門領域と関連づけながら、明治期の日本人の思想を扱ったその研究会の成果が本書である。

明治期の思想については、よく革新性が強調されるが、はたしてどのあたりが革新的なのか。それを明らかにするには江戸期との連続性（伝統）と西洋哲学の受容による新たな展開（革新）の両面に目を配る必要がある。またそうすることで、明らかになってきたことは、新思想（西洋哲学）の受容の際に、受け手は必ずすでに自家薬籠中の物となっている伝統の思想（儒教・仏教）を理解の手段として用いるため、現代の我々とはその基盤になっている教養が異なる明治期の日本人（漢籍に対するその教養の高さは今の我々にはなかなか想像しがたい）が、どのように西洋思想を受け取ったのか、その過程を明らかに知るためには、彼らが思考するうえで基盤となっていた当時の儒教と仏教の在り方も知らなければならないということである。

それゆえ本書の構成は、第一部と第二部に伝統思想の儒教と仏教の視点からの論考を集め、第三部が哲学に関する論考という形になった。

編者はそれぞれ、第一部を吉田公平東洋大学名誉教授が、第二部を私岩井昌悟東洋大学准教授が、第三部を小坂国継日本大学名誉教授が担当した。

なお他の論考と同じく連続研究会で発表されたものであるが、出野尚紀氏の論考は附論という扱いにさせていただいた。自然災害がどのようにとらえられていたかという、儒教、仏教、哲学というくくりにはまらないユニークな視点から明治期の世界観に迫ったものである。

本書は私立大学戦略的研究基盤形成支援事業の成果として刊行されたものである。

最後になったが、本書を刊行するにあたって、様々な作業を引き受けてくれた東洋大学国際哲学研究センター研究助手の白井雅人氏、同じくリサーチアシスタントの寅野遼氏、そして、本書の企画にご賛同いただき、出版にご尽力いただいた教育評論社の久保木健治氏に心からの感謝の意を表したい。

一

東洋大学国際哲学研究センターは、私立大学戦略的研究基盤形成支援事業として、「国際哲学研究センターの形成―多元化した地球社会における新たな哲学の構築」を研究プロジェクト名として、二〇一一年七月一日に設立された。第二ユニットは「東西哲学・宗教を貫く世界哲学の方法論研究」を、第三ユニットは「多文化共生社会の思想基盤研究」を課題としている。

装幀＝㈱クリエイティブ・コンセプト（松田晴夫）

近代化と伝統の間◎目次

第三部　哲学・文化と近代日本

第一章

儒学と近代日本

西田幾多郎の「修養」と「研究」、夏目漱石の「こころ」の苦悩

吉田公平

はじめに

江戸時代は徳川幕府と諸大名の連合政体であった。それが所謂幕末維新という政変を経て中央集権体制をとる大日本帝国に変貌した。これは政体の変化である。この政体の変化は文化・学術界の変貌を随伴する。この変貌を余儀なくさせたのは、国際環境の変化である。国際関係としては、旧来の「鎖国」政策を維持することができなくなった。国内問題としては、諸藩が地域政権として藩政を一藩内のこととして処理することがゆるされない情況になった。実は国際関係にしろ国内問題にしろ、一国内一藩内のこととして運営されてきたわけではない。しかし、「鎖国」を祖法として、迫り来る外国との新たな国際関係を模索することなく糊塗してきた。また、貨幣経済・商品流通が盛んになると、米本位制の経済政策は諸藩の財政を破綻に追い込んだ。中にあって、殖産興業に励み、英傑の財政再建に成功する稀な例もあるが、弥縫策では乗り切れない所まで追い込まれていた。そのような情況の中で「外圧」との対応策が引き金になって、各藩・各人の軋轢が昂じて、所謂「幕末維新」を結果した。

政体の変化が文化・学術界に及ぼした影響は、様々であるが、それを人間理解に焦点を合わせて考えてみたい。

江戸時代は制度としては仏教の時代である。キリシタン禁制を推進するために、人々は例外無しにいずれかの寺院の檀信徒に貼り付けられた。拒むものはお前はキリシタンかと烙印を押された。儒者はその中に身を置きながらも、儒学・儒教こそが「人間―社会」を包括する思想であると異義を申し立てて、宣揚活動に専念した。生活者としては誰もが仏教徒に押し込められて生きた時代であるが、こと学術思想界となると、その主役は儒学者たちである。その儒学者が信条とした人間観とは、人間の本性は善であるという性善説である。

人間の本性は善であるという人間観に異義を申し立てた儒学徒がいる。荻生徂徠である。荻生徂徠は当代の韓非子であると酷評された。酷評されながらも一八世紀には相応に信奉されたが、それは性善説を否定したからではなくして、彼の「礼楽刑政」論が政治思想として受容されたからである。性善説に対する、より根本的な批判は、「西学」の薫陶を受けた人々によってなされた。その代表者は西村茂樹の『心学講義』と西周の『生性劄記』である。彼らは徂徠学に親しんだ人であることは興味深い。性善説を立論の根拠とする朱子学・陽明学については、深く知るところはなかった嫌いがあるものの、性善説を基礎にする「心性」論については、その概略については把握していた。それが人間理解としては不適切であることを自覚したのは、西学を学び、人間存在そのものの実姿を「心理学的」に理解しようとする、その姿勢に共感して、新「心学」を樹立し、その上で、それを基盤にして国民教育を展開した。人間は生得的に完全に仏性を生み付けられているという仏教心学、本性は本来的に完全に善なる本性を固有するという儒教心学、この先験的に本来完全であるという人間観を否定して、これまでの人間観を脇に置いて、ありのままの人間を改めて直視しようというのである。それを促したのが「西学」であった。西村茂樹・西周が学んだ「西学」の資源そのものを解析する能力を持たない。ただ彼らが旧「心学」と對峙しながら思索した新「心学」を見ることはできる。西村茂樹については初探を試みたが、西村茂樹にせよ西周にせよ、丁寧な論考は潮が満ちて来たときに取り組みたいと思う。ここでは、同じく初探ながら、西田幾多郎と夏目漱石について考えてみたい。

一　西田幾多郎の「修養」と「研究」

所謂西田哲学については、直弟子のお弟子さんをはじめ、京都学派に連なる人々、その外に在りながらも、関心を抱いた人々による、その研究成果は汗牛充棟である。その際に決まり文句のように「日本独自」の哲学体系といわれる。そのような言辞は特に啓蒙書では、常套文句であった印象が深い。わたしは西田哲学の研究者ではない。それゆえに研究史には精通しない。その独自性を再確認する資格はない。但し、長年、中国近世の新儒教と呼称される朱子学・陽明学を中心に研究し、近年は江戸期の儒教心学に焦点をあてて研究してきたので、その延長線上で、西田幾多郎の『善の研究』について、すこしばかり述べることにしたい。

さて西田幾多郎の文章は、こと随筆の類いは論旨・文章も明晰であり、特に理解に苦しむことはない。それに対して、哲学論文は極度に難解である。

なぜ難解なのか。読者の読解力不足ばかりではない。西田幾多郎は自分が書いた論文をあとで読み返して、はたして理解できたのであろうか。思索が進展するままに文章化することに追われて、読者が理解できるか否かは視野に入っていなかったか。読みにくい余りの邪推である。

西田幾多郎の生涯については、上田久著『祖父西田幾多郎』南窓社、一九七八年。『続祖父西田幾多郎』南窓社、一九八三年。がある。構成は次の通り。

『祖父西田幾多郎』構成	『続西田幾多郎』構成
序　下村寅太郎	一　京都大学
一　生い立ちと少年時代	二　京都大学哲学科の成立
二　石川県専門学校	三　苦難の家庭生活

私生活。出生、家族、姻戚、友人知己、師弟同僚、禅師同参の証言、日記、自著序跋について丁寧に叙述しているので、生涯の概略を把握するためには、好著である。

今は、西田幾多郎の処女作である『善の研究』、其の中でも「第一編　純粋経験」をとりあげて論究し、西田哲学理解の端緒としたい。

二　参禅・修養

明治四四年一月に執筆された『善の研究』序において、西田幾多郎は次のようにいう。

純粋経験を唯一の実在としてすべてを説明して見たいといふのは、余の大分前から有つて居た考であつた。……。個人あつて経験あるにあらず。経験あつて個人あるのである。……。

西田哲学誕生の宣言である。「経験」することによってわたしという「個人」が誕生するという。この「経験する」ということについて、「第一編　純粋経験」の冒頭で、次のように説明する。

経験するといふのは事実其儘に知るの意である。全く自己の細工を棄てて、事実に従うて知るのである。純粋といふのは、（普通に経験といつて居る者も、其実は何等かの思想を交へて居るから）毫も思慮分別を加へない、真に経験其儘の状態をいふのである。

学生時代に一読して、すぐにはすとんと理解できなかった。そのあと、敬遠したままに西田哲学にはご無沙汰した次第である。研究史を全く暗いままに、『祖父西田幾多郎』を参考にして、論述を進める。

そこでは、西田幾多郎は「哲学を、論理・知識の上ではなく、心理の上、自己の脚根下を踏まえて樹立する」ことを目指したのだという。知識として理解し、論理的に整合性を求めて体系的に解説することを求めたのではなくして、あくまでも自己の「心理の上、自己の脚根下を踏まえて樹立する」ことこそ、西田幾多郎にとっての「哲学する」ことであった。言い換えるならば、他人事として一般論を論究するのではなくして、あくまでも自前の「経験」に立脚した「哲学」を樹立することが、関心事であった。西田幾多郎が言う、「個人」の誕生を促す自前の「経験」とは、そもそも如何なるものかが鍵概念になる。

この「経験」論に入る前に、この「経験」論を促した一因であると思われる西田幾多郎の参禅経験について言及することにしたい。

『祖父西田幾多郎』の第六章「参禅」では、西田幾多郎は明治三一～三九年の間に坐禅に熱中していたことが彼の「日記」に基づいて述べられている。主に参禅した寺院は京都の妙心寺・大徳寺。金沢の洗心庵（雪門禅師に師事。雪門禅師については水上勉に秀作『破鞋』がある）など。公務から自由になった時は私生活を省みず、打坐に一意邁進。「真正の己を得るため」その覚悟を阻害するものを超克することに難儀する。痛ましいまでの打坐ともいえる。一七世紀の盤珪永琢が参禅した猛烈さを連想させる。打坐の激しさを示す一例をあげる。「日々蠢々懺悔々々。不求利、不求名、不求学、不求口耳之欲。只道之求」一一五頁）。「利を求め、名を求め、学を求め、口耳の欲を求める」自己を懺悔して、「ひたすら道を求めた」参禅であった。（この参禅のことを禅者は坐禅ともいったが、儒者は静坐といった。坐禅と静坐の違いについて後述する）

修行者のこの一連の営為を「修養」という。修養という語彙は伝統的な漢語（古漢語）にはない。翻訳用語である。研究社の『和英辞典』では「deveopones character」と。『広辞苑』第四版では「道を修め、徳を養い、心身をきたえること。心身を鍛錬し、知能を啓発すること。よりよい人となるよう工夫し、努力すること」と。人格的陶冶を学的（学問の目的）とする学問（学びて問う）を主眼としたのは、儒教心学・禅心学であり、舶来の西学を知識として受容したが、生活倫理・日常道徳としては儒教原理を護持した人々が多数であった。例、西村茂樹『日本道徳論』日本弘道会。（「知識」人が尊重されるのは大正教養主義の後のことか）

儒教心学の「静坐」は独り（他者の介在を拒否して）静かに「習気＝既成の観念や考え方」から解放され、外誘からも自由になって、「真正の自己＝本来性・本心」を覚悟することである。（例　王陽明の龍場の大悟。朱子学に於ける静坐も基本的には同じ。周辺的議論に惑わされてはいけない）

禅心学の「坐禅」も根本の仕組みは同じである。「本来心＝仏性」を覚悟することである。

臨済宗が力説する「公案」を通過するということは、丸で「型」が有るかの如くであり、禅心学の坐禅・覚悟を誤解させる恐れがある。その意味では、西田が「無字」の公案を許されながらも、自分では納得できなかったということは、ごく自然な感想だったといえる。悟得の所得には「深浅」があるのだから、間断なく努力せよという雪門禅師の返書がとても興味深いものがある（一二一頁）。

儒学徒が主張した「静坐」と禅学者が主張した「坐禅」との違いは、本来性善説と本来仏性説という人間の本性をいかに理解するのかということに起因するが、性善説がいう「善」とはとことん他者との関係性における「善」であったが、仏性説は自己一身の本性論であり、そこに他者への配慮は第一義的には関与しない。つまりは、儒学徒の性善説・静坐は社会性を視野に入れた自己陶冶・自己実現が前提されていたのである。

本来性善、本心、真吾（「真正の自己」を覚悟すること、そのような自己について、六祖慧能は「本来無一物」（『六祖法宝壇経』）といった。王陽明は「無善無悪」といった。既成の思慮分別、価値軽重、主客相対など、「本心」以外の一切が介在介入しない「斯の事」を会得することを「大悟」といった。この「大悟」は西田幾多郎がいう「純粋経験」に通ずるものがある。西田幾多郎が「経験があって個人がある」といういい振りは、王陽明が「真吾」を語る時のいい振りを彷彿とさせる。

西田幾多郎が「経験があって個人がある」という提言は、近代的個人主義の宣言であるとも理解される。個人とは自然人なのではなくして、当該社会に浸透している「習気」（無意識の内に身にまといついている価値観や行動様式）からすっかり解放されるという「純粋経験」によって、はじめて「本来」の自己が立ち上がるという。解放されてこそ「個人」が発見創造されるというのである。

儒学思想の中に「慎独」（独を慎む）という言葉がある。『大学』『中庸』を出典とする。中国・日本の心学思想史の中では頻繁に議論された。私たちは実存的には「独り」なのだから、その「独り」のあり方を真摯に受けとめて生きることを力説した。しかし、そこでは「独り」としての個人が自然に存在することが大前提であった。西田幾多郎の「個人」は無前提に先験的に実存するのではなく、「純粋経験」をすることによってはじめて現出するのだというのである。夏目漱石の「私の個人主義」に通ずる考え方である。

この「純粋経験」は西田幾多郎が坐禅に象徴される「修養」の所得（成果）である。京都帝国大学に赴任して後は、この心理学的「成果」を根本的滋養源として、西田幾多郎が存在論を主題にした哲学研究に邁進したことは、西田幾多郎自身が明言している。「修養」から「研究」に軸足が移ったのである。しかしながら、西田幾多郎の「純粋経験」を出発点とする所謂西田哲学がわかりにくいのは何故なのか。坐禅の世界における見性大悟を「純粋経験」と言い直し得たからこそ、禅学に跼蹐する陥穽を免れて、西田哲学を開拓することになったわけだが、所得を言語化することに不熱心であった公案禅が影を落としているのではないのか。公案そのものは、開悟する道を万人に閉ざすものだと酷評したのは、不生禅を説いた一七世紀の盤珪永琢であった。「習気」からの解放を目指した筈の公案禅が活性力を失って固定化した時に見られることではあるが、西田幾多郎は「研究」に軸足をうつしながらも「修養」することを放棄したわけではない。最晩年まで坐禅に執心した西田幾多郎は、読者が理解しやすいように、その所得を言語化することには不熱心だったという印象を払拭できない。

　立身出世主義が謳歌される時代に、私利私欲に流されまいと真摯に「純粋経験」を重ねたその真摯さは敬服に値するが、この課題は実は儒学（朱子学・陽明学）の課題でもあった。自己の本来性、本来性善を自得体認する契機として儒学者が提言したのは、坐禅ではなくして静坐である。坐禅と静坐の違いは、社会性を視野に入れた自己陶冶か否かに在る。

　西田幾多郎は京都大学に赴任した後は、「修養」から「研究」に軸足が移る。「研究」は研究者自身の生き方が直截に反映するわけではない。論理的に探求した真理を実際の生活者として生きること、換言すると倫理学を生きることとの葛藤に苦思したことを述べたのは、高橋里美であった。この高橋里美は西田哲学の最初の批判者であり、西田幾多郎の「純粋経験」に代えて「体認」を力説したことは瞠目に値する。「研究」が論理的体系的研究の追及にに止まらずに「修養」（生きること）と渾然一体のものと捉えられていたことを、我々は改めて想起すべきではないのか。

三　夏目漱石の『こころ（心）』の苦悩

夏目漱石の『こころ（心）』の特色を一言で言うなら、旧心学（儒教の性善説＝人間の本性は本来的に完全に善である。）から離脱して、新たな人間観に立脚して作品を書き上げていることである。それは主人公の「先生」描写に象徴されている。生身の「心」が実は不善に満ちていることを「先生」を心理分析して明らかにする。「心理分析」は近代以前の文学作品にはなかった。その意味でも「こころ（心）」は近代文学の先駆けであった。さて『こころ（心）』は次の五人が主な登場人物である。

先生［大学卒。新潟生まれ。無職。高踏遊民］。私［大学生。生活感の欠如。親・豪農の仕送り］。お嬢さんと母［市ヶ谷生まれ。母子家庭。父は軍人（死ぬのが職業）］。K［真宗寺院の次男。先生の大学時代の友人。医家の養子になるも、文学を学ぶ］。

『こころ（心）』の登場人物の男性が大学生であることを見逃してはいけない。大学生が初めて誕生し、選良として立身出世することが約束された新人類であった。中国・朝鮮が人材登用の道として活用した「科挙」に替わるものではあるが、日本では科挙は実施されなかった。日本では門閥身分制度に替わる人材登用の道として、教育制度が整備され、殊に大学卒業生は「末は博士か大臣か」と人々は憧憬した。立身出世主義を象徴する道具立てである。夏目漱石も「先生」も「学士第一世代」でありながら、「先生」はこの順境からはみ出し、夏目漱石も帝国大学教授からはみ出した。坂口安吾は敗戦後に国家が準備した成功譚の枠組みから「はみ出すこと」を奨励したが、夏目漱石の作品の特色は、主人公である「学士様」が立身出世主義の軌道からはみ出すこと。参禅して修養に勉め、世俗的安心を求めるものの、さしたる成果を得られず、挫折すること。更に家父長制家族制度の桎梏に苦悩しながらも、そこから抜け出して一個人としての幸福を探求していること。主人公達は、「修養」が大合唱された時代に、国家からも家族制度からも、相対的に距離を置いて、「教養」路線を選択して生きている。そのために世俗的には梲の揚がらない生き方をすることになるが、いわば大正「教養」主義を先取りしているとも言える。

この時期に喧伝された「修養」とは「臣民は天皇に」「家族は家長に」服従する「生き方考え方」を探求して「躬行」すること（滅私奉公）を栄誉とする。「こころ」の先生夫妻は、天皇制と一体である大家族から離脱して核家族として生きている。『大日本帝国憲法』（主権者は天皇お一人。臣民は最終的な決定権を持たない。）『教育勅語』（家族制度と天皇制を結びつける紐帯）からはみ出した「落ちこぼれ」である。

核家族として独立するとは、遺産争いや義理面子の葛藤から解放されるが、「世間」との衝突は深刻であり、大家族・血縁共同体から見放された「碌でなし」（厄介はその中に留まる）である。核家族として独立するその代償は世俗的に孤立することを覚悟し、孤独に堪え凌ぐことである。先生ご自身よりも、むしろ奥さんがしきりに「淋しい」と表白するのは、堪え凌ぎながら寂寥感に襲われることを如実に示すものである。近代的自我に目覚めたものが孤独に堪え忍ぶことが出来なくなり、近代人としての心が崩れると、所謂「自然主義」の自堕落（私）になる。それは「滅私奉公」の裏返しの産物である。

四　『こころ（心）』の構成

○上巻。「先生と私」。冒頭に両者の出会いを述べる。ここでの「先生」は自己の存在を否定的に捉えている、その虚無意識（ペシミズム）が濃厚であることを強調している。作品全体の通奏低音を物語る。虚無意識の原因と内容は下巻で開示される。

○中巻。「両親と私」。「私」が郷里に帰り、鄙に住む「両親」が「学士」に期待する「臣民」感覚と、都で現役の「学士」生活を過ごし卒業を間近に控えた選良との、謂わば都鄙問答にみられる生活意識の差異、産業形態の変化が見事に描かれている。いわば「学士第二世代」の葛藤を描いているとも言える。「上巻。先生と私」が「下巻。先生と遺書」のプロローグなら、「中巻。先生と私」は「先生」も「私」も鄙の出身であり、その鄙は『大日本帝国憲法』が宣言する「臣民」意識と『教育勅語』が提唱する家族制度が浸透している鄙人とそれを相対化している都人との違いが示されている。先生の場合には、鄙から放逐される形で都人になったが、「私」の場合は破局とまではいかないものの、都鄙の葛藤が重しとしてのしかかっていることは共通する。

○下巻。「先生と遺書」。先生夫婦は二人共、自らの結婚生活を幸福であると表白していた。自由意志の下に結婚した新しい型の夫婦、それも核家族であり大家族制度とは無縁である。当該時代が、法制度の上でも社会的理解の点でも、未成熟なために、二人は孤独と孤立に追い込まれる。その中での幸福感の表白である。この告白は貴重である。近代人の先取りである。

先生の父が逝去後、叔父が遺産を管理横領し、娘を嫁に押しつけようとする。それを先生は拒否すると、叔父と先生は不仲になり、遺産争いに執着することの無意味さを覚えて故郷を脱出する。いわば故郷喪失の道を選ぶことになった。天皇制度と家族制度を緊密に結びつけ、天皇お一人が主権者であったのと同案に、家長の遺産は長男一人が相続するという家族制度（民法）の歪みである。女性は勿論、次男以下も相続権はない。遺産相続をめぐる争いは淫靡な形で行われた。

（このような事例は事欠かない。目加田誠著『夕陽は限りなく美し』にも、軍人であった父親が逝去すると叔父さんが遺産を管理して横領したことが書かれている。）

親の強制ではなく、自らの自由意志の下に結婚して核家族で新婚生活する結構が夏目漱石の作品によく登場するのは、近代的自我意識の葛藤が主題であったからである。

「故郷喪失」が半近代社会の中で近代的個人意識（基本的人権の行使者）として生きる決意をしたものの受難である。決意することすら許されなかった者の悲劇は、有馬頼親著『母・悲しみの生涯』に詳述されている。旧久留米藩主の有馬男爵は福祉活動などを行った志の高かった男爵であったが、彼に嫁いだ有馬頼親の母は、社会的にも経済的にも恵まれた男爵夫人であったが、自分の生涯は悲しみの一語に尽きると述懐したという。それは人生の途上で肝腎な事に直面した際に、自主的に選択することが一度も許されなかったからだと。臣民・家族が天皇・家長に服従するとは、文字通り「滅私奉公」を地で生きることを信奉することを言う。「滅私奉公」とは自分では考えたり判断したりせずに、公（お上・天皇・家長）の言うことを信奉することを言う。「沈黙は金」という格言が吹聴された所以である。自己主張したりしたら、お前は逆らうのか、と詰責された時代である。臣民が大いに逆らうことを大逆という。

『こころ（心）』の主題が時流時調に挑戦的に設えられていることが了解できるであろう。夏目漱石の作品が社会小説として長く読者に迎えられたのは、時代を先取りしていたからである。

私は生きるに値しない存在なのですと先生を虚無主義者に陥らせたのは、下宿のお嬢さんに友人Kが好意を懐いている事を知り、Kに先駆けて、奥さんに持ちかけてお嬢さんと結婚することになり、それを知ったKが自殺してしまい、友人を裏切った自分に責任があると自責したがためである。平常時には善人であっても、私利に走って容易に悪人になること、その典型が他でもない自分であると。自責と後悔の念が頭から去らない。

奥さん・お嬢さん・下女・先生の四人暮らしの中で、叔父さんの仕打ちにうちひしがれて陥っていた人間不信が少しく緩和するのだが、猜疑心は消えない。その矢先で起こったK事件である。他者への不信感猜疑心ではなくして、自己への信頼感が根柢から覆ったことが、虚無主義者に追いやったのである。

同郷のK（真宗寺院の次男）は親同士の話し合いで、医者の養子になるも、自立した生き方を求めることになり、義父とは不和になり、結局は復籍することになる。次男の悲哀を象徴する。家族制度では家の存続繁栄が大眼目であり、家族独り一人の幸福は二の次であった。学士になれたからこそ、医者という家業を継ぐ養子を止めて、自前の生き方を模索する道を選択したのだとも言える。Kが自殺したのは先生自身の所為だと先生は決め込んでいるが、本当の原因は明示されていない。将来の展望が開けなかったからか。「近代化」が進む中で孤独に追いやられて「人生生きるに値しない」と厭世主義に陥ったのだすると、先生と同類だったということになる。Kが次男だったということが意味深長である。長男は家族制度の存続のために、家長権と財産を相続する。ハレの舞台が準備され生活が安定するかに見えて、謂わば家系の存続と繁栄のために、親族の監視と干渉のもとに、家に縛られて不自由な生涯を送ることになる。

次男以下は奉公にでて一旗あげるか、相続する男子のいない他家の養子になるか、長男の下にただ働きに甘んずるか、財産を分与してもらって分家するか。自分が決めるのではない。家長が決めるのである。Kの場合は上流階級であった医師の養子になった。医師という家業になじまず、家族制度に取り込まれる不本意な生き方を嫌い、自前で人生を歩む道を踏み出したKが最初に自己の意思を素直に表白したのが、お嬢さんへの好意であった。先生の仕業がKの決意を打ち砕いたというのが先生の受取方だったが、Kもまた近代人の不幸に見舞われて、さっさと自裁したわけである。私は生きる資格はない人間ですという自責の念を懐きながら、ひっそりと淋しく生きていた先生は自裁を先延ばしして生きていたということになる。この作品の文面には先生が自裁したと書いていないものの、「遺書」と言うからには自裁することが自明のこととして、読者は理解してしまう。

おわりに

江戸時代の人間観の主流は儒教心学の性善説である。夏目漱石の『こころ（心）』はこの性善説を根柢から否定する。夏目漱石が生きた時代には西学の心理学が紹介されて、旧来のままに儒教心学の性善説が信じられなくなった。心理学は倫理学ではなくして物理学として人間を理解することを主眼とする。いかに生きるか、を問う前に、人間存在そのものとその働きを存在それ自体としてありのままに把握することを課題とする。心理学がはじめ物理学と翻訳された所以である。本来は本性は善なのだという本来性善説は希望の心学であった。その希望の心学が提唱する人間理解の根幹は、本来性善であることの論拠として『四書』（『論語』・『大学』・『中庸』・『孟子』）に立脚する朱子・王陽明などの言説を持ち出す。西学・西洋の衝撃を受け、我が身のこととして西洋体験をしてしまったものには、幕藩体制の中で主張されてきた言説がそのままでは承認されない。希望の言説は幻想でしかなかった。新たに独り一人が「わたしという人間」を樹立するしかない、と考えて「純粋経験」を説いたのが西田幾多郎であった。西田幾多郎は『善の研究』を公刊して哲学者として独立宣言をし、「純粋経験」を基礎にして思索を重ね、日本独自の哲学者と評価される。文学者夏目漱石は親しく学んだ儒教心学がいう性善説を人間理解としては根拠のない空論であるという人間理解を根柢に敷いて『こころ（心）』を書き挙げた。人間（心）の心理（存在の在り方）の葛藤とその複雑さを叙述して近代文学の開祖と評価されることになる。

西田幾多郎の『善の研究』は哲学者西田幾多郎の出発点であった。夏目漱石の『こころ（心）』は漱石文学の集大成と言っても過言ではない。個人史としては異なるものの、この二著がほぼ同じ時代に著されたことは偶然なのだが、その後の哲学史・文学史を想起すると、感慨深いものがある。

西田幾多郎や夏目漱石が生きた時代は既に遠い過去である。彼等が取り組んだ課題の成果は所謂西田哲学として、或は漱石文学として残されている。それは格闘した遺産である。国際環境も生活環境も一変した。しかし、彼等が立ち向かった課題、個人の樹立とか、人間の本性とか、は問いかけとしては今こそ深刻な課題ではないのか。目前の課題に立ち向かう処方箋は賑やかだが、それが何故に有効なのか、原姿をめぐる問いかけが、改めて問われている。現在は「こころ」をめぐる問題はもっと深刻化しているともいえる。

西周と陽明学――「生性劄記」における「当下便是」説批判をめぐって――

小路口　聡

はじめに

小論では、西周（一八二九～一八九七年）の晩年の著作である、漢文で書かれた「生性劄記」（一八八四年・明治一七年）に散見する陽明学批判の言説の読解を通して、幕末から明治という転換期を生きた知識人の人間観をめぐる思想的葛藤の一端を描き出していきたいと思う。中でも「生性劄記」において、西周が独自に「独知」の翻訳語をあてた「良心（conscience）」をめぐる言説（良心論）に注目し、儒教の人間観の核である性善説、とりわけ、性善説の原理主義とも言われる陸王心学の思想を、西周がどのようにとらえていたか、「生性劄記」に即して、その議論を丁寧に見ていくことを通して、西周晩年の人間観について考えるための材料を提供したい。

一　西周の陽明学批判――「生性劄記」以前

さて、本論の主題である「生性劄記」における陽明学批判を分析するに先だって、それ以前の、西の陽明学に関する言及のうち、主なものをいくつか見ておきたい。

『百一新論』（執筆は一八六六年・慶応二年、刊行は一八七四年・明治七年）では、

平常唯理があることのみを心得て其区別をも知らず、物理と心理とを混同して、果々は人間の心力で天然の物理上の力をも変化せられる様に心得るは大なる誤ではござるまいか。（『百一新論』『全集』巻一、一九八一、二八七頁。＊原文は、旧字・漢字カタカナ表記。傍点筆者。以下同。）

と、必ずしも陽明学に限定したものではないが、儒教は物理と心理の区別を知らないとする。おそらくは、西の脳裏には、儒教の中でも端的に「心即理」と喝破した陸王学があったものと思われる。また、

……**程朱**などの学は、『大学』の始めに平天下と云ふ語を出したとは違つて、一箇の教門と称してよいでござる、中々夫で天下が治まる事は思ひも寄らぬことでござるが、仕方を少し替へたならば人々を説諭する手立にもなるでござらう、夫より**陸象山**から血筋を引いた**陽明**に至つては、程朱にも輪を掛けた全然たる教門でござつて、其知行合一とか良知良能とか、専ら**心を師とする**の説がまあどうして治国平天下の用になるでござらうか。（『百一新論』『全集』巻一、一九八一、二七五頁）

と、程朱の学に対して、陸象山と王陽明の名を挙げ、それら「心を師とする説」は、たしかに教門（人道の教え・道徳）としてはよいが、それだけでは政治は行えないとする。

さらに、『百学連環』（一八七〇年・明治三年）では、陽明の名を挙げ、「獨知より入るものにて朱子の如きよりも實地の學問なり」（全集巻四、一八二頁）としつつも、その良知説の弊害を次のように論ずる。

……後チ陽明の如き人ありて、學は實知にありと論説せり、卽ち其説に主心とて學は心を主とするにありといへり、又云ク、良知良能と、此の如く學は**心を主とし**て實知にありと雖も、其知たる五官より發する所の知にあらすして、唯己レか善シと知る所を以て推し及ほすか故に、其弊害ある又大なりとす、我か大塩平八郎の如きは卽ち其餘波なり、（『百學連環』『全集』巻四、五五頁。および二四頁。）

以上、要するに、儒教なかでも陸王心学は、「師心[二]（心を師とし）」、「主心（心を主とする）」、いわば主観的唯心論であり、「実知」を説きながらも、自身の心を絶対化（師心）し、自己の心が私的に「善」と判断することを、そのまま他に推し及ぼしているだけの独善主義《ひとりよがり》にほかならず、それでは、複雑にして変化窮まりない天下国家の大事に適切に対処してゆくことはできないとした上で、その悪しき「余波」として、大塩平八郎を挙げている。

二　「生性劄記」について

「生性劄記」

そもそも「生性劄記」とは、いかなる著作なのか。西は、この「生性劄記」に先だって、一八七三年（明治六年）、四五歳の時に、「生性發蘊[三]」という論文を著している。この「生性發蘊」の主題については、小泉仰《たかし》氏の言葉を借りれば、「生理と性理の間の橋渡しを作り、しかも生理に基づいて性理を説こうとする実理哲学を建設しようとした」ものであり、手法としては、墺胡斯《アウゴスト》・坤度《コント》の「實理學」と約翰《ジオン》・士低化多《スチワルト》・美爾《ミル》の「歸納致知」の方法に頼り、「實驗上ノ性理ヲ講ズ」（「生性發蘊」『全集』三六頁）るものであった。西は、この論文において、西洋の学問の影響の下、人間存在の真実の姿を、科学的・実証的に理解し直そうとした。しかしながら、西の「生理」により「性理」を開き、人間学の「蘊奥」を「発明」するという「生性發蘊」の企ては、結局のところ、「全編コント哲学の解説」[四]（大久保利謙）、「コントの実証主義の解説書」[五]（小坂国継）に終始しており、第二巻に至っては、わずかに翻訳の断片を残すのみで、未完成に終わっている。そのため、両者の橋渡しとなる「統一学（哲学）」は結局、未完のまま終わることとなった[六]。

その後、一八八四年（明治一七年）、五六歳の時、西は再びこの難題に挑戦するための準備として、「生性劄記」の執筆を再開する。しかし、翌一八八五年（明治一八年）には、中風の発作で倒れ、人事不省に陥る。病をおしての執筆であった。『西周全集』の解説（大久保利謙）によれば、「この論文は西が精力をかたむけた主著の一つで、表紙の註記によると晩年になって大磯に隠棲のとき（明治二五年、六四才）もこれを携帯しその完成を期したほどであった」[七]。西の、このテーマ（統一学の構築）に対する並々ならぬこだわりがうかがえる。

「生性」とは

「生性」の二字について、「生性發蘊」の本注（原本頭注）において、「生性ノ字ハ、孟子ノ告子曰生之謂性ニ取ル」と簡潔な自注が施されている。もと、『孟子』告子上篇に見え、告子の性説に由来する語である。告子は、また「性に善無く不善無し」とも説いているように、この二文字は孟子の性善説に対する異論提出を含意する語である。孟子は、「性」をめぐって、この告子と度重なる議論を交わしている。その様子は、『孟子』告子上篇において見ることができる。そこで、孟子は告子の性説をいくつか挙げながら、一つ一つ反駁していく。その一つが西が自注に挙げた「生之謂性」という命題である。「生」、すなわち、人間の生きてある生身の実存、その善有り不善有るあるがままのすがたの上に、「性」（人間性）を認めようとする思想であり、告子の人間観を端的に示す命題である。それは、また直截に「食色は性なり」とも言い換えられているように、食欲と性欲とに代表される欲望の上に、「性」、すなわち、人の人たる所以（人間の本質）を認める人間観である。

　こうした告子の「性」説のうえに、西は、おそらく現実の生身の人間存在を、主観（予断）を排して客観的に迫ろうとする、合理的思考を見出したのではなかろうか。西は、この告子の性説を、「生理ヲ以テ、性理ヲ説カムト企テタ」（「生性發蘊」『全集』三七頁）ものと理解する。すなわち、告子の性説を人間を「生理」学的存在としてとらえた人間観としてとらえるのである。両著の題名に冠された「生性」の語は、まさにこうした告子の人間観への支持を含意したものと見ることができる。更に言えば、「生性發蘊」の題名には、孟子以来の儒家の性善説の形而上学的人間観からの訣別と、その上で、西洋伝来の生理学や心理学の知見に基づく、実証主義的人間観の再構築にむけた西周の静かな意気込みが込められていたのである。

「劄記」について

　全集解説によれば、日記に、はじめ「生性論を書き始める」と記していたが、後に、それを「生性劄記」と変更している。「劄記」とは、辞書には、「書物を読んで得た感想や考えなどを、随時書き記したもの」（『新字源』角川書店、一九八四年）とあるので、ノート・備忘録の類を連想されるかもしれないが、決してそうではない。「劄記」の字義については、吉田松陰が『講孟余話』の「自跋」の中で、当初の『講孟劄記』という名称を『余話』に変更した、その理由を述べて次のように言っているのが、参考になるであろう。

　蓋し劄は、鍼刺なり。凡そ其の記す所、精義を発し、文藻を摛《ひら》くこと、鍼の膚を刺し、鮮血迸出するが如く、鍼の衣を刺し、彩糸絺繍するが如く、而して後、以て名に称《かな》うと為すに足るのみ。而れども、余の此の著は、豈に其れ然らんや。（原文は漢文。『講孟余話（旧名講孟劄記）』岩波文庫　二〇一五復刻　二八七頁）

「劄」の字義は、「鍼《はり》で刺す」の意。これに拠るならば、あえて「劄記」と名づけた、西の胸中には、この著作を通して、あたかも針で皮膚を刺して鮮血が迸《ほとばし》るように、人間の「性理」に肉薄し、かつ、色とりどりの糸で衣に刺繍を施していくように、その意義を鮮明に浮き上がらせたいという念いがあったのかもしれない。

三　「生性劄記」の内容（一）――「独知」論を中心に

「生性劄記」中に見える宋明儒学者の「意識」論

先に見たように、「生性劄記」は前作の「生性發蘊」の続編であり、その主題も「發蘊」を引き継いだものである。「劄記」では、前置きもなく、いきなり「心理《メンタル》之分解《アナリシス》、首別三大部。智《インテレクト》　情《イモーシヨン》　意《ウンキル》　是也。三者之中、意為之主、而此我者即是也。……」と、「心理」の分析から始まる。

まず冒頭で、「心理」を「智・情・意」に三分した上で、「意」を「心城の君主」とし、「智」（報告を司る）と「情」（伝達を司る）とを補佐官とする「意主位主義」（小泉）を主張する。この「意」の職務が「意識」である。

西によれば、「意識」とは、「現在の事物の経過を認識する」もので、「物が有るを知る」「知覚」に対して、「その物を知るを知る」のが「意識」であるとする。西は、さらにこの「意識」の「理法」について列挙して論じたあと、その「意識」と「連結」して、「道徳学の中で、重要な一つの術を形成するもの」としての「工夫」「心術」についても論じる。西の目的は、「心理」、すなわち、心的現象・心的作用の「理法」の解明であった。そのため、その「工夫」を論ずることは、あくまで「附論」もしくは「補論」に過ぎない。文中でも、その点について念を押しながらも、全体のほぼ四分の一[八]の頁数を割いて、朱子学や陸王学の「工夫」について論じている。その量の多さは、西にとって、この問題が避けて通ることの出来ないものであることを示している。

ここで所謂「工夫」、もしくは、「術[九]」について、西は、学ぶ者が「これを修めることで、思うように意を用いることができるようになる」方法のことだとする。西は、経書（四書五経）の中から、「敬」「慎」「謹」を説いた箇所を引用しながら、宋学（程朱学）で「持敬」の工夫が重視されたことを述べる。「持敬」とは、朱子学においては、「常惺惺法」（謝上蔡）、「其心收斂不容一物」（尹和靖）、「整齊嚴肅」（程伊川）、「主一無適」（程伊川）など、様々に説かれてきたが[一〇]、分かり易く言えば、自分の意識を覚醒させて、心を活性状態に保つ方法、及び、その工夫によってもたらさせる心のあり様そのものをも言う。西の説明によれば、それは和語の「心する」「気をつける」という表現に相当するもので、「意識が常に覚醒していて、事物にあまねく応対して、気持ちがだらけたりしていない」ようにする努力のことである。それは、宋学においては、本来、「徳を完成させるための一つの工夫」であり、「聡明［なる聖人の境地］に入っていくための入り口」であるとし、その「効果」について、「思うに浅からぬものがある」と一定の評価を与えて、その意義を認めている。

「敬」の工夫に加えて、もう一点、同じく、「意識と関係し相通じ合う一つの心術」があるとし、これもやはり「工夫」であるが、「道徳学においては枢要な地位を占めるもの」で、「古今東西の儒教哲学の教門の徒たちが、道徳の根元をここに見」てきたものとして挙げるのが、英語の「孔腮然斯《コンサイイーンス》」、すなわち、「独知」である。

「孔腮然斯《コンサイイーンス》」(conscience)の訳語としての「独知」について

ここで、西は、英語の「孔腮然斯《コンサイイーンス》」、“conscience”を、「独知」と翻訳している。

この「独知」という訳語の典拠は、『大学章句』伝六章に「所謂誠其意者、毋自欺也。如悪悪臭、如好好色、此之謂自慊。故君子必愼其獨也」である。その末尾の「君子は、其の獨を愼む」に対して施された朱熹の注に、「獨は、人の知らざる所にして己の獨《ひと》り知る所の地なり（獨者、人所不知而己所獨知之地也）」とあるのに由来する（なお、「慎独」の語は『中庸章句』第一章にも見え、朱注も同じ）。すなわち、「独知」とは、他人が外から窺い知ることはできず、自分一人だけが知ることのできる心の内面の私秘的な場における「知」である。西は、まさにこの朱熹の解釈にもとづく「独知」の語を、“conscience”の訳語として採用する。

ちなみに、明代において、王陽明、そして、その高弟の王畿は、その「独処」における「天理」「天則」としての「良知」の純粋無雑なる発動を、「独知」と呼び、これを「良知」の端的な現出とみなした。例えば、次の王畿の発言を参照。「君子の学は、諸れを性情中和に本ずくも、而れども、其の要は慎独に在り。独知とは良知なり。良知なる者は、天地を通徹し、万物を発育す（君子之学、本諸性情中和、而其要在於慎独。独知者、良知也。良知者、通徹天地、発育万物）。」（「別言贈梅純甫」『王畿集』巻一六　四五一頁）。「独知」は、ここでは、「良知」の別名であった。これは、先に見た朱熹の「独知」が所謂「意識」とほぼ同意のものであったのに対して、端的に「良知」「良心」を指すものとして見ている点で極めて興味深い。西が“conscience”の訳語として選んだ「独知」は、「意識」と「良心」の両方の意味を持つ概念である。これは、英語の“conscience”にも共通する問題である。以上から推察するに、西は、おそらく「独知」概念の、こうした意味の広がりを理解した上で、あえて“conscience”の訳語として「独知」を選定したのではなかろうか。

西周の「獨知」論

西の所謂「独知」に関する議論は、所謂「意識」に限定されるものではなく、それが宋明思想における重要な哲学概念であった以上、不可避的に「良心」をめぐる「道徳学」の問題へと展開する。すでに見たように、「生性劄記」において、西はそれを「理法」とは別に「工夫」の問題として取りあげる。朱子学的教養の中で人格形成を果たしてきた西にとって、それはやはり避けて通ることのできない問題であった。もとより「生性劄記」において展開される西の「独知」論は、「性理学（心理学）」の視点から、人心を治める「教門」としての儒学思想の心性論（道徳学）を検証吟味し、その問題点と限界を解明することにあった。西が王陽明の「良知」説批判を展開するのも、まさにこの「独知」論にかかわる部分である。以下、西の思考の足跡を窺うためにも、テキストに沿って考察を加えていきたい。

まず、西は朱子学の「独知（良心）」論の忠実な紹介から始める。

総じて我々人間というものは、知識によって教え諭されたり、情動によってかき乱されたりと、千差万別きわまりないが、しかしながら、その草木の芽生えのような最初の［心の］萌動は、所謂天真の流露（天性のありのままの発露）であり、これを「独知」と言う。つまり、その萌芽状態にある微細な［心の］発動についていえば、自分独りだけがそれに気づいているものであって、顔色にもまだ露顕しておらず、身体の所作の上にもまだ発動していないもの、所謂「未発の中」（『中庸章句』）であるため、他人はまだそれに気づくことはない。われわれは、ここのところで工夫を施し、この「天真（あるがままの真実の心）」をしっかりとつかみとり、「惟れ精にし、惟れ一にし（洗練・純化し）」（『書経』大禹謨）、誠心誠意、これを大切に養ってゆかねばならない。外界に応接する場合は、所謂「好色を好むが如くし、悪臭を悪むが如くして、必ず自ら慊《こころよ》くする（美女を好む時のようにし、悪臭を厭う時のようになれば、必ず心は自然と満ち足りる）」のであり、これを「誠意（意を誠にする）」（『大学章句』）と言う。［しかしながら］この［発動の萌芽としての］機《きざし》のところにおいて、しっかりとつかまえ放さず、うっかり怠けて放任してしまったならば、功利打算の思慮が続々とわき起こって、迷いや惑いが生じる。所謂「［誠意は］人鬼の関（人と人でなしの分かれ目）」（『朱子語類』巻一五）というのが、それだ。これが濂洛関閩（周濂溪—二程子—張横渠—朱子）に代々受け継がれてきた［学の］奥義である。

凡我人知識所誨告、情緒所攪動、千差萬別、莫有窮極、然其初頭一芽之萌動、所謂天眞流露、謂之獨知。是其萌動之幾微、己獨知之、未顕乎顏色、未發乎容貌、所謂未發之中、他人未及知之也、［我人］於此處、着一點工夫、把持此天真、惟精惟一、赤誠以奉之、應接外界、所謂如好々色、如悪々臭、必自慊而已、謂

之誠意、苟於此機、把持不堅、滑脱怠惰、乃利害計較之慮續興、迷惑斯生、所謂人鬼關是也、是濂洛關閔相傳之秘。（底本十一頁）

ここに所謂「独知」とは、後天的に身につけた知識によって教え諭されたり、外物に接することによって引き起こされる情動によってかき乱されたりする以前の、心の内面（自分だけが独り知り得る内心）における微細な心の発動を指して言ったものである。それ自体は、天性自然《あるがまま》の心が溢れ出したものとして「天真の流露」であり、それがまだ外界の影響を一切受けておらず、その本来の過不及無き「中」を得ていることから、「未発の中」（『中庸章句』）と呼ばれる。宋儒たちは、この「独知」発動の「機《きざし》（幾）」（萌芽状態）のところにおいて、心を「精（研ぎ澄ます）」にし、「一（不純物を取り除いて純粋）」にする工夫を施すことで、この「独知」（良心）をしっかり覚醒・保持して、放恣怠惰に陥らないように、また利害打算の思慮に汚染・侵害されないように、誠心誠意、「独知」を養う工夫に専心したのである。更に、そのための奥義を説き、それを代々、伝承してきたとする。

そして、以下、西による、宋明学の「独知」論の検証、更には、陸王学批判が始まる。

しかしながら、朱晦庵（朱熹）の学は、致知と誠意を二つに区別しながらも、まだしもその正しさを失っていなかった。［『中庸章句』に］所謂「徳性を尊び、問学に道《よ》る」［という両方の功夫を兼ね備えていたの］である。［ところが、これを］一句両断、すなわち、一句であったものを真っ二つに引き裂いたのが鵞湖の会での論争であった。当時、朱文公と陸子兄弟との論点はうまく噛み合っていなかった。陸象山が亡くなった時、朱文公が「惜しいことに、告子を死なせてしまった」と言ったことからも、両者の思想が道を異にするものであったことが分かる。しかしながら、王陽明は、知行合一の説を掲げ、これを世に唱え、再び陸象山の［思想の］端緒を受け継いだ。『朱子晩年定論』を編纂し、朱陸二子が袂を分かった道を統合することを望んだが、牽強付会の説にして、前賢を欺くものだと言えよう。

> 然晦庵之學、則致知之與誠意、區而二之、猶不失其正、所謂尊德性而道問學、一句両斷、為鵞湖之爭案、當時文公與陸子兄弟、論點不合、象山死、文公曰可惜死了告子、其分岐可知也、然及陽明掲知行合一之説、而唱諸世也、復續象山之緒、其纂裒朱子晩年定論、以希合二子之所岐、可謂牽強為説、且誣前賢矣（一二頁）

ここで西は、南宋の朱熹（一一三〇～一二〇〇年）と、その論敵の陸九淵（一一三九～一一九二年、字は子静、号は象山）の間で行われた「鵞湖の会」（一一七五年・淳熙二年）での議論を持ち出して、両者の学の相違点を述べる。すなわち、学問の要は、「徳性」、すなわち、天から賦与された「本心」を「尊ぶ」ことにあるとする陸九淵と、もとより人の本性は善であるが、人の心は往々にして欲望や意見（臆見）によって蔽われてしまうため、その本性を十全には発揮することができないでいるので、その欲望・意見の隠蔽を取り除き、「本心」「天理」の自由なる自己実現を成就させるためにも、先ずは「問学」、すなわち、事々物々に即して、その理を窮めるという「格物窮理」の学に「道《よ》る（基づく）」ことの必要性を説く朱熹との方法論・教育論上の対立を挙げる。ここで西が、陸九淵の死に際して、陸九淵を「告子」と見なした朱熹の言葉を挙げていることからみても、両者を兼ね行う朱熹の立場に加担していることがわかる。

その上で、西は、陸九淵の学を受け継ぎ、良知心学を起ち上げ、自説の正当性を立証するために、「朱子晩年定論」を捏造した王陽明の学を、牽強付会、前賢後学を欺く偽学として、厳しく批判している。ここから、西周の陸王心学に対する執拗な批判が始まる。そのポイントは、性善説の原理主義とも言われる「良知」の思想、更に言えば、良知現成論（後述）である。この点について、以下、章を改めて論じたい。

四　「生性箚記」の内容（二）――陽明学批判を中心に

陸九淵の「当下便是」の思想

西は、陽明学批判を行うにあたって、その良知思想の端的な表現として、陸九淵が唱えたとされる「当下便是」説を取り上げ、その説の誤りを指摘する。

孟子は良知・良能を説いたが、これはもとより常日頃から説いていた持論であり、「四端」などを指したものにほかならない。「親族を親愛するのは仁なり、年長者を敬うのは義である」（『孟子』尽心上篇）、「人に存する者と雖も、豈に仁義の心無からんや」（告子上篇）とあるので分かる。いまだ、一挙に「当下便ち是なり」ということまで言い切っていないことは明らかである。しかしながら、王文成公（王陽明）は、晩年になって、陸象山のこの奥義を明らかにした言葉を、ただちに「良知」［を明らかにしたもの］とみなした。思うに、これらの諸説は、経義や訓詁を考えれば、大いに食い違っていることは、もとより論ずるまでもない。しかしながら、それは説経家（経書読み）の仕事に過ぎない［ので、ここでは穿鑿しない］。その名称は、「独知」と言っても、「良知」と言っても、どちらでもよいことだ。ただ、それが意識と連係し相通じあう一つの現象であることが分かれば、それで十分である。

孟子説良知良能、是本平素持論、指四端等而已、曰親々仁也、敬長義也、雖存乎人者、豈無仁義之心哉、可以證也、未遽謂當下便是、明矣、然及文成至晩年、以象山此訣、直為良知、盖此等諸説、考諸經義、其訓詁、不能無多少差異、固不竢論、然是説經家之事業、其名稱、或為獨知、或為良知、亦不必論也、唯知是為與意識連絡相通之一現象、則足矣。（一一二頁）

ここで、西は、「良知」をめぐる朱子学と陸王学の認識の決定的な違いを、陸九淵の「当下便是」説の上に認める。その誤りについては、経義や訓詁を調べれば明白であるが、そうした詮議は、詰まるところ「説経家」の仕事に過ぎないので、これ以上、深入りはしないとした上で、本題に戻る。いささか長すぎる前置きと言えるが、敢えてこれを書いたことは、西自身にとっても、さらには、読者として想定された当時の漢学（朱子学）を素養として育った旧世代の知識人たちにとっても、不可避的にして重大な問題であったからである。なぜ、そう言えるのか。その議論の背景を探ってみたい。

さて、ここで西が陸王学の要訣として、その批判の矛先を向けている所謂「当下便是[一三]」とは、いかなる思想なのか。所謂「当下」とは、宋代の俗語で、「今現在」「今まさにこの時」を指す語である。それは、いわば人間の実存の現場を端的に切り出す言葉であった。王陽明は、文字どおり「現在」という言葉を使用している。これは、現代日本語で言えば、「現実存在」を二字に縮めたものである。日本語では、これを「実存」と言う。それを「便是（即是）」の語で受ける。「便是（即是）」とは、前の措辞を、ただちに肯定是認するものである。では、「当下便是」、すなわち、「現在」をまるごと肯定する思想とはいかなる思想なのか。それは、今この時、この瞬間における直下の実存、その現象を本体（真実在）としての天性・本心・良知の全体が一挙に顕現露呈したもの[一四]（西の所謂「天性之流露」）として、まるごと肯定是認する思想であり、いわば、「現象即本体」とみなす思想である。明治期の日本哲学に広く見られる「現象即実在[一五]」論の淵源もここにある。

西周が、ここで陽明学の誤謬として、何よりも問題視し、批判しているのは、まさにこの「当下便是」の四文字に表される人間観である。この四文字について、西は陸九淵が先ず唱え、それを「訣（要訣）」として、王陽明が「良知」説を唱えたのであるとみなす。[一六]この西の理解は卓見である。陽明学批判をするにあたって、この四文字に注目することは、西が良知心学の本質を端的に看破していたことを意味する。

なお、この四文字について言えば、陸九淵の語とされているが、実は現行の『陸象山全集』の中には見えない。その語が見えるのは、唯一『朱子語類』の中だけである。そこでは、朱熹の陸九淵思想批判の鍵言葉として引かれている。西周の批判は、後に見るように、この朱熹の陸象山批判を、そのまま踏襲するものであった。

では、西周が王陽明の良知説は陸象山の「当下便是」説を「要訣」として説き出されたものだと言うのは、どういうことか。これについて、王陽明は次のように言っている。

　良知は、ほかでもない唯一無二の実在である。それが発現流行するところはどこでも、当下《いま・ここ》に、「本体としての天理は」十全に具わっているので、あらためて失ったり加わったりすることは無いし、どこからか借りてくる必要など何もない。

　　良知只是一箇。隨他發見流行處、当下具足、更無去來、不須假借。（「答聶文蔚（二）」『伝習録』巻中）

さらに、この「当下便是」の思想は、陸九淵、王陽明を経て、その高弟の王畿によって、「良知現成」論として完成される。

　良知は、人の未来を切り開き、人の生きる意味を定める真実の根本実在である。もし本当に信じきることができた時は、「良知は、まさしく」当下《いま・ここ》に、十全に具現している、過不足も無く、けっして磨滅することもないものだ。「だからこそ」人は誰でも尭舜になることができるのだ。

　　良知是斬關定命真本子。若果信得及時、当下具足、無剩無欠、更無磨滅、人人可為堯舜。（「再答呉悟齋」『王畿集』巻十、鳳凰出版社、二〇〇七、二五一頁）

良知は、われわれの実生活の現場においては、孟子の所謂「惻隠の心」として、「羞悪の心」として、「辞譲の心」として、「是非の心」として、日々、状況に応じて適切に、絶妙に、そして、不断に発現してやまないものである。その発現流行するところに、あまねく本体としての天理は、直下に具さに現出する。個々の良知の発動は、それ自体、どれも過不足無き完全円満なる天理の顕現露呈にほかならない。しかも、人がこの世に生まれてから死ぬまで、この良知は決して磨耗衰滅することはない。人が堯舜（聖人）となることができる実存的根拠は、まさに今ここに自らの内側からやむにやまれぬ衝動としてあふれ出してくる良知の上に、既にして常にある、という思想である。

こうした師の王陽明の良知心学を、その可能性の中心において、まっすぐに受け継ぎ、良知現成論を確立した王畿は、この完全無欠の本体としての良知の内在を、まずはとことん信じきり、それを実現発揮する（「良知を致す」）ことに努めることを、人間存在に課された自己の使命として、主体的に引き受けて立つことを、「学び」の出発点に据えた。人は往々にして欲望や意見（臆見）に蔽われて、日夜、随処で良知が現成しているにもかかわらず、その事実に気付いていないだけである。そのことに気付くこと無く、理を外に追い求めたり、文字の世界に埋没して、人間存在の意味（天命・天理）を見失い、欲望に流されて、無為に日々を過ごしたりしているだけである。王陽明の良知心学は、この我の内なる良知が日々新たに発現していることの上に、人間存在の意味を認めよ、と言う。良知は、孟子の所謂「不忍の心」や「怵惕惻隠の心」に代表される「四端」の心として、日々、常に発現してやまない。その心は、誰の上にも、常に現成し、それ自体、既にそして常に、円満成就しているのである。その事実に目覚め、それを人間の本性（本来あるべき姿・進むべき道しるべ）として、その天賦の本性を余すこと無く実現発揮できるよう努力せよ、という。これこそ人がこの世に存在すること意味であるとする。

以上が、陸九淵の「当下便是」の思想であり、王陽明から王畿に正しく受け継がれた「良知現成」説の真意である。陸九淵の「当下便是」を要訣として、陽明が良知説を打ち立てたという西の理解そのものは、だから、陸王心学の核心をずばり突いたものであったと言える。

陸王心学の「良知」思想の限界

さて、「生性劄記」に戻るなら、西も意識の現象としての「良心／良知」の作用それ自体を全面否定しているわけではなかった。ただ、西は、それがはたらく領域を、あくまで「独（り）知（る）」の世界に限定する。そして、その範囲内での、是非を分別する「元軌（道徳規範）」としての権能については認めるのである。ただ、それだけでは不十分、不完全であるとする。陸王学のように、「当下便是」、「良知現成」、すなわち、今ここでの完全無欠性を否定するのである。

後で見るように、西は、また「良知（良心）天稟」説（先天論・直覚説）を否定するが、それは必ずしも意識の現象としての「良心」の作用それ自体を全否定したものではなく、「良心」は、あくまで心の内面の私秘的世界の、しかも、その萌芽にすぎないとする。その自閉（私秘）性、萌芽性ゆえに、それ自体としてまだ不完全なものであるという理解であったことは、以下の発言からもうかがえる。

独知の有り様は、まだ外面に顕現してはいないけれども、その［顕現の］瞬間には知覚が存在し、感動が存在し、それにともなって意思の決断も存在していることを知っておくべきである。それらを［総合して］特に良心と呼ぶのである。

獨知之狀、雖未顯乎外面、其瞬間既有知覺、有感動、随有意思之判決、可知也、特稱謂之良心、（二十頁）

独知とは、ほかでもない、事物に応じる最初の段階で、一つの感動が起こるところを指して言ったものである。その感動が、もし再三にわたり、計較力を運らし、思惟力を運らして、理性に固有の判断を用いるようになると、良心はそこで終わりを告げ、独知の状態は、思慮に変わる。そうなると、視線を凝らして目を見張り、容貌はおごそかになって、頭を傾けたり、腕組みしたり、頬杖をついたり、あごを手で支えたりと、総じて沈黙を求めるような様々なしぐさをする。それによって、外の人は、その人が思索中であることを察することができるのである。陸子静は「当下便是」と言ったのは、思うに、その最初の一瞬の心が動いた状態を言ったのである。

又獨知者、唯指應事物之初頭有一點之感動也。其感動、苟渉再三、而至運計較力、運思惟力、以用理性固有之判決、則良心斯止、獨知之狀、變為思慮、乃目視瞠若、形容儼然、或傾頭、或閤手、或柱頬、或支頤、総要靜默等諸狀、將至使外人察其思惟之中焉、陸子靜曰「当下便是」、蓋謂其初頭一點之感動。（二〇、二一頁）

知情意未分化一体の心が事物に感応して発動した瞬間における、外的要因による一切の干渉を受けていない、心の純粋にして、ありのままのすがた（所謂「天真の流露」）を、特に、西は「独知」と呼ぶ。それゆえ、「良心」の有効な範囲もまた、まさにこの最初の一瞬間にのみ限定される。その後は、「思慮」の領域に入り、そこでは、「理性」に、その権限が取って代わる。そうなると、外の人にも、その人が思索の状態に入っていることが見てとれるようになる。陸九淵の所謂「当下便是」は、まさにこの初発の感動の瞬間である「独り知る」の領域に限ってのみ妥当なものであるとする。「独知」としての「良心」「良知」の万能性への危惧、および、その主観性・恣意性に対する懸念が、西が「当下便是」説を認めなかった理由である。

以上、要するに、西の所謂「独知」（conscience）とは、文字どおり「独知（独り知る）」世界（人の内面）においてのみ有効性を発揮するな意識の現象であった。彼が conscience の訳語として、あえて「良心」の語を避けて、「独知」と翻訳した理由も、まさに、この一般に「良心」と呼ばれる意識の現象の私秘的、自閉的特質を強調せんがためだったのではないだろうか。

五　「生性劄記」の内容(三)——良知天稟説批判

次に、西は、「良知天稟」説（直覚説・先天論）に対して異議を唱える。もし「良心」（良知）が生まれながらに先天的に具足しているというのであれば、読書も講学も、とりたてて必要は無いではないか、と言う。

この良知というものは、はたして本当に天から稟受し、人心に根ざして、変わることのないものなのであろうか。そうだとしたら、われわれが道徳を修得することは極めて容易なことであり、ただ師の口伝の要訣を聴いて、生涯、それを守り通しさえすればよいはずだ。どうしてあくせく読書したり、労苦を厭わず講学を行ったりする必要などあろうか。[けれども]そんな（読書も、講学もせずに、道徳を修得できるなどという）ことは、大昔から一度もあったためしがない。

此良知也者、其果本天稟、根乎人心、而為不可變者歟、然則吾人脩道徳、極容易、唯聴師之一口訣、終身可以守之、何必汲々讀書、孜々講學之為也、是蓋千古未曾有之事耳（一六頁）

ここでの批判は、既に指摘したように、陸九淵の「当下便是」説に対する、朱熹の批判をそのまま踏襲したものである。参考のために、朱熹の「当下便是」説批判の発言を挙げておく。

ある人の質問。「陸象山は、大すじのところ、『当下便是』ということを説いていますが、聖人と違うところは、どこですか。」（先生が）言われた。「聖人に、こんな発言など有るだろうか。聖人は、かつてそんなふうに説いたことなどはない。聖人は、『己に克ちて礼に復る（を仁と為す）。一日、克己復礼すれば、天下、仁に帰す。』（『論語』顔淵篇）と説いているが、今、『己に克ちて礼に復る』の一段だけを切り取るから、すぐ、そんなふうにしさえすれば、それでよい、と言うのだ。いったい聖人が、当時、三千もの人を引き連れて積み重ねてきた歳月を、（彼らは一体）何に取り組んでいたと考えているのか。どうして、「（道理が）分かりさえすれば、すぐに（故郷に）帰って、自分で取り組めば、それでよし」と言わなかったのか。陸子静のもとには、今もたくさんの人たちが来て従学し、やはり長期に渡って集《つど》っているが、いったい何に取り組んでいるというのか。［「当下便是」と言うのなら、］どうして、帰って自分で取り組みなさい、そうしさえすれば、それでいいのだ、と教えてやらないのか。例えば、『尭舜の道は孝悌のみ』（『孟子』告子下篇）と言うのなど、簡単なようだが、必ず尭の［行った］数々の工夫を実行してこそ、尭（が成就した地点）に到り得るのだ。必ず舜の［行った］数々の工夫を実行してこそ、舜［が成就した地点］に到り得るのだ。」

或問「陸象山大要説當下便是、與聖人不同處是那裏。」曰「聖人有這般説話否。聖人不曾恁地説。聖人只説『克己復禮。一日克己復禮、天下歸仁』。而今截斷『克己復禮』一段、便道只恁地便了。不知聖人當年領三千來人、積年累歳、是理會甚麼。何故不説道、才見得、便教他歸去自理會便了。子靜如今也有許多人來從學、亦自長久相聚、還理會箇甚麼。何故不教他自歸去理會、只消恁地便了。且如説『堯舜之道、孝悌而已矣』、似易、須是做得堯許多工夫、方到得堯。須是做得舜許多工夫、方到得舜。」（『朱子語類』巻一二四・陸氏　中華書局　二九八一頁）

孟子は「性善」と言い、陸九淵は「当下便是（今あるがままで、それでよい）」と言い、王陽明は「吾が性、自ずから足れり」と言う。ならば、「本心」や「良知」さえ把握できたならば、あとは自分独りで、自己の「徳性」を「尊ぶ」工夫に取り組みさえすればそれでよいのか。それでよいのであれば、ことさらに読書も講学も、なにも必要ないではないか。人は努力しなくても、みな聖人になれるではないか、と。つまり、朱熹も、西も、陸王心学の「当下便是」「良知現成」論を、工夫無用論、換言すれば、「頓悟」の思想としてとらえているのである。

しかしながら、その性質が凡人をはるかに越えた者であれば、錬磨の末に、自然とそこに到達することも、あるいはあるかもしれないが、どうして全ての人に、それを期待することなどできようか。だいたい世の中には、賢者もいれば愚者もいるし、邪悪な者もいれば正しい者もいるし、善人もいれば悪人もいるものだ。それはこの心が蔽われて暗まされやすいからである。だから、［孟子は］これ（良知）を取り出して、元軌（人心固有の道徳規範）としたのであるが、それだけで決して十分と見なしたわけではない。ましてや、人の心というものは、教育・礼俗・法律によって、［後天的に外から］制御しなかったならば、わがまま放題で逸脱の限りを尽くすものだ。どうして細かく観察し、じっくり思慮しなくても、「全てが分かる」と言うことができようか。ましてや心を師として絶対視してしまうなら、結果として、やがてこの上もなく恐るべき状態を生み出してしまうことにもなりかねない。あの良知を信奉する連中でも、議論して、この点を突かれたならば、その無謬性を保ち続けることはできないだろう。どうして、それを神（天）の命令などと言うことができようか。

但其性質超凡者、錬磨之餘、自至於此、蓋或有焉、豈人々而可望之乎、大概世間所以有賢愚、有邪正、有善悪者、因此心昧々易罔也、故取之以為元軌、未以為盡也、況人心為物、苟無教育禮俗法律以為之制克、則放僻邪肆無所不至、豈可謂不待審察熟慮而萬事皆了乎。況於専師心之結果、有馴致可恐之極乎。雖夫奉良知之徒、論而至於此、不能保其無差謬、豈得謂之神之誡命乎。（一七頁）

たしかに、前出の、外物の働きかけに対する内心の初発の感動を「天真の流露」とみなす発言や、ここでの発言を見れば、西も「元軌（人心固有の道徳規範）」としての「良知」という現象（実在ではなく）は認めているようだが、それだけでは「尽くせり（十分）」とは決して考えない。つまり、「当下便是」とは言えない。必ず後天的な「教育」・「礼俗」・「法律」によって、外側から具体的、客観的に「制克（制御・規制）」を加えていかなければ、人の心は「放僻邪肆」に流されて、恐るべき結果を招いてしまうと言う（例えば、「大塩平八郎の乱」『百一新論』参照）。あくまで後天的な「審察熟慮」を待ってはじめて、「万事了す」、すなわち、「是《よし》」となるのであって、決して「当下」が「便是」ではない。陸王学の「本心」「良知」の「当下具足」（王陽明・王畿）、動静を貫く心の完全無欠性を無条件に信じて、それを絶対視する陸王心学を、「師心（心の絶対化）」（既出）と呼び、その独善主義を警戒し、危惧したものである。

しかしながら、世の人々がこれ（「良心」の作用）に注目して、天性にもとづくものと考えるのは、やはりそうした面もまったく無いわけではない。そもそも人の霊妙なる知的能力は、ちょうど禽獣の本能のようなものである。だからこそ、是非の弁別を正しく行い、その上さらに、善を賞賛し、悪を嫌悪することができるのである。［けれども］思うに、それは先祖代々受け継いできた血のつながりが、そうさせているのである。今、人類は、誕生以来、千年の歳月を越えて成長してきたが［その間に］世代を越えて、社会の中で受け継いできたのである。すなわち、教育を受け、礼俗に染まり、法律に明るくなることで、あたかも天性であるかのように、行動を規律化することができるようになったのである。その萌芽は、すでに母親のお腹の中にあるころから、しだいに成長して伸びてきたものであるため、決して不思議なことではないのだ。かといって、その礼俗・法律・教育などが、すべて先人の良知に出るものであると言うのは、見識の狭い見方である。この三つのものなどは、人の性質に適合するところにしたがって制作されたものであり、外界の情勢の必然性にもとづいて生まれてきたものでもあり、その時代ごとの経験と実験観察を経て、次第に展開したものにほかならない。もし、それを一定不変の良知から生まれたものだとすれば、礼俗や法律といったものも、同様に絶対に変易することができないということになってしまう。それはちょうど、桃の種には桃がなり、李《すもも》の種には李がなるというような［絶対に変わらない］ものである。千百年を経過しても変わることがないものであってこそ、よいものだということになる。今、礼儀や風俗、法律や教育などは、時代や地方によって、そのふさわしいあり方は異なっており、進歩し変化して窮まり無いものであるが、いずれもその起源を尋ねれば、経験に由来しないものはない。にもかかわらず、［良知説を支持する直覚論者たちは］是非の心は天より稟受したものから生まれると言い、正義の観念は良心から発動し、直覚に由来すると言う。見当違いも甚だしい。

然世人視之以為本天性者、亦非全然無此事也、夫人之霊智猶禽獣之本能、故是是非非、又能嘉善悪悪、蓋世襲血傳使之然也、而今人生長於千百載、世々相襲之社會之中、而受其教育、染其禮俗、暁其法律以律其躬行、恰如天性然耳。其萌芽既在胎内、随長而條達者、亦不足怪也、然若其禮俗法律教育、謂是皆出於先人之良知、則惑矣、若此三者、雖從人性之所適而制之、莫非出於外界形勢之必然、而経世々之驗察、漸次就緒者也、若以之為出於一定不易之良知、則其禮俗法律、亦不可變易也必矣、猶桃之種生桃、李之種生李、歴千百年而不易、如此而始可已、今若禮俗法律、若教育、随世代、随地方異其宜而進動變化無窮者也、是皆原其始、則莫非由経驗也、而曰是非之心出於天稟、曰正義之観念發於良心、由於直覺、豈不亦惑之甚乎、

（一七、八頁）

前段に引き続き、意識の現象としての、是非善悪を判断する「霊智（優れた知性）」のはたらきを認めながらも、それは「禽獣の本能」のようなものにすぎず、また、「良心」の作用も、人類が社会の中での「経験」を通

して、世襲的に受け継がれてきたことで「天性」に近いものとなった習性にすぎないとする。さらに、「教育・礼俗・法律も、そもそも良知が生み出したものである」という反論に答えるかたちで、もし一定不易の天性の良知から生み出されるものであるならば、礼俗や法律は、やはり一定不易で、変えることのできないものになってしまう。しかし、それらは、世代や地域に応じて、変化窮まりないものであるという事実にそぐわない。この三者は、いずれも人類が世代を越えて、その時々の「経験」と「験察（実験観察）」によってこそ生み出されるものである、すなわち、後天的に変更可能なものであることを強調する。つまり、西によれば、意識の現象としての「良心」のはたらきは、決して先天的に賦与された、人間の本性と言うべきものではなく、あくまで後天的に人間が長い歴史の中で経験と実験観察を通して、先祖代々伝承してきた結果、身についた習性、すなわち第二の天性にほかならないと言うのである。

以上、西周は、性善説の原理主義とも言うべき陸九淵の「当下便是」説、王陽明の「良知」説を批判の俎上にのせながら、道徳学における「良心」天稟（天賦）説、直覚説の誤謬を指摘する。その上で、西周は、「良心」の限界と、その工夫の有効な範囲を、以下のように限定する。

> そもそも良心の工夫は、われわれがふだん家の中にあって行動を制御したり、事物を処理したりする当たって、それをここ（内心）において観察することで、少しだけ物事を判断するための方法を手に入れる手助けとするというだけのことです。しかしながら、［国家の］大事を論じ、［国家の］大義を決するとなると、よく考え、しっかり議論して、それをもとに委曲を尽くさなければいけないということを、ちゃんと知るべきである。それなのに、今、良心だけで、その是非を見わけ決定するには十分であると考えるのは、見当違いも甚だしい。そうすることで、［どれだけの］失敗を招くかということは、そもそもはかりしれない。

且夫良心工夫、當吾人尋常在家裡、制行處事之際、察之於此、可依以稍得判決之方而已、然至論大事決大義、則非思惟論辨以為之資、以能悉其委曲、則為不可、可知也、然今謂良心亦足以辨決其是非、是其惑滋甚、因以致差謬、且不測、（二二、二三頁）

西によれば、「良心」は、あくまで家庭内での個人的な問題を解決するための、一つの判断材料に過ぎず、天下国家の大事を決するような社会的な大問題においては、思慮を働かせてよく考え、他人としっかり議論することで、委曲を尽くした上で、判断を下さなければならず、内なる良心の下す是非の判断だけに頼ることは、このうえもなく危険である、とする。

良心の仕事は限定し、単に、わたしの細々とした行動を制御する時、自己の判断として、心中で行う場合にのみ、良心の力に依存するべきであって、たとえば事柄が他人の是非に関わってくる時は、良心は、それを決定するには十分なものではない。これを数学に譬えるならば、良知による是非の判断は、ちょうど算術の四則演算のようなものであって、複雑に入り組んだ関数に至っては、代数学がちゃんとある。

良心功夫限局之、僅就吾人零細制行上取決於自己心裡者、依其力亦可也。苟事渉他人之是非以上、則良心不足以決之也。譬諸數學、良知之是非猶算術之四則、則至其錯雜組織之數、則有代數學在焉。（二四頁）

西によれば、良知による是非の判断は、数学でいえば、算術の四則演算にすぎない、すなわち、基礎の基礎であり、前提として不可欠なものではあるが、それだけでは人間社会の複雑に入り組んだ組織的な大問題（連立方程式）を解くことはできない。大問題を解くためには、時代差や地域差などの様々な変数を考慮にいれた代数学が必要だと言う。儒教の性善説、更に言えば、良知心学の良知現成論、当下便是説は、現実の複雑な問題を解決するには、不十分であるとする。

以上が、陸王学の「当下便是」説、良知現成論に対する批判を通してみた、西の良心論である。

むすびにかえて

西が「生理に基づいて性理を説く実理哲学を建設しよう」とした時、まずは自らの心身に深く浸透していたであろう伝統的な儒学の人間観である「性善説」を批判的に乗り越えなければならなかった。そのためには、性善説の原理主義とも言われる陸九淵と王守仁の良知心学の核心とも言える「当下便是」説、「良知現成」論に対して、ひとまず決着を付けておかなければならないと考えたのではなかろうか。

「生理に基づいて性理を説く実理哲学の建設」を目指した「生性劄記」において、その全体のほぼ四分の一の紙面を割いてまで、陽明学批判を繰り返し取りあげねばならなかったのも、そのためであろう。今日の我々からすれば、無用の議論に思われるかもしれないが、西洋思想に触れる以前、ものごとを深く考え、よりよく生きるための「学び」の中心には、断然、儒学（朱子学）が主流を占めていた時代である。そんな時代を生きてきた西周にとって、その基本的人間観である性善説を乗り越えて、新たな人間観を構築していくためには、そうした作業は不可避にして、不可欠なものであったであろう。ただ既に見た通り、西の陸王学批判は朱熹の「当下便是」説批判を踏襲したもので、その域を出るものではなかった。

では、こうした性善説批判において、西が戦っていたものは何だったのだろうか。おそらくそれは、孔孟以来、儒教が一貫してつらぬいてきた、反功利主義（理想主義）、反欲望肯定主義（禁欲主義）の人間観に対してであろう。近代化を支えている哲学、その人間観・世界観は、端的に言えば、功利主義と資本主義であった。[一七] こうした近代化の哲学は、近代以前の、多くの知識人たちを支配してきた朱子学の人間観とは相反するものであった。

西周の「生性箚記」における執拗なまでの陽明学批判の言説は、西の骨の髄まで染みついていたであろう儒教的人間観との格闘の跡を示していると言えるのではなかろうか。更に言えば、西は「生性箚記」を漢文で書いている。それは、西と同じ課題を直面する、旧世代の知識人たちに向けられた啓蒙の書として企図されたことを意味する。だが、おそらくは、他者を啓蒙する以前に、誰よりもまずは自身の中に今なお生き続けている儒者としての自分を啓蒙するための内的葛藤の記録という性格を持っていたのではないだろうか。西は、その作業をほぼ死の直前に至るまで続けている。だが、「主著」（大久保）と目されながらも、結局、生前には完成を迎えることなかった。著書として公刊されることも無く、未完成の「箚記《ノート》」として終わってしまった。それは、おそらく言われるように、「生理と性理の間の橋渡しを作り、しかも生理に基づいて性理を説こうとする実理哲学」の構築の困難さと同時に、もっと困難な課題を、西が背負っていたためだったのではないだろうか。

注

一　大久保利謙編『西周全集』第一巻（宗高書房、一九八一）所収。なお、「生性箚記」の引用にあたっては、国立国会図書館憲政資料室所蔵の原本（一八八四年・自筆浄書本・漢文草稿）を使用した。小泉仰『西周と欧米思想との出会い』（三嶺書房、一九八九）第五章第四節に、「生性箚記」全文の書き下しが掲載されている。小論執筆に際して、たいへん参考にさせていただいた。ただ小論が取り上げる、西周の陽明学理解の鍵語となる「当下便是」の訓みには、明らかな誤りがある。これについては、第四節以下で言及する。なお、まだ冒頭部分のみではあるが、「生性箚記」に詳細な注を付した現代語訳として、播本崇史「「生性箚記」訳注（1）」『国際哲学研究』1号（二〇一二、一三九～一四六頁）がある。

二　ところで、こうした批判は、必ずしも西周の独創では無く、すでに王陽明の同時代から、繰り返し良知心学に向けられた批判であった。天地万物の理を度外視し、読書を廃して、ひたすら「吾が心の良知を致す」ことのみに努める良知心学を「師心自用」として、「心に本づく」釈氏の立場と見なす羅欽順（号は整庵。一四六五～一五四七。陽明より七歳年長。『困知記』を著し、陽明の良知心学を批判）の批判（「答歐陽少司成崇一」に、「世之學者、既不得聖賢以為之師。始之開發聰明、終之磨礱入細、所頼者經書而已。舍是則貿貿焉莫知所之、若師心自用、有能免於千里之謬者鮮矣。」）。『困知記』所載。）を参照。また、王畿（一四九八〜一五八三。号は龍渓。陽明の高弟。）が呉悟齋に与えた書簡に引かれる、当時の良知批判の説の中にも、「或者謂、心之良知、非假事物之理為之証、師心自用、疑於落空。」（『龍渓会語』巻二「答呉悟齋掌科書」）と見える。西周のそれも、そうした一連の批判と揆を一にするものであった。なお、「師心」の語は、『荘子』人間世篇に見える。「自分の学問を第三者の眼から検討してもらい、チェックしてもらうということを自ら断ち切って、自分だけ閉鎖的に、自分の学問を完成させたつもりでいる人、そういう人たちに対する、これは非常に手厳しい批判」（入矢義高「師心ということ」『空花集』思文閣、一九九二、一一八頁）の語である。

三　小泉仰『西周と欧米思想との出会い』、一〇一―二頁。以下の記述は、主にこの著に基づく。

四　大久保利謙編『西周全集』第一巻、六二〇頁。

五　小坂國継『明治哲学の研究』、岩波書店、二〇一三、六一頁。

六　小坂氏は、それが未完に終わった理由について、「西は程朱の学を空理として斥け、コントやミルの実証主義的経験論を受容した。しかし同時に、心理をもっぱら生理によって説明しようとするコントの考えについてはいけなかった。コントの実証主義の解説書である「生性発蘊」が未完に終わっている最大の原因はそこにあったと思われる」（同上六一頁）と言う。

七　『西周全集』第一巻・解説、六二五頁。

八　総字数一四三九四文字のうち、該当部分はほぼ三三八一文字。なお、この数字は、筆者が「生性劄記」を電子データ化したテクストを、Word の文字カウントで数えた数字であるので、あくまで概数である。

九　「術」について、西は、『百学連環』の中で、「学」と区別して、「術たるものは、……何事にもあれ、實事上に於て其理を究め、如何にしてか容易く仕遂くへき方便をさして、是を術といふなり」と言う。一方、「学」とは、「知ることの積ミ重りなりといふとも、唯タ徒らに多くを知るを以て學となすにはあらさるなり、何事にもあれ、其源由よりして其眞理を知るを學となすなり」と言う。（『西周全集』巻四、『百學連環』、四三頁）。「学」を対象に対する理論的探究とするのに対して、「術」を実践的なものとして位置づけている。

一〇　『大学或問』に、「曰、然則所謂敬者、又若何而用力邪。曰、程子於此、嘗以主一無適言之矣、嘗以整齊嚴肅言之矣。至其門人謝氏之説、則又有所謂常惺惺法者焉、尹氏之説、則又有所謂其心收歛不容一物者焉。觀是數説、足以見其用力之方矣。」と見える。

一一　石塚正英・柴田隆行監修『哲学・思想翻訳語事典』（論創社、二〇〇三）の「良心」の項（杉山直樹）、二八五頁を参照。

一二　小坂國継氏は、『百学連環』中で、西が"conscience"に、「独知」という訳語にあてていることに対して、「おそらく「独知」の原語は conscience ではなく、conscious あるいは consciousness の誤記ではないかと思われる。」（『明治哲学の研究』一四三頁）と言われている。その背景には、西の中国思想への深い造詣があったことを鑑みれば、それは必ずしも「誤記」とは言えないのではなかろうか。

一三　西の「生性劄記」については、既に紹介したように、小泉仰氏による書き下しがある。たいへん有益な仕事であるが、残念なことに、陸王心学の鍵言葉とも言うべき「当下便是」の四文字について、小泉氏は誤読されている。「生性劄記」全体の趣旨から言えば、細かいことかもしれないが、小論の主題に関わる重要な誤読であるので、敢えて誤読の箇所を挙げて、修正したものを提示する。――①「未だにわかに當下便是《すなわち》、明なりと謂うに至らず」（二三四頁）→「未だ遽かに當下便是と謂わざること、明らけし」。②「陸子静曰く、當下〔筆者註、ただいま〕便ち〔明なり（筆者付加）〕と、……」」（二三九頁）→「陸子静曰く、當下便是、と。」、③「獨知誠意の工夫は、以て發して陸子の〔當？（筆者付加）〕下便是《すなわち》〔明？（筆者付加）〕なりの説に合する所なり、陽明良知の工夫も亦た此に存するなり」（二四八頁）→「獨知誠意の工夫、發する所以にして、陸子合下便是の説、陽明良知の工夫も亦た此に存するなり」。「合下」は「當下」とほぼ同意。以上、合計三箇所。

一四　陽明学研究の泰斗　荒木見悟氏が「良知の現在性」について述べた次の言葉を参照。「現在の一念は、事事絶対・刻々完満である。一念一念は相互に完全独立でありつつ、一即全体なるものとして、無尽の一念を孕み、一多無礙なる渾一者として動いて行く。」（『新版 仏教と儒教』研文出版、一九九三、三九一頁）。

一五　「現象即実在」論については、小坂国継『明治哲学の研究』第三部「現象即実在論の系譜」、および、相楽勉「井上哲次郎「現象即実在論」の方法論的意義」（『東洋学研究』第五〇号、二〇一三）など参照。小坂氏は、「個と普遍あるいは現象と実在を一体不二なるものとして、あるいは相即的関係にあるものとしてとらえようとするのが日本哲学の共通した特質であるといえる」と言う。そうした「日本哲学の特質」は、遡れば西も含めて明治期の多くの知識人たちが若い頃から馴染んできた「哲学的資源」（吉田公平）である宋明儒学思想に固有の実在論を、その淵源とするものであるように思える。

一六　陸九淵の「当下便是」説の哲学的意義については、拙著『即今自立の哲学――陸九淵心学再考――』第七章「陸九淵の「当下便是」説は「頓悟」論なのか」（研文出版、二〇〇六）を参照。また、王陽明以降の明末の思想界における「当下」

論の思想史的意味については、鶴成久章「顧憲成の『当下繹』について　並びに訳注」（上）（下）（『東洋古典學研究』第五集・第七集、一九九八、九年）を参照。

一七　近代化を支える人間観としては、朱子学のそれと比較した、以下の発言を参照。植手通有は、「啓蒙の自然法思想においては、朱子学では抑圧すべきものとされた情欲の面に人間の「自然」が求められ、権利の名において、少なくとも一定の範囲でそれを充足させるということが肯定される」、また、「朱子学のリゴリズムとは異なって、啓蒙では幸福論的ないし快楽主義的な傾向がでてくる」（日本の名著『西周・加藤弘之』中央公論社　中公バックス　一九八四　三九頁）と言う。また、テツオ・ナジタは、「明治の新たな秩序を支配していたのは「自由競争の経済」と「優勝劣敗」の原則である」（『相互扶助の経済――無尽講・報徳の民衆思想史――』みすず書房、二〇一五、二一三頁）と言っている。

蔡元培と井上円了における宗教思想の比較研究

王青

はじめに

明治中期から活躍した哲学者である井上円了（号は甫水、一八五八～一九一九年）は、仏教革新家や啓蒙思想家などとして多方面にわたって活動し、その生涯の著書は百余冊、雑誌論文は百六十余種とも言われるほど、日本社会に大きな足跡を残しただけではなく、清末民初の政治家、教育家である蔡元培を通して中国の近代にも重要な影響を与えたのである。

一九〇〇年三月、蔡元培は井上円了の『仏教活論序論』などを手がかりに、『仏教護国論』を発表した。「護国愛理」を唱えて仏教革新運動の先頭に立った円了によれば、仏教は理（自然科学）と哲学とにより成立する宗教であり、現代の進化した世界に最も適合した宗教であるので、日本仏教は将来「西洋に超駕せしむる」可能性もあろう。

井上の著書を読んだことは、列強による分割の運命に脅やかされている中国の知識人蔡元培の『仏教護国論』執筆の決定的契機になった。蔡元培は中国の歴史と文化の伝統の上に立ち、中国を亡国の危機から護ることのできる宗教として、中国仏教の復興を緊急の課題としたのであった。

また、井上円了の『妖怪学講義』（一八九六年）の中国語訳は少なくとも四種以上あるが、其の中で一番有名なのは蔡元培が翻訳した『妖怪学講義録総論』（一九〇六年）であろう。円了の趣旨は、妖怪、幽霊など「異常変態不思議なるもの」が「迷誤」に起因することを徹底的に暴露し、人心の迷妄の一掃にあるとしたら、科学と民主の新思想の確立を提唱した蔡元培がこれを中国語訳にしたのも、ある種の必然の導きと言えるかもしれない。

一　仏教哲学者としての井上円了

井上円了はキリスト教や欧化の風潮と仏教の衰退などに対して、『真理金針』（一八八六年）、『仏教活論（序論）』（一八八七年）、『仏教活論本論（第二編　顕正活論）』（一八九〇年）、『宗教新論』（一八八八年）など一連の著作を出版して、仏教の哲学化に努めていた。円了は仏教が「護国」と「愛理」の統一した宗教であり、西洋哲学における真理が仏教においては真如という形で存在するので、仏教は近代世界に最も適合した普遍的宗教であると主張していた。

円了は、仏教の隆替と国家の盛衰は深く関わり、体験と直観を重んじる東洋伝統的仏教を西洋近代の論理的枠組みで再解釈することでキリスト教に抵抗して、日本を衰退から救うのだと認識していた。一八八七年に円了は「諸学の基礎は哲学にあり」という理念をもって、仏教の教育者を育成することを宗旨に、後に東洋大学となる「哲学館」を創立した。彼は西洋から伝わった「哲学」という学問をもって、明治初期に退勢になっている仏教を解釈し再構築しようとした。

哲学による文明開化を志向していた円了は、日本各地で大衆を対象に講演会を行ったりして、啓蒙活動に努めていた。更に「哲学館」において様々な原因による通学困難者などに対する通信教育の方法も考えられていた。こうした哲学の普及や大衆化を積極的に推進する背景には、彼独自の哲学観があった。彼は「哲学館開設旨趣」において、哲学を「学問世界ノ中央政府」として、「万学ヲ統轄スルノ学」と規定していた。円了にとって、文明開化の決定的要因は、「智力ノ発達」にある。そして「諸種ノ学問中最モ其高等ニ位スルモノハ乃チ是レ哲学」である以上、哲学の学習こそが、「高等ノ智力ヲ発達シ高等ノ開明ニ進向スル」ための必須不可欠の条件であった。そして諸学を総合し統括する哲学の性格からしても、哲学を学ぶことが日本の近代化にとって重要であると説いた。しかし注意しなければならないのは、円了が「哲学」をすることが欧化主義の立場からではなくて、あくまでも仏教を論理化して再興することを最終的目標としていたことである。

円了は無限絶対なる実在を認め、彼が創立した「有限より無限に論及する」独自の哲学システムを「純正哲学」あるいは「総合哲学」と称した。また仏教は哲学の原理に基づいて論理の規則に従って立てるものにして、「いわゆる知りてのち信ずるものなり」と主張していた。つまり仏教を単なる信仰問題とするのではなく、論理的立場から解釈しようとすることが井上氏の宗教哲学の特質だと言えよう。

二　井上円了の妖怪学研究

井上円了は日本の民間に古くから伝わってきたお化けや幽霊、狐憑きや占い等々の超常現象の事例を集めて、日本各地で実態調査を行った上で、古今東西の文献を博く調べて、その異常現象について科学的解明を施した。その成果は、ついに一八九六年、『妖怪学講義』全八巻の大冊にまとめられて、またこうした研究から、彼は「お化け博士」、「妖怪博士」などとも呼ばれたのである。

円了は、当時の科学では解明できない「超理的」つまり「不可思議なるもの」を「真怪」――真の妖怪としたのに対して、自然現象によって実際に発生する異常現象を「仮怪」、誤認や恐怖感など偶然的要因によって生じる異常を「誤怪」に、そして利欲などのために人為的に引き起こした権謀などを「偽怪」としていた。「仮怪」

にはさらに「物怪」すなわち物理的に各種の異常現象と、「心怪」すなわち幻覚、妄想や感情的衝動から来る迷妄などの異常な精神感覚に分類した。『妖怪学講義』は総論、理学、医学、純正哲学、心理学、宗教学、教育学と雑部の八門を設けて、「真怪」以外の「妖怪」に対しては物理、化学、光学、天文、地質や生物などの科学知識をもってそれぞれに分析や解釈を施した。

明治政府は文明開化の近代化政策を推進するため、「国定修身教科書」において、お化けや幽霊、狐憑きや占い、加持祈祷等を非理性的な「迷信」として、学生に認識させ、また「迷信」の打破を要請していた。一九〇五年、円了は「もっと多くの人を理解させるために、以上の迷信事例をさらに詳しく取り上げたくて[二]」、「迷信解」を書いたと述べた。このような妖怪学研究には明治政府の意図が投影されていたといえよう。

では、科学で解明できない「真怪」についてどうだろう。不可知論者としての円了は「真怪」とは「無限絶対、不可思議なる」ものにして、これはまさに宗教的世界に属すると主張していた。「そもそも学術は人知を元とし、有限相対の範囲内に存するものなり、しかして宗教は人知以外にありて、無限絶対の体に基づくものなり[三]」と強調していた。つまり、円了の妖怪学研究の趣旨は、「かくして物心万有のほかに絶対不可思議の体あることを証明するは、実に予が妖怪学の目的にして、「緒言」に仮怪を払って真怪を開くとはこれをいうなり[四]」と言ったように、「仮怪」などを科学で打破して、「真怪」を人々に開眼させることは、あくまでも「物」、「心」両界を超越した「絶対無限、不可思議」なる宗教世界の存在を証明するためなのであろう。

「しかして、この吾人が外界に対して有するところの有限性の心象を変じて無限性を開き、すなわち無限性に同化すること、これ宗教の目的とするところなり。さらにこれをいえば、吾人相対性の心をして絶対世界に入らしむるの道を教えるもの、これを宗教となすなり。仏教に転迷開悟というはすなわちこれにして、迷とは有限性を示し、悟とは無限性を指すものなり[五]」という発言には、科学概論とも言われるほどの円了の妖怪学研究が、実は科学で証明できない「絶対無限、不可思議」なる宗教世界、とりわけ「護国愛理」の仏教の存在を認識させるのを宗旨とすることを反映していると言えよう。

三　蔡元培の『仏教護国論』

中国近代哲学者の蔡元培（一八六八〜一九四〇年）は中華民国初代教育総長を務めたほかに、一九一六年から一九二七年まで北京大学学長に、また一九二八年から一九四〇年までは中央研究院院長にも就任していた。蔡元培は二度のヨーロッパ留学でルネッサンスの科学精神とフランス革命の啓蒙思想を体得し、中国で科学主義と公民道徳を内容とする教育改革を呼びかけた。また蔡元培は新文化運動にも深く関与して、科学と民主を中味とする新思想の確立を提唱していた。

一九〇〇年三月、蔡元培は『佛教護国論』という文章を発表して、その執筆の契機になったのは「日本哲学家井上氏の書を読んで初めて悟った」ことであると本人が明言した〔六〕。彼がどのようなルートで円了の説に触れたのか、また円了の説との出会いは、彼以後の思想的展開にいかなる性格の影響を与えたのか、以下では後藤延子氏の考証を参考にしたいと思う。

「西書が高くて、その要は日本に訳本があるので、東文に通ずれば西書を博覧できて、しかも西書が三五年なければ通じないけれども、東文半年を期してできて、なお簡単なり〔七〕」という理由で、蔡元培は日本語の独学をはじめたのである。日本語がかなり上達してきた蔡元培は、一九〇〇年一二月三日の日記に「日本の詩人本田幸之助君と東本願寺留学生鈴木広間君が来た」と記述している。蔡元培が円了の主張の輪郭を知り、また何らかの井上の著書や論文を入手したとすれば、この東本願寺留学生である鈴木なる人物が大きな役割を果した可能性が大きいと言われている。

因みに蔡元培の日記から、井上円了に関係した記述を抜き出してみると、まず一九〇一年四月一一日、杜亜泉に『妖怪学講義』を代って購入してもらい、同年九月三〇日に彼からその翻訳を依頼された。同年六月一〇日、史師譚から『哲学一朝話』を借りた。同年七月一六日、日本に行く友人に、「哲学館通訊教授の法」を調べてくれるよう頼んでいる。同年八月一六日、『仏教外道哲学』を借りている。同年一一月二一日には、羅振玉が『宗教新論』など数冊の本を代わりに購入してくれたという記事があった。

その他、円了に関係した文章は二つあった。一つは、一九〇一年一〇月出版の『学堂教科論』の中で、諸学の分類について「日本の井上甫水」の説を紹介して参考としてあげていた。また一九〇一年一〇月と一二月に刊行された『哲学総論』の文中に円了の『仏教活論』の部分訳であると蔡元培が明言していた。もう一つ、一九〇〇年二月二七日『剡山二戴両書院学約』の中で、一八九八年頃、厳復の翻訳した『天演論』に接し、始めて「進化の義を知」り、そして最近、これを「日本哲学家の言」や「時局の糾紛、人情の変動」につき合わせて探究してみたところ、ますますそれが正しい道理であることを確信できたと述べていた。ここであげている日本の哲学者とは、恐らく円了を指しているだろうと思われる。八

さて井上円了は、哲学的枠組みや概念で日本仏教を「護国愛理」の普遍的宗教に再編成することで、キリスト教を代表とする西洋文明の日本精神への侵蝕に反抗しようとしたが、中国を西洋帝国主義列強による分割という亡国の危機から救う思想原理の選択肢の一つとして、「学者にして護国に志ある者は、仏教をおいて何に借りるのか」と呼びかけた蔡元培の思想的出発点が円了と同じように見えるが、しかしはたしてそうなのであろうか。

蔡元培は『仏教護国論』において、孔子の『論語』を暴君に抵抗する第一真理とし、民が貴く君が軽きと説く『孟子』の思想を第二真理とし、『荘子』は寓言の形で孔子の第一真理を述べるものだと言った。仏教は「昔所謂無君」だから、「不臣于天子」の自由的思想を主張して、この意味で仏教も孔子も同じく「教を明かす」ことを目的としているので、共に第一真理になるだろう。したがって、「吾れまさに日本に遊び導師を求めてこれに従事せんとす」と願って、日本の仏寺改革の方法を参考しながら、中国仏教の復興を呼びかけた蔡元培『仏教護

国論』の主旨は、実は君権を抑制して民権を主張する政治的理想を模索しようとするものであった。

四　蔡元培訳『妖怪学講義録（総論）』

一八九九年から一九一一年までの間、井上円了の一四種の著作が中国語に翻訳された。其の中に妖怪学に関するものは商務印書館一九〇二年に出版した何琪訳『妖怪百談』や文明書局一九〇五年に出版した徐渭臣訳『哲学妖怪百談』と『続哲学妖怪百談』があった。また中国学者も井上から啓発されて、妖怪学についての啓蒙書、たとえば新中国図書社一九〇二年に屠成立の『尋常小学妖怪学教科書』を出版した。其の中で一番影響が大きかったのは商務印書館一九〇六年に出版した蔡元培訳『妖怪学講義録』（総論部分）[九]であり、これは近代中国社会に影響を与えた一〇〇種の訳書の一つであると言われている。

蔡元培はこの本を翻訳する目的は円了と同じく「国家のために妖雲妄霧を払拭し、必ず智徳の二光を開」[一〇]いて、つまり啓蒙教育を通じて社会道徳を推進しようとしていた。しかし健全な道徳を構築するためにも健全な知識がなくてはならないので、まず科学知識を普及することによって「迷信」など「人心の迷妄を祛」き、社会的風俗習慣を改善して、さらに実業を発展させることを近代化国家建設の急務だとしていた。

しかし、前節にすでに述べたように、円了は妖怪学研究において、「仮怪」などを科学で打破して、「真怪」を人々に開眼させることは、あくまでも「物」、「心」両界を超越した「絶対無限、不可思議」なる宗教世界の存在を証明するためなのであろう。では円了と異なり、仏教を君権を抑制して、民権を主張する政治的理想から評価する蔡元培は、『妖怪学講義録』翻訳において、宗教と科学との関係についてどう考えていたのであろうか。

民主と科学をスローガンに掲げる新文化運動を思想的背景として、蔡元培は梁啓超、陳独秀ら中国近代知識人と同様に、「自由」と「民権」、「共和」の理念に傾倒して、宗教を人々の精神的自由を妨害して盲従させる非理性的な「迷信」だと否定的に見る傾向が強かった。世界各国の富強が科学の発達と深く関わり、科学は「国家の頼って生存する要素」であるので、亡国に迫られている中国を救うためには、宗教より西洋近代科学技術のほうが鍵であり、所謂「科学救国」[一一]論が主張されていた。それもまさに「科学」を信奉する近代文明国家論と啓蒙思想が投影されたものであった。

科学知識の普及に主眼を置いた蔡元培訳『妖怪学講義録』は近代中国において影響が大きかったのである。翻訳依頼者の杜亚泉は「初印総論序」において、「此の書煌煌たる巨冊にして、その精思名論、予が感服し崇拝して、名状すべからず」[一二]と述べた。中国近代哲学者张东荪は蔡元培訳『妖怪学講義録』が中国が西洋哲学を輸入した早期の代表作であり、「其の時代の中国人の哲学に対する態度を反映している」[一三]としていた。研究者江绍原は『中国礼俗迷信』においてこの書の迷信問題に対する分析をたびたび引用して、日本が資本主義近代化国家を建設した時の「迷信」打破についての代表作だと評価していた[一四]。

五　「美育をもって宗教に代える」説

一九一二年九月に民国政府に公示された新「教育宗旨」は、当時教育総長に就任していた蔡元培の意見を取り入れて、「忠君」と「尊孔」の言葉を削除した。二度のヨーロッパ留学でルネッサンスの科学精神とフランス革命の啓蒙思想を体得した蔡元培が「新教育に対する意見」という文章を発表して、「共和国民の健全なる人格を育成する」立場から軍国民教育、実利主義教育、公民道徳教育、世界観教育と美感教育という教育理論を提出していた。美育を重視することはまさに蔡元培の教育思想における重要な特質であると言われている。

一九一七年、蔡元培は北京の神州学会で「美育をもって宗教に代える説」をテーマに講演を行った。蔡元培は、「人の精神作用には、知識、意志、感情の三方面がある。……原始時代には、宗教はこの三つの作用を兼ね備えていたので、……その後、社会文化の進歩及び科学の発達に伴い、……知識と意志の作用は次第に宗教から離れて独立し、宗教に最も密接な関係があるのは、唯、感情の作用であり、所謂美感なのであろう。蓋しいかなる宗教から見ても、己を拡張して、異教を攻撃しないものはない、……いずれも感情の作用が刺激されて行われたのであるので純粋な美育をもって宗教に替えなければならない。純粋な美育の場合、人の感情を陶冶することによって、高尚純潔な習慣を身につけさせ、人我の差別や人を損し己を利する考えを取り除くことができる」ばかりでなく、感情を刺激して極端に走らせる弊害もなくなると述べていた[一五]。一九二一年、『少年中国』誌上の宗教討論の文脈において、蔡元培は、「美育をもって宗教に代える」説をさらに、「将来の中国において、将来の人類と同様に、宗教の存在余地がもはやないだろう[一六]」とまで断言していた。

一九世紀末から二〇世紀初ごろにかけて、ヨーロッパからの伝教師たちはキリスト教を広めるために中国において文教事業を積極的に推進しようとした。しかし、中国近代ナショナリズムは、中国が西洋近代帝国主義による軍事的侵略とキリスト教など文化的侵蝕に反抗した過程に発生したものであった。一九二二年から一九二七年までに全国の知識界を席巻した非キリスト教運動は科学と民主のスローガンを掲げて、宗教の人性に対する束縛を激しく批判していた。一九二二年四月九日に北京非宗教大同盟大会において、蔡元培が「今の宗教は外力をもって個人の精神世界に侵入して、人権を侵犯したと見てよい[一七]」とキリスト教を批判した。蔡元培が「兼容並包」、「各々その是を行ないて、相妨げず」の自由主義と進化論的世界観を認識と行動の原理としていたため、宗教の人間の自由な精神生活に及ぼす影響力の大きさに警戒して、「美育を以て宗教に代える」という主張を探し当てたとも見てよいであろう。

蔡元培は哲学の勉強のために、一九〇七年から二度ドイツへ留学に行って来た。カント哲学の影響を受けて、世界を物質的現象界と、精神的本体界に分けて、美学こそ人間を因果律に制約されている相対的現象界から、経験を超越した自由な本体界に導く架け橋だと主張して[一八]、美学はこのような普遍的超越的性格を持ち、美学の教育は人々を現実的利害関係を超える精神世界に導くことを究極の目的とすると蔡元培は強調していた。

蔡元培の「美育を以て宗教に代える」説が中国近代美学理論において開拓者として位置づけされているが、当時から宗教界からのみならず、新文化運動に参与した学者の陳独秀、周作人、周谷城、熊十力、呂澂らからも強く質疑されたことがあった。例えば、新文化運動の発展にともない、陳独秀は理性主義の極端化といった偏りに気がつき、一九二〇年、「キリスト教と中国人」という文中において、人類の行為は知識理性から来るのではなく、美と宗教的情感から来る自然で純粋な衝動であるとして、宗教の意義を見直したのである。また文学者の周作人や西洋哲学研究者の劉伯明もそれぞれ文学と宗教と、芸術と宗教との関係の角度から蔡元培の説を批判して、宗教の存在価値を積極的に評価しようとしていた。[一九]一方、これらの論争は人々を「美学」や「宗教」の本質について深く考えさせるきっかけになって、それ自体も大変重要な歴史的意義があると思われる。

以上述べたように新文化運動時期において、新知識人グループが宗教をめぐる諸問題に対して活発に議論し論争していて、これは新知識人たちが中国における近代化過程に参与した場合に経験した精神の緊張でもあったと言えよう。井上円了から思想的啓発を受けた蔡元培における宗教観はなぜその後円了のそれと異なる特質を現してきたのか、これを究明することは蔡元培思想の全体的構造に迫り、さらに中国近代思想史全般を把握しようとする場合に一つの分析視角として有効ではないかと思われる。

参考文献

東洋大学井上円了記念学術センター編『井上円了妖怪学全集』、東京柏書房、二〇〇一年。

『蔡元培全集』浙江教育出版社、一九九七年。

『蔡元培日記』北京大学出版社、二〇一〇年。

後藤延子「蔡元培と宗教　序章　第一章」（信州大學人文学部『人文科学論集』第三三号に掲載、一九九九年二月）。

卞崇道「论宗教与哲学的关系—井上圓了与西田几多郎之比较」（『浙江树人大学学报：人文社会科学版』二〇〇九年〇六期）。

張暁林「中国现代性的内在张力——以陈独秀宗教观的变化为例」（『华东师范大学学报：哲学社会科学版』二〇〇五年 第三期）。

邹振环『影响中国近代社会的一百种译作　57妖怪学讲义录与近代〝妖怪学〟』中国对外翻译出版公司、二〇〇八年一月。

注

一　東洋大学井上円了記念学術センター編『井上円了選集』一九九一年、第八巻第一九頁。
二　東洋大学井上円了記念学術センター編『井上円了妖怪学全集』柏書房、二〇〇〇年、第四巻第六一六頁。
三　東洋大学井上円了記念学術センター編『井上円了妖怪学全集』柏書房、一九九九年、第三巻第三〇八頁。
四　東洋大学井上円了記念学術センター編『井上円了妖怪学全集』柏書房、一九九九年、第三巻第三三頁。
五　東洋大学井上円了記念学術センター編『井上円了妖怪学全集』柏書房、一九九九年、第三巻第二九頁。
六　蔡元培「仏教護国論」『蔡元培全集』浙江教育出版社、一九九七年、第一巻第二七三頁。
七　『蔡元培日記　一八九七年一〇月一七日』北京大学出版社、二〇一〇年。
八　後藤延子「蔡元培と宗教　序章と第1章」（信州大學人文学部『人文科学論集』第三三号に掲載、一九九九年二月）を参照。
九　『蔡元培日記』一九〇一年九月三〇日条によると、「『妖怪学講義』六冊、日本の井上円了の撰するところとなす。我すでに訳出し、亜泉が購印す。僅かに一冊を印するのみにして書肆、火あり。余の五冊均しく焼く」とあり、ただ「総論」部分の一冊しか発行されなかった理由が述べられた。
一〇「妖怪学講義録（総論）」『蔡元培全集』浙江教育出版社、一九九七年、第九巻第八八頁。
一一　高平叔编『蔡元培论科学与技术』河北科学技术出版社、一九八五年、第二八一頁。
一二『妖怪学講義録（総論）』『蔡元培全集』浙江教育出版社、一九九七年、第九巻第七三頁。
一三　张东荪「文哲月刊发刊词」（『文哲月刊』第一卷，第一期一九三五年一〇月）。
一四　江绍原『中国礼俗迷信』渤海湾出版公司、一九八九年、第一〇頁。
一五　蔡元培「以美育代宗教説」『蔡元培全集』浙江教育出版社、一九九七年、第三巻第五八～六二頁。

一六　蔡元培「関於宗教問題的談話」『蔡元培全集』浙江教育出版社、一九九七年、第四巻第三八〇頁。
一七　蔡元培「非宗教運動」『蔡元培全集』浙江教育出版社、一九九七年、第四巻第五九一頁。
一八　蔡元培「対于新教育之意见」『蔡元培全集』浙江教育出版社、一九九七年、第二巻第一二頁。
一九　周作人「宗教問題」、劉伯明「宗教哲学」（『中国現代哲学史資料匯編』第一集第一〇冊。原載『少年中国』第二巻第一一期、一九二一年五月一五日）。

第二章

仏教と近代日本

釈迦信仰の思想史的展開――『悲華経』から大乗非仏説論へ

西村　玲

一　江戸と明治の出会い

日本近世（江戸時代）における大乗非仏説とは、「大乗仏教は釈迦仏の説ではない」という主張のことである。この主張の是非をめぐる論争は一八世紀半ばから始まり、仏僧と儒者・国学者らの論争となって、二〇世紀の初頭まで約一五〇年間にわたって続いた。近世後半から明治三〇年代まで続く論争であり、日本仏教思想近代化の歴史的過程を如実に示すトピックである。

大乗非仏説の歴史的展開は、近世中期の富永仲基（一七一五～一七四六）から、明治時代の仏教学者・村上専精（一八五一～一九二九）や清沢満之（一八六三～一九〇三）の精神主義に至る。その思想史的な過程は「近代科学的な合理性にもとづく大乗非仏説が、仏教徒の迷信である大乗仏説を打倒する」という、単線的な図式として描かれてきた。しかし大乗非仏説を主張することで僧籍を離脱するに至った近代の村上専精が、「非仏説論者にして而も又仏説論者なり」ともっとも高く評価したのは、近世律僧の普寂（一七〇七～一七八一）の説であった。村上は、普寂と仲基の両者を止揚することにより、近代独自の新しい展開へと踏み出していった。大乗非仏説に見られる近世から近代への仏教思想の推移は、学者の仲基に見られる合理性のみならず、仏僧の普寂に見られる宗教性があってこそ初めて可能であり、両者があいまって近代仏教の精神を形作る源流の一つとなったといえる[二]。

それでは近代仏教における大乗仏教観の母胎となった近世仏僧、なかんずく律僧の思想はどのような源流から生まれ、歴史的にいかに展開してきたのだろうか。近代以後の研究において普寂ら近世仏僧が抱いた大乗仏説への疑問は、同時代の富永仲基に対応するような批判意識のあらわれであり、いわば未熟な近代的合理性と理解されてきた[三]。確かに彼らは近世の批判精神を時代的に共有しているが、その思想は律僧としての釈迦信仰とその実践から生まれたものであって、「大乗仏教は仏説か非仏説か」という近代的な基準と枠組みだけで理解することはできない。

江戸時代の鎖国を現実に生きた僧侶たちの、インドと釈迦への想いは、今の私たちの想像を越える。幕末から明治にかけての浄土宗僧であり、学行兼備の高僧として廃仏毀釈に抗した福田行誡（一八〇九～一八八八）は、イギリスに留学した南条文雄（一八四九～一九二七）がインドに渡ったと思い違い、その足を礼拝した。南条の自伝『懐旧録』に、その様子が描かれている。

> （行誡は）「よくお出でた」と云ひつつ、私（南条）の両膝に両手を差し出し、之を頭上に推し頂きて直ちに退出されてしまった。一体何う云ふ意味であらうかと考へてゐる中に、上人は再び私の前に進み、一枚の短冊を持し、「これを御進上致します」と云ひ乍ら、非常な悦びの御面持であった。おし戴いて開いて見ると、
>
> 接足　御仏の御跡ふむ足尊としな
> 作礼　我戴かん御跡ふむ足
> 　　　　行誡　八十一[四]

イギリス留学から帰国した南条は、この時点ではインドには渡っていないのだが、行誡は南条が「印度仏跡を

も巡拝したものと考へられた」。あまりの喜びように、南条は自分がインドに行っていないことを、言い出せなくなってしまった。そして行誡は「昔笠置の解脱上人が、渡天の志を得ず、泉州堺の浜に出で、海水に足を浸して、此水も天竺の方から流れてきたと思へばせめて渡天の思が慰められると云って、海水にその思慕を寄せられた話を挙げて、切に私（南条）を尊ばれるのであった」[五]。

耳が全く聞こえなくなっていた行誡は、この後にあらかじめ用意していた印度に関する一五の質問を、南条に筆談で訊ねた。さらに次の日に、行誡は浅草観音への参詣の途中に、わざわざ南条のもとを訪れている。八一歳にして「御仏の御跡踏む」人に出会った行誡の喜びが、つたわってこよう。行誡に見られるような釈迦への真情は、新しい時代の空気となって、近代の仏教を生み出していく情熱の一つになったと思われる。

行誡の一五の質問とは、中国の玄奘（六〇〇～六六四）や法顕（三三九？～四二〇？）による仏跡報告の確認や、インドにおける梵語・梵字の使用状況、日本古代の最澄（七六七～八二二）が言う大乗寺の存在などであり、それらはいずれも江戸時代の仏教者の知識と関心に基づいている[六]。たとえば「インドの僧侶の服は、日本に伝わっている服と異なるかどうか」と尋ねているが、これは江戸時代を通じて展開された、釈迦当時の正しい袈裟についての議論から生まれたものである[七]。行誡は、近世に開始された釈尊復古の志と実践の直線上にいる。

行誡が、笠置の解脱上人貞慶（一一五五～一二一三）のこととして語った話は、正しくは明恵（一一七三～一二三二）のことである。明恵は、天竺へ渡ろうとして春日明神に制止された。紀州の島に逗留した際に、西の沖にかすむ島を天竺になぞらえて、「南無五天諸国処々遺跡」と泣く泣く礼拝した。そこで磯の石を拾って、天竺の釈迦仏遺跡がある河の水が入った海と「同じ塩に染まりたる石なれば」と釈尊の形見として愛し、「遺石を洗へる水も入海の石と思へばなつかしき哉」と詠んだ[八]。貞慶は南都の釈迦信仰を始めた一人であり、行誡や南条の誤りもまったく故のないことではない。

また近年の近代仏教研究の進展により、近代仏教当初よりインドへの熱烈な憧憬のあったことが明らかになってきた。[九] 具体的には、明治初期の廃仏毀釈を経て以後、各宗が派遣したヨーロッパ留学僧によって、インド古代のゴーダマ・ブッダを中心とする西欧仏教学が輸入され、[一〇] 東京帝国大学を中心にインド仏教を中心とする印度学仏教学が近代的な学問として確立されていった。[一一] その一方で、インド・スリランカ・チベットなどのアジアへ、釈尊由来の生きた仏教を求める僧が、巡礼と留学に陸続と旅立っていった。[一二] 留学僧らの行く先は、ヨーロッパ・アジアとそれぞれに異なり、もたらした結果もさまざまであったが、その志を支えたものは各宗への使命感であると同時に、古代インドの釈尊への熱い思慕が根底にあったと思われる。

本論では、近代の大乗論と釈尊観を生み出す源流の一つとなった、律僧における釈尊信仰について、その発生と展開をたどってみたい。江戸時代の幕末から生きた行誡は、イギリスに留学した明治時代の南条文雄の足を礼拝し、鎌倉時代南都の釈迦信仰を自らのよすがとして語る。なぜ行誡のような存在が、思想史的にありえたのか。近世から近代にかけての仏教における大乗仏説論の疑問と解決は、どのような希求から生まれてきたか。まずは、その発端となった中世南都の『悲華経』による釈迦信仰から見ていこう。

二　慈父釈迦牟尼如来――中世南都の釈迦信仰

中世南都の釈迦信仰については、先学によって研究が進められており、おおよその内実を知ることができる。[一三] それは『悲華経』を根拠として、釈迦仏をモデルに穢土成仏を目指す信仰と実践であり、法然（一一三三～一二一二）が提唱した専修念仏による阿弥陀仏の浄土往生に対置される。貞慶に始まって、明恵、覚盛（一一九四～一二九〇）、良遍（一一九四～一二五二）、叡尊（一二〇一～一二九〇）、忍性（一二一七～一三〇三）らにあり、貞慶以来の戒律復興にもとづく南都改革派の特徴の一つであった。

貞慶が法然教団排除のために朝廷に上奏したとされる『興福寺奏状』には、阿弥陀仏に対置される釈迦仏の特徴が見て取れる。貞慶は、法然を批判する第三条に、釈尊を軽んじる過失をあげる。曰く、「三世諸仏の慈悲斉しと雖も、一代教主の恩徳独り重し」として、「心ある者で、釈尊の恩を知らないものがあろうか。しかし専修念仏の徒は、「阿弥陀仏以外の仏を礼拝しないし、阿弥陀念仏以外は唱えない」と云う。彼らの言う「阿弥陀仏以外の仏と名号」とは、釈迦などの諸仏のことである、と難じる。続けて、「専修専修、汝は誰の弟子ぞや。誰か彼の弥陀の名号を教えたる、誰かその安養浄土を示したる」とその忘恩を強く批判して、「憐れむべし、末生にて本師の名を忘れたることを」[一四]と結ぶ。はるかかなたの西方十万億土より死後の凡夫を迎える阿弥陀仏とは異なり、釈迦仏はこの現世、娑婆苦界の教主である。

さらに、明恵の言を見てみよう。一一九八年（建久九）、明恵二六歳の折に書かれた『随意別願文』は、「我が大慈父大恩教主、釈迦牟尼如来」という語で始まる。[一五]願を述べるにあたって、曰く「我が大慈父、大恩教主の釈迦牟尼如来が亡くなって何百年も後に、この辺境の小国に生まれた遺法の幼子……我が身を省みて大慚愧を起こし、慈父釈迦牟尼仏を恋慕して涙を雨降らし、無明の殻の中から悲哀して申し上げる」と懺悔する。[一六]これより以下は、華厳の教えを体得することを願う内容が続くが、ここでは明恵が釈迦仏を慈父とたのむ根拠となった『悲華経』を見たい。釈迦の慈悲とは、どのような性格のものであったか。

『悲華経』は、釈迦が仏として生まれる以前の前生譚であり、釈迦が宝海梵志という大臣であった時に、大悲菩薩という名前を得た経緯が中心となっている。『悲華経』の主人公である宝海梵志は、周囲のあらゆる者に未来世において仏となることを勧めて、その場の仏である密蔵如来から許し（授記）を得る。自分に関わるすべての者が、いずれは清浄な国土の仏となることの確証を得た後に、宝海梵志は自らの志願を述べる。

> この諸の衆生、已に各願って浄妙の世界を取り不浄の土を離る。……この諸の菩薩、大悲を生ずと雖もこの五濁悪世を取ること能わず。今かの諸の衆生、痴の黒闇に堕す。[一七]

未来に仏となることを願うこれらの人々は、清らかで妙なる浄土を取り、不浄な世界を離れた。彼らは大悲を生じても、この五濁悪世に生まれることを願わなかった。見捨てられた娑婆の衆生は、痴の黒闇に堕ちている、と。

『悲華経』が述べる黒闇に堕在する人々とは、とりもなおさず娑婆に住む我々のことであり、その描写は真に迫っている。その衆生は「恩義を識らず正念を失いて、善法を軽蔑し知恵有ること無く」、「得る所の物に於て他と分たず、互いに相い軽慢にして恭敬有ること無く、懶惰・懈怠」にして、「悪を作すを以ての故に称嘆を得」る。この故に「諸仏世界の容受せざる」者として、諸仏の世界から擯（しりぞ）けられて、この娑婆世界に来り集まった者である。こうした衆生は常に怒りを抱いて「娑婆に充満」し、「肉をくらい血を飲み皮を剥ぎて衣とし」、殺し合っている。当然、この世界もまた苦しみに充ちている。「娑婆世界はその地多く…土砂・礫石・山稜…蚊虻・毒蛇・諸悪の鳥獣、その中に充満し」、「常に非時に於いて悪雹・雨水あり」。この雨水は毒であって、それで育つ穀物も「皆悉く雑毒」しており、これを食べる衆生は怒りを増し、顔色は憔悴している。[一八]

諸仏の世界からはじき出された黒闇の衆生が充満する世界、諸仏から見捨てられ荒廃しきった世界が、この娑婆である。宝海梵志は、「世尊よ、願わくば我その時兜術天より下りて最勝の転輪王の家に生まれん。……人寿百二十歳の時に於いて成仏し出世し……仏世尊ならん」[一九]と、その世界を自らの世界とすることを願って、大悲菩薩という名前を与えられる。大悲菩薩の後身が、今の釈迦仏である。

善男子よ、汝、今まさに知るべし。その時の大悲菩薩とは豈異人ならんや。……則ち我が身（筆者注・釈迦仏）これなり。[二〇]

釈迦仏は、あらゆる仏から見捨てられた世界と我々、この苦界と黒闇衆生を自ら選んで生まれた仏であるから、「諸仏の慈悲斉しと雖も、一代教主の恩徳は独り重」いのであり、「慈父釈迦牟尼如来」と仰がれる。釈迦の性格は、なによりもこの現世、過酷な現実を引き受けることにある。『悲華経』の釈迦は、はるか古代のインドで現実に生きた人としての面影を保ちながら、時空を超える大悲の菩薩として止揚される。それは確かに、西方浄土の阿弥陀仏とは異なる種類の慈悲であり、浄土を願う道とはまた違う、もう一つの人の生き方を示すものだった。

中世南都で初めて律僧となるために自ら受戒した（自誓受戒）覚盛が、大悲菩薩と諡号されたことは象徴的である。また叡尊が四七歳（一二四七年・宝治元年）の時に書いた願文は、宝海梵志の誓願をトレースするものであり、忍性も名を連ねている[二]。

> ここを以て誓願して、敬して本師往昔の誓願を学んで、穢悪充満の国土に処して、恒に仏刹に擯棄せらるる衆生に対して、利益安楽の方便を設け、諸仏に値遇し、利生の法を学んで、無仏の国に住して大饒益を作さん。小比丘叡尊、曾てこの願を発す[三]。

ここに誓願する。私小比丘叡尊は、本師釈迦がはるか前生に立てた誓願に学んで、穢悪充満の国土で、他の仏国土にしりぞけられ（擯）棄てられた衆生に、恒に利益安楽の手だてを設ける。諸仏に値遇して衆生を利する法を学び、仏のいないこの娑婆国土に住んで、大利益を施すことを、と。ここで叡尊は『悲華経』の「擯棄」の字を使って、釈迦仏と同じくこの穢土で仏となることを誓う。

一二六九年（文永六）に、六九歳の叡尊は大和の般若寺を再興し、文殊菩薩像の供養のために非人二千人に施しを与えた。中世における非人とは、ハンセン病患者を中心とする集団であり、施物には米や鍋・糸などに加えて、ハンセン病患者が頭を包む白い「包みの布」も入っていた。叡尊は、その折りの願文で「ただ切なる哀情によって、永代に供養したいと願っても、現実には彼らの鉢は空っぽである。この施しは一日の糧にも堪えない」と述べる。娑婆に生きる彼は、その日を凌ぐだけに終わる施しの空しさを知っている。その上で、なお「施者も受者も平等に貪欲を離れ、禅悦の味を嘗めんことを願う[二三]」ところに、南都の律僧が目指した慈悲の性質、穢土を引き受ける釈迦の自覚を見るべきだろう。

八四歳の一二八四年（弘安七）に、叡尊が雨乞いを行った時の言葉は、彼がかつての誓願を果たし続けていることを示す。

> 凡そ某（注：叡尊）、当寺（西大寺）に住して已来、……三時の行法等、偏に皆国土泰平利益衆生の為なり。本より浄土に生まれんとも楽わず、都率に生れんとも楽わず。只衆生の安楽を以て本意と為し、都て私無し[二四]。

本より浄土も都率も願わないと言い切った八四歳の老比丘は、この六年後に九〇歳で亡くなった。

貞慶を嚆矢とする釈迦信仰は、神祇と結びつきながら舎利信仰をはじめとして、南都のみならず叡山にも拡がって、中世の特徴的な信仰の一つとなった。法相宗擁護の神である春日明神の本地仏は釈迦であり、『悲華経』の釈迦信仰を背景として慈悲万行菩薩と仰がれる[二五]。その具体相は、人によってさまざまだけれども、共通するのは三世を踏まえた現世の重視であり、釈迦仏をモデルとして穢土における個人の修養と完成を目指すことにある。叡尊らが選んだ修行方法である戒律（具足戒）は、古代天竺で釈迦仏が実行したものと信じられ、律僧となることは、実在した釈迦の生を辿ろうとすること――それぞれの能力と資質に応じた形で――だった。それは個人の能力や努力といったものを信じ、そこに重きを置く、南都の貴族的な思想と文化の表れでもあったろう。

鎌倉時代以後、南都の戒律は社会的な勢力としてはほぼ途絶えたと思われる[二六]。近世の慈雲飲光（一七一八～

一八〇四）は、律僧不在の間の戒脈は春日明神お預かりとする。[二七] 近世初頭の一六〇二年（慶長七）、叡尊らに倣った真言宗の明忍の自誓受戒によって、戒律は再び人の行うものとなった。近世律僧における釈迦信仰は、どのようなものだったか。

三　釈尊正法五〇〇〇年――近世律僧の釈尊復古

近世国文学を専門とした日野龍夫は、江戸人にとってのユートピアは、幻想の古代であったと言う。[二八] その心性は、学芸分野においては古代に範を求める復古主義となってあらわれた。近世の仏教・儒教・国学神道などの思想家は、それぞれの古代像に理想を託す復古主義の形式を取ることで、新しい独創的な思想を展開しており、文献学的方法によって自らの古代像を明らかにしようとする。儒者のユートピアは中国古代であり、国学者のそれは日本古代だった。そして近世律僧の理想は、インド古代の釈迦仏である。仏教と他思想との最大の違いは、律僧の場合は、その理想を律院ないし個人において、ある程度まで現実化することが可能だったことである。

近世戒律は、真言宗の明忍（一五七六～一六一〇）らが、自ら誓って戒を受けたことに始まる。『律苑僧宝伝』によれば、二一歳で出家した明忍は「戒は三学の首である。戒が廃れて、どうじて禅定や智慧が生れようか。この国には戒律が廃れて久しい。あに坐視するに忍びんや」[二九] と言い、戒律を学ぶために南都の西大寺に入った。二七歳の時に、明恵ゆかりの京都高山寺で、同志二人と共に「大乗三聚の通受法に依って自誓受戒」[三〇] して律僧となり、槇尾山西明寺を再興した。

日本律僧の通受法とは、大乗戒として三聚浄戒（摂律儀戒・摂善法戒・摂衆生戒）を一度に自誓受戒することであり、そのうちの摂律儀戒として具足戒を受けることになる。通受法では、夢や三昧中などで得た好相（仏に頭を撫でられるなど）を受戒の契機として、仏前で自ら誓って戒を受けるために、すでに具足戒を受持している他の僧侶から戒を受ける必要がない（通受自誓）。これに対する別受法は、三聚浄戒の摂律儀戒のみ、すなわち具足戒だけを受けることである。別受法の場合は、律の規定に従って、すでに具足戒を受持している僧から戒を受ける（別受相承）。日本中世の叡尊ら以来、僧侶が具足戒を受けて律僧となる時には、自誓受戒の通受法に依るのが一般的であった。

明忍は、三一歳で「通受自誓の願いを遂ぐと雖も、尚未だ別受相承の望みを果たさず[三一]」として、日本にはいない具足戒受持の僧を求めて「海を越えて法を求め……毘尼（筆者注・律）を興隆[三二]」するために、中国大陸に渡ることを決意する。高雄の弘法大師像の前で護摩法を百座修して、伊勢・八幡・春日に詣でた後に、対馬まで渡るが海外に渡ることをとどめられる。そのまま対馬で赤貧のうちに過ごし、京都からの母の手紙を受け取った時には、慇懃に拝戴して読まずに渓流に流した。『往生要集』に親しんで、一六一〇年（慶長一五）の六月七日に、三五歳で亡くなった。臨終の時には、病苦で「小杖を以て畳を打、称名念仏して魂を安養にうつさんと乞い」ながら念仏して、紫雲の来迎を観たという[三三]。

明忍は、亡くなる半年ほど前に、次のような「通受血脈」という図を書いている。

釈迦——弥勒〈玄奘—慈恩／道宣—元照〉叡尊

慶長十五年正月廿六日[三四]

併呑三聚
長養戒身
耀法利生
千古未開

これは具体的な相承を辿る通常の血脈や法系図とまったく異なっており、律僧明忍の精神的系譜、彼を支える魂のアイデンティティとして理解すべきだろう。叡尊は、釈迦仏・弥勒菩薩の直系とされる。右には通受法の論拠である『瑜伽師地論』を翻訳した中国法相宗の玄奘（六〇二～六六四）とその弟子慈恩基（六三二～六八二）、左には中国四分律（南山律）宗の道宣（五九六～六六七）と元照（一〇四八～一一一六）がならぶ。下の四句は、通受法を讃歎するものだろう。第四句「千古未開」の意味は分かりにくいが、通受法が歴史的には叡尊に始まるということだろうか。明忍がそのルーツを、釈迦・弥勒・叡尊として空海を入れないことは、近世戒律の発端における釈迦仏の意義を示すものとして重要である。

明忍に始まった戒律は、浄土宗をはじめ禅宗や法華宗にも拡がった。さらに最澄以来、大乗戒を重視する天台宗においても小乗戒の実行を主張する安楽律派が勃興した。浄土律は、浄土宗における本来の戒（円頓戒）を求める形として、天台安楽律では中国宋代の天台宗を理想として、近世独自の展開を示した。時代は下るが、一八〇一年（享和一）に各宗から寺社奉行所へ提出した規定から各宗付属の宗として確認できる律宗は、真言宗付属の真言律、浄土宗付属の浄土律、天台安楽律である[三五]。

そうした流れの中で、古代インドと釈迦仏への直接のアプローチは、一七〇〇年代に入ってから少数派としてあらわれる。その嚆矢と思われるのは、浄土律の敬首（一六八三～一七四八）である。武蔵国の神田に生まれた敬首は、一五歳の時に増上寺で出家した。一九歳から二四歳までの五年間、関西で天台や南都の諸学と戒律を学び「甚深にして未曾有の説[三六]」を抱き、師から「自秘して他に向て説くことなかれ」と言われる。二四歳で具足戒を受けて正式に律僧となり、律院住職となった。その後隠遁して、授戒と講義で日を送り、六六歳で亡くなった。その思想は、あまりに通常とは異なるため、「聴く人耳を驚かし、或いは讃え、或いは嘆ず」るありさまで、その教えを理解した弟子はいなかったという。敬首の思想は、次のように言われる。

> 上は釈尊を本師とし、龍樹・天親の二大士を依怙とし、其の余は天台・華厳・真言・法相・三論の諸祖と雖

も、其の訾謬を匡し、其の正につき、其の非を辨斥す。[三七]

釈尊を本師と仰ぎ、インドの龍樹と世親を拠り所とした。その他の祖師に対しては謬りを正し、正しい所は受け入れ、非なる所は排斥したという。敬首は、古代インドの僧侶を理想としている。律僧となった時に敬首と改名したが、「天竺の法は只一名なれば敢えて字（あざな）を用い」なかったという。

敬首の思想の一端は、五五歳（一七三七年・元文二）の時に、弟子が書写した敬首の秘密の手控えからうかがえる。敬首は、釈迦が大乗を説いたという大乗仏説に対して、以下のような疑問を抱いた。[三八]曰く、「（疑問一）釈迦仏が『法華経』を説法するのを聴いた声聞は、皆大乗に転向したはずであるのに、釈迦仏の滅後に声聞の小乗が仏典を結集するのはおかしい。（疑問二）仏典を結集した洞窟の外でまとめられた大乗経典でも、冒頭に「如是我聞」（私はこのように釈迦仏から聞いた）とあるのもおかしい。（疑問三）仏滅後に小乗仏教は分れて二十部になったが、大乗仏教が分かれていないのはおかしい。（疑問四）小乗仏教の伝持は絶えていないのに、大乗仏教は誰が伝えたのか。（疑問五）大乗仏教は大乗論師の馬鳴から始まり、それ以前に大乗について述べられないのはおかしい」とする。[三九]これらの疑問に対して、敬首は、次のように考える。

> 天竺の仏法は、先づ華厳を説き自証報仏の境界を説て衆生に願望せしめんと欲す。然るに欲界にして人根相応ぜず。故に相止て小を説て其戒を律す。次に漸く浅般若を説き、次に深般若を説く、法華これなり。次に総説す、涅槃これなり。総説了てみたれば、穢土なれば其機相応は小乗なり。故に伝法の聖者皆内秘外現を守る者なり。剃髪染衣これなり。[四〇]

敬首は、釈迦仏は華厳・小乗・戒律・般若・法華・涅槃という順番で説いたとしながら、この世は穢土であるから、大乗ではなく小乗がふさわしいという。だから聖者は、内心は大乗菩薩であるが、外見は小乗比丘として髪を剃り衣を着ている、とした。

大乗を優位におく教相判釈説にしたがって、この苦界には劣った小乗がよりふさわしいとする主張である。ここで戒律をはじめとする小乗仏教に積極的な意義を認めることにより、大乗仏説は後景に退いていく。敬首は、釈迦仏の説法時には「聴衆に一向大乗と内秘の者と一向小乗との三衆」がいたとして、公けに伝えた小乗仏教（三蔵）は「公法・公伝」であるのに対して、私に伝えた大乗仏教は「私法・私伝」であるとする[四一]。

敬首のあとを承けるのは、同じく浄土律僧の普寂（一七〇七～一七八一）である。普寂は、インドの釈尊正法を基準とする戒定慧の三学均修を主張し実行して、日本の諸宗祖師を問題としない。釈尊と南山律宗の宗祖とされる中国唐代の道宣を仰ぎ、明確に釈尊復古を主張する。敬首は釈尊と併せて宗祖である法然を尊敬の対象とするが、普寂においては、法然に対する格別の尊敬は見られない[四二]。

敬首と同じく普寂も、仏在世から滅後の五百年間に弘められたのは小乗仏教のみであることから、なぜ釈迦仏は大乗仏教を説かなかったのか、という疑問を抱く。曰く、「（仏滅後の五百年を過ぎた後に）馬鳴・龍樹等の大士に至って、盛に大乗を弘め、方等経典、是に於て公然たり。……大乗もし究竟の極説ならば、則ち仏在世正法の間、何ぞ公然として弘めざらんや」[四三]と。普寂の答えは敬首と同じく、この娑婆の末世には小乗仏教がふさわしいというものである。

> 閻浮提は、五濁増時なるゆへに、本格なれば人空から入るべき也。それゆへ仏在世正法五百歳にいたるまでは、四阿含の教、四諦無我の理のみ、をしえ玉へるとみえたり。……大乗を表に出さず。大乗は、聖聖密伝し玉へるとみへたり[四四]。

普寂は、娑婆にふさわしい教えは小乗であり、大乗仏教は聖者の瞑想中で密伝されたものとする。[四五] 敬首や普寂は、律僧として小乗戒を実行する根拠を、戒律が釈尊の正法であることに求めた。釈尊当時の仏法を文献の中から探るうちに、「釈尊が亡くなって数百年の後に、なぜ始めて大乗仏教が現れるのか」という問い、大乗仏説への疑問が生まれてきたと思われる。彼らの疑問は、伝統的な理論を根底におきながら大乗密伝という形を取って、「大乗仏教は凡人の手に届かないから、凡人であれば小乗仏教を実行するべきだ」という釈尊正法としての戒律実践への根拠を導いた。

管見の限りであるが、近世律僧は『悲華経』には言及せず、叡尊に見られるような経典そのものにもとづく誓願はうかがえない。彼らは中世律僧と同じく釈迦仏への信仰を基盤としているが、そのアプローチの方法は「諸祖と雖もその正につき、その非を辨斥す」という取捨選択を特徴としており、いわゆる近世的な合理性にもとづいている。彼らの釈迦信仰においては、もはや大悲菩薩の神秘性と抽象性はかえりみられず、凡人にも実行可能な戒律をはじめとする教えを説いた現実性と具体性こそが、その信仰の理由となる。

最後に、近世後期の慈雲飲光（一七一八～一八〇四）に触れておきたい。真言律僧であった慈雲は、釈尊復古を掲げて僧侶と俗人に正法律を広く提唱し、晩年には神道を研究した。慈雲の正法律は、近代に至って釈雲照（一八二七～一九〇九）の十善戒運動に引き継がれ、近世戒律運動の掉尾を担った。沈仁慈は、慈雲の正法思想を分析して、その「正法」概念が神道研究以前は「仏在世及び賢聖在世の世」であり、後には「自然法爾」となったことを明らかにしている。[四六] 慈雲が、どのように「仏在世」を目指したかを見ておこう。

毎に学徒を誡めて曰く、大丈夫児、出家入道す。須く仏知見を具し、仏戒を持ち、仏服を服し、仏行を行じ、仏位に躋るべし。切に末世人師の行う所に倣うことなかれ。須く淳粋の醍醐を飲むべし。雑水の腐乳を歠ることなかれ。これ尊者、終身履践する所、故に亦これを用いて以て人に誨ゆ。[四七]

慈雲は学徒に対して常に、いったん出家したならば、仏の智慧を持ち、仏の戒をまもり、仏の服を着て、仏の行動を行い、仏の位に昇るべきである。決して仏以外の末世の人師に倣ってはいけない、と誡めたという。

一八歳の時に天竺渡航を志した慈雲は、釈尊教団の復活を企図して、この言葉の通りに実行した。慈雲は、「一切経の初に如是我聞の字」とは、是くの如く我聞けりということであるから、経は「弟子の宣伝なることを示」し、経典は弟子の聞き書きであるという。それに対して、戒律は「唯金口の親宣」であって、律文の冒頭には「直に仏在某処と標して」いるから、より優れているとする[四八]。

慈雲にとっての戒律は、経典に優先する絶対的な真理であって、古代天竺に実在した釈尊教団を直接に示す言葉であり、教団復活の現実的な方法であった。彼は、古代天竺の釈尊の教えと教団生活を文献による梵語研究によって探求して、『梵学津梁』一千巻を著した。その成果の一つが、仏服として釈尊当時の袈裟を復元し、千枚を作製して普及したことである。慈雲の教団では、仏行としての瞑想が義務づけられた。

しかし慈雲は、前世代の敬首や普寂とは異なり、大乗仏説への疑問は抱かない。釈迦「仏在世には小乗の法を多く説かせられ」、日本では「皆大乗を奉持する」[四九]と言うが、そのことは大乗への疑問にはつながらない。慈雲は確かに、釈尊滅後の大乗仏教の歴史的展開を認識しているが、心情において、釈尊正法の絶対性と大乗仏教への尊崇は一体化しており、そこに論理的な矛盾を感じない。その仏教理解は、その点において伝統的な教相判釈の規範を出るものではなく、終始一貫して「聖教の中に勝劣を見るべきことではないぞ」[五〇]という姿勢を堅持する。戒律についても「菩薩は声聞行を兼ね」[五一]るから、大乗戒と小乗戒の両方を修すべきであるとしている。

慈雲の正法律は釈雲照へ、普寂の大乗仏説は村上専精へ、それぞれ形と質を変えながら近代に引き継がれた。釈尊を憧憬する江戸の律僧の精神は、近代の仏教者を広く覆う空気となった。

四　おわりに――ゴータマ・ブッダへ

明治三〇年代に、大乗非仏説論争に学問的な終止符を打った村上専精は、富永仲基を高く評価すると同時に、普寂の主張をそのまま援用して、大乗仏教は歴史的現実とは別次元の真理であるとした。村上は、「大乗仏教は歴史的には非仏説であるが、歴史を超越した真理において大乗は仏説である[五二]」と結論する。彼は歴史と信仰を切り離すことにより、大乗仏教を歴史から超越する絶対的なものとして、当時問題となっていた信仰と歴史の矛盾を、棚上げすることに成功した。村上は仏教における信仰と学問を分離して、客観的・歴史的な仏教史の研究を可能にし、近代仏教学への道を内面から開いたと言えよう。

その後の日本の近代仏教学は、ヨーロッパから輸入された文献学と伝統的な漢訳仏典研究を車の両輪として展開された。下田正弘が明らかにしたように、その大きく広がる扇の要となったのは、古代インドのゴータマ・ブッダ研究であった[五三]。仏教の開祖であり現実の歴史的存在である釈迦は、近代の知識人が求める信仰と科学の要請を二つ共に満たしうる存在として、その絶対的な位置を保ち続けた。たとえば、一九五八年に『ゴータマ・ブッダ』（法蔵館）を出版した現代仏教学の泰斗であった中村元（一九一二～一九九九）の言は、そのことを如実に証左する。

> 歴史的人間としてのゴータマ・ブッダが、やはり生まれて、生きて、そして死んだ人間でありながら、「人間」を超えていたところに、われわれはその偉大さとありがたみを覚えるのではなかろうか[五四]。

同じく日本の現代仏教学の泰斗であった平川彰（一九一五～二〇〇二）や中村が、釈迦に言及する折に通常「釈尊」という尊称を用いることは、現代知識人の思想と信仰のありようを示して、象徴的と思われる[五五]。

釈迦という型は、その時々の人々の希求に応じて、幾層にも鋳直されてきた。現代の我々が見る、古代インドを生きたゴータマ・ブッダは、かつては末法万年以前のユートピアである釈尊正法時の主人であった。さらにその底には、この苦界と黒闇の我々を自ら選んだ大悲菩薩、慈父のおもかげがおぼろげに透けて見えてくる。

注

一　村上専精『大乗仏説論批判』、光融館、一九〇三年、一四六頁。

二　西村玲『近世仏教思想の独創』、トランスビュー、二〇〇八年、一四四〜一七六頁。

三　西村前掲書、六二、一四五〜一四六頁。

四　南条文雄『懐旧録』大雄閣、一九二七年、二五一頁。南条のインド旅行については、小川原正道「南条文雄」『近代日本の仏教者』、慶應義塾大学出版会、二〇一〇年、一四〇〜一六三頁。

五　同上『懐旧録』、二五一頁。

六　一五の質問については、同上『懐旧録』、二五五〜二五七頁。

七　行誡の袈裟に関する質問は、慈雲の袈裟復古運動に代表される近世の袈裟論から生まれている。袈裟論争については、河口高風『法服格正の研究』、第一書房、一九七六年、三四〇〜三六〇頁。西村前掲書、一七七〜二三三頁。

八　「栂尾明恵上人伝記」、『栂尾明恵上人集』岩波文庫、岩波書店、一九八一年、一四八頁。

九　近代における日本僧のインドへの情熱については、佐藤哲朗『大アジア思想活劇』（サンガ、二〇〇八年）が、明治期から昭和期までを対象に時代の熱気を幅広く伝える。

一〇　近代仏教学の歴史的経緯については、下田正弘「仏教研究と時代精神」（『龍谷史壇』一二二号、二〇〇五年、二九〜五一頁）をはじめとする下田の諸論考がある。理想像となったブッダの性格については、下田「〈物語られるブッダ〉の復活」『仏教とジャイナ教』平楽寺書店、二〇〇五年、三六五〜三六八頁。島岩は、近代から現代までのアジア全域と西欧における仏教の展開と受容についての全体像と流れを大きく描き、西欧の仏教受容はロマンティシズムとオリエンタリズムが基調であるとする。島岩「西欧近代との出会いと仏教の変容：仏教の未来に関する一考察」、『北陸宗教文化』一〇号、一九九八年、一七頁。総論として、オリオン・クラウタウ『近代日本思想としての仏教学』、法蔵館、二〇一二年。

一一　日本近代の大学制度における仏教学の形成については、林淳「近代日本における仏教学と宗教学」『宗教研究』三三三号、二〇〇二年、三三～四三頁。

一二　明治期の留学僧と釈尊信仰については、ジャフィ「釈尊を探して」『思想』九四三号、二〇〇二年、同 "Buddhist Material Culture, "Indianism," and the Construction of Pan-Asian Buddhism in Pre-War Japan", Material Religion 2/3 2006（日本語訳は、桐原健真／オリオン・クラウタウ共訳「戦前日本における仏教的物質文化、〈インド趣味〉、および汎アジア仏教の形成」『東北宗教学』四号、二〇〇八年）、石井公正「明治期における海外渡航僧の諸相」『近代仏教』一五号、二〇〇八年。

一三　南都の釈迦信仰に関わる研究は数多いが、ここでは悲華経を対象とする論考を挙げておく。成田貞寛「鎌倉時代に於ける南都仏教の動向」『日本仏教学会年報』二三、一九五八年。同上「釈迦如来五百大願経の成立」『印度学仏教学研究』一三巻二号、一九六五年。同上「鎌倉期南都諸師の釈迦如来観と利生事業」『仏教大学研究紀要』四四・四五合併号、一九六三年。三崎良周「神仏習合思想と悲華経」、「鎌倉期の南都仏教における穢土思想と春日明神」『密教と神祇思想』、創文社、一九九二年。鈴木善鳳「中世の神祇観」、『印度学仏教学研究』四八巻二号、二〇〇〇年。石上善応「穢土と浄土」、『シリーズ大乗仏教五　仏と浄土　大乗仏典Ⅱ』、春秋社、二〇一三年など。

一四　「興福寺奏状」『続・日本仏教の思想三　鎌倉旧仏教』、岩波書店、三一二頁下段～三一三頁上段。

一五　明恵の釈迦信仰については、末木文美士「明恵の釈迦信仰」『鎌倉仏教形成論』、法藏館、一九九八年、二一八～二五四頁。

一六　『随意別願文』は、田中久夫「建久九年の明恵上人」『鎌倉仏教雑考』（思文閣出版、一九八二年）の翻刻による。この冒頭部分は、三〇九～三一〇頁。

一七　大正蔵三、二〇四頁下～二〇五頁上。

一八　衆生と娑婆世界については、大正蔵三、二〇六頁中～二〇七頁上。

一九　大正蔵三、二〇七頁上～二一三頁上。この間にいわゆる五百大願が述べられる。

二〇　大正蔵三、二一四頁中。

二一　叡尊の釈迦信仰と悲華経については、松尾剛次『救済の思想』角川書店、一九九六年、九〇―九五頁。同上「叡尊の思想と諸活動」日本の名僧一〇『叡尊・忍性』、吉川弘文館、二〇〇四年、三九頁など。

二二　「夏安居誓願状」（寛治元年五月十日）奈良国立文化財研究所監修『西大寺叡尊伝記集成』法藏館、一九七七年、一三二頁。

二三　「般若寺文殊菩薩像造立願文」（文永六年三月二五日）前掲書『西大寺叡尊伝記集成』、一五七頁。

二四　「興正菩薩御教誡聴聞集」前掲書『続・日本仏教の思想三　鎌倉旧仏教』、一九七頁。

二五　春日明神と釈迦信仰における法相宗の貞慶及び良遍の関わりについては、三崎良周前掲書、二八三～二八五、二八九～二九五頁。貞慶の舎利・釈迦信仰は、船田淳一「貞慶撰五段『舎利講式』の儀礼世界」、『神仏と儀礼の中世』、法藏館、二〇一一年、一五一～一六八頁。

二六　上田霊城「江戸仏教の戒律思想（一）」『密教文化』一一六号、一九七六年、二四～二五頁。中世後期の戒律については、大谷由香が室町期の泉涌寺の実態を明らかにしている（大谷由香『平成二四～二六年度特別研究員奨励費研究成果報告書　中世後期における戒律研究の展開』、二〇一五年三月、八三頁）。

二七　沈仁慈『慈雲の正法思想』、山喜房仏書林、二〇〇三年、九六～九九頁。慈雲は、その提唱する正法律の正統性を得るために、律僧不在の戒脈を春日明神お預かりとしている。

二八　日野龍夫「貴女流離」岩波現代文庫『江戸人とユートピア』岩波書店、二〇〇四年（初出は一九七七年）、序v頁。

二九　『律苑僧宝伝』『大日本仏教全書』一〇五巻、二八九頁上段。『開山明忍律師仮名行状』（『大日本史料　第十二編之七』、二七六頁）では、年齢が二四歳とされる。

三〇　『律苑僧宝伝』『大日本仏教全書』一〇五巻、二八九頁上段。

三一　『律苑僧宝伝』二八九頁下段。

三二　明忍の航海「立願状」前掲史料『開山明忍律師仮名行状』、二七九頁。

三三　前掲史料『開山明忍律師仮名行状』は、「小杖を以て畳を打、称名念仏して魂を安養にうつさんと乞い、時に忽に紫雲たなびき、宝花降、苦悩中に筆端を染む、其辞曰く、『この苦はしばらくの事、あの聖衆の紫雲清涼雲の中に若しまじわりたらば、いか程の喜悦ぞや。絵に書かるは万分の一、八功徳池には七宝の蓮華、樹林には流璃の枝葉等也』」と伝える（二八〇～八一頁、旧仮名を新仮名として句読点などを補った）。同箇所は『律苑僧宝伝』二九〇頁上段。

三四　前掲史料『開山明忍律師仮名行状』、二八二頁。

三五　「諸宗階級」上、『続々群書類従』巻一二宗教部。

三六　以下の敬首の伝記は「敬首和上略伝」、『浄土宗全書続一二』による

三七　同上「敬首和上略伝」、四八六頁上。
三八　仲基の『出定後語』出版は延享二年（一七四五）であるから、敬首と普寂は少なくとも疑問を抱いた時点では、仲基の加上説を知らない。どちらが先であるにせよ、当時の仏教者と世俗的知識人の両者が、ほぼ同時に大乗仏説への疑問を抱いたことが重要だろう。詳しくは村上前掲書、一〇五〜一一三頁、西村前掲書、六二頁。
三九　敬首「真如秘稿」、村上専精「敬首律師の大乗仏説論」『大乗仏説論批判』、光融館、一九〇三年、一〇七頁。村上専精は、当時の東京帝国大学図書館所蔵本を引用しているが、その後この書は関東大震災で焼失したと思われ、現在の東京大学には見あたらない。敬首の秘稿を書写したという経緯からも、恐らく唯一の孤本であったと思われる。本論では、村上の引用した漢文を現代語に訳した。元文二年の奥書については、同上一一二頁。
四〇　同上村上、一〇八頁。カタカナを平仮名に改め、適宜句読点を加えた。
四一　同上村上、一〇九〜一一〇頁。敬首については、西村前掲書、五八頁。
四二　西村前掲書、三一〜三二、八二〜八四頁。
四三　「香海一滴」、『願生浄土義』、報恩出版、一九一一年、三二頁。
四四　「諸宗要義略弁」、大日本仏教全書三「諸宗要義集」（オンデマンド版）、四七三頁上段。
四五　普寂の大乗仏説については、西村前掲書、一四四〜一七六頁。
四六　沈前掲書、三一〜三五、一九二頁。
四七　「正法律興復大和上光尊者伝」、『慈雲尊者全集』首巻、四五頁。
四八　「慈雲尊者法語集」、『慈雲尊者全集』一四巻、三六四〜三六五頁。同趣旨の戒殊勝五義は「南海寄帰伝解帰鈔」、『慈雲尊者全集』四巻、四一〜四二頁。
四九　「慈雲尊者法語集」、『慈雲尊者全集』一四巻、三七六頁。
五〇　「慈雲尊者法語集」、『慈雲尊者全集』一四巻、三六五頁。
五一　「南海寄帰伝解纜鈔」、『慈雲尊者全集』四巻、一九二頁。
五二　村上前掲書、自序四―五、二四五頁など。
五三　下田正弘は、現代日本の仏教学においても「ブッダの説いた純粋な仏教が思想として古代インドの文献から復元されるべき」であり、「仏教の意味は源泉でありはじまりである〈歴史的ブッダ〉という一存在に収斂されてしまう」と考えられているとする。下田前掲論文「仏教研究と時代精神」、四五頁。

五四　中村元『学問の開拓』、佼成出版社、一九八六年、一三七頁。

五五　たとえば、一般仏教史の教科書として用いられる平川彰『インド・中国・日本　仏教通史』（春秋社、一九七七年）は、冒頭「仏教が成立したのは、釈尊が菩提樹の下で悟りをひらき、その悟りを人々に伝えたからである」（三頁）と始まる。

※本稿は「釈迦信仰の思想史的展開—大乗非仏説をめぐる近代化とは何か—」（『東方』二六号、財団法人東方研究会、二〇一一年三月、一〇七〜一一八頁）、「The Intellectual Development of the Cult of Śākyamuni: What is “Modern” About the Proposition that the Buddha Did Not Preach the Mahāyāna?」（The Eastern Buddhist new series 四二—一、二〇一二年一月、九〜二九頁）、「近世律僧の思想と活動—インド主義を中心として」（『佛教文化研究』五八号、二〇一四年三月、一七〜三〇頁）をもとに、改稿したものである。

日本近世仏伝文学の世界

岩井昌悟

略号

『エピソード』＝森章司・岩井昌悟・本沢綱夫編「仏伝諸経典および仏伝関係諸資料のエピソード別出典要覧」原始仏教聖典資料による釈尊伝の研究【三】、中央学術研究所紀要モノグラフ編第三号、二〇〇〇年
『近松全八』＝近松全集刊行会編『近松全集第八巻』岩波書店、一九八八年
『中世仏伝』＝国文学研究資料館編『中世仏伝集』（真福寺善本叢刊五、仏法部四）臨川書店、二〇〇〇年
『日本仏伝』＝黒部通善『日本仏伝文学の研究』和泉書院、一九八九年
『法華直談』＝栄心著・池山一切圓解題『法華経直談鈔』三巻、臨川書店、一九七九年
『物語集四』＝横山重・太田武夫校訂『室町時代物語集第四』井上書房、一九六二年
『物語大成七』＝横山重・松本隆信編『室町時代物語大成　第七』角川書店、一九七九年

はじめに

・本稿の目的

はじめて日本の仏伝に触れたのは、『今昔物語』を通してであったと思う。筆者はインドの仏伝（梵・蔵・漢・巴で伝わるインドに起源する仏伝）に馴染んでいたため、それがほとんど『過去現在因果経』の宣命書きへの翻案といえるものであることはすぐに分かった。その後、ある八相涅槃図（中央に大きく仏涅槃図を描き、その周縁に帯状に区画を設け釈迦の生涯、すなわち釈迦八相図が描かれたもの）を見ていた時に、筆者がそれまでに馴染んでいた仏伝では、いろいろ説明のつかない場面があることに気がついた。日本で生じた独自の変容があったことを予想し、黒部通善氏の『日本仏伝』を手にして、そこではじめて日本において仏伝が中世・近世を通して大きく変容し、インドの伝承とかけはなれて、どれほど異彩を放つものになったかを知った。

本稿の目的は、日本の仏伝の近世における変容に着眼することで、近代ヨーロッパの仏伝研究の方法にもとづいた実証的・合理的な諸「ゴータマ・ブッダ伝」が書かれはじめる前の日本の仏伝を通して、当時の日本の民衆が釈迦に何を求めたのか、どのような釈迦が当時の日本の民衆に「ウケた」のかを知ることである。

日本で最初期の「実証的・合理的な、諸ゴータマ・ブッダ伝」は井上哲次郎著『釈迦牟尼伝』（前川文栄閣、初版一九一一年）であろう。井上哲次郎は序において次のように述べる。

「……然るに印度哲学中釋迦傳は往々人の爲に謄寫して傳へられ、竊に其訛傳の多からんことを恐る…（中略）…釋迦の事績は正確なる事實を執へて、之れを叙述すること極めて困難なるものなり、是れ後世の佛教信者が祖師の人格を尊崇するの極、多く神怪不思議の説話を混入したればなり。試に従來我邦に行はれたる釋迦傳の類を見よ、滔々として皆是れ荒唐無稽の小説のみ、藏經中釋迦の事績を敘述するもの少くも十有餘種ありと雖も、是れ亦注意に注意を加えて、取捨せざるべからざるなり。近世西洋に於ては佛教の研究、漸く其緒に就き、釋迦の事績に關する書類、反りて大に見るべきものあり、然れども是等の書類は、未だ多く我邦人に知られざる者の如し。此時に當りて余其才の譾劣を顧みず、東西洋の書類を參考し、聊釋迦の事績を描出することを努めたり。若し此書にして久しく荒唐無稽の説話中に埋沒されたる世界的偉人の眞相を彷彿として紹介するを得ば、是れ豈に獨り余が幸といふのみならんや[二]（傍線筆者）。

傍線をほどこした「訛伝」、「荒唐無稽の小説、説話」といった表現で切って捨てられたのが、近世の日本の仏伝なのである。井上哲次郎の念頭にあるのが具体的にどの書であるかは分からないが、恐らくは山田意齋『釈迦御一代記図絵』（一八四五年）、万亭応賀『釈迦八相倭文庫』（一八四五～一八七一年）、鈴亭谷峩『八宗起源釈迦実録』（一八五四年）といったものであろう。特に万亭応賀のものは相当に人気があったと見えて、三教書院から袖珍文庫として一九一一年（井上哲次郎の書の初版の出版年と同年）に発刊されている。

現代日本にあって、本書のような書物を手にする読者の方々は、どちらかというと「実証的・合理的な、諸ゴータマ・ブッダ伝」の方に馴染んでいて、それ以前の仏伝の中身を知ったらさぞ奇異に思われるに違いない。しかしながら昭和四十年代に生まれて、高度経済成長の最後期に幼少期を過ごした筆者も、小さな漁村の寺院で生まれ育ったこともあり、「おしゃかさま」といったタイトルの絵本を読み聞かされていたが、そこに物語られていた仏伝は、「実証的・合理的な、諸ゴータマ・ブッダ伝」の範疇に入るものでは確かになかった。現代でも、細々ではあっても、寺院の周辺に近世以前の仏伝の残照はあると思われる。

・仏伝とは何か

先に述べたように筆者はインドの仏伝に馴染みがあるので、その立場から「仏伝」について述べておこう。広義に用いれば「仏伝」とは、これまでも書かれてきて、これからも新たに書き続けられるであろう「実証的・合理的な、諸ゴータマ・ブッダ伝」をもすべて含み得る一文学ジャンル名であろうが、狭義で用いれば「仏伝」は古典としての仏典の一ジャンル名であり（この場合は「仏伝」よりも「仏伝文学」が好まれるか?）、これは近代になって設定されたジャンルであるので、伝統的には「仏伝」として括られる特定の文献群があるわけではない。「仏伝」は漠然とブッダの伝記を記した文献群を指しているのみで、研究者によってどのような文献をそこに含ませるかは実は一定しない。

「仏伝」を「ブッダの伝記」としてとらえ、その「ブッダ」を仏教の開祖である釈尊に限定して、その一生涯にわたる行動や業績を叙述したものとするならば、「仏伝」は違和感なく偉人伝の範疇で理解されよう。しかしながら本来「ブッダ」は固有名詞ではなく、ある特定のタイプの聖者を指す言葉である。しかもブッダは、この世界（ここでいう「世界」とは三千大千世界であり、とりあえず一銀河系をイメージしてもらいたい）に同時に二人出現することは認められていないものの、時代が前後すれば、同一世界に出現する可能性が認められるため、釈尊以前の過去仏や釈尊以後の未来仏の出現は考えられている。そして諸のブッダは、姓、生まれ（バラモンかクシャトリヤ）、寿命（十万年を最長として最短は百年）、身長、菩提樹・二大弟子・侍者比丘の名などに関して差異はあるにしても、皆ほぼ同じ生涯を送ると考えられていた。兜卒天からの下生、誕生の仕方、誕生後の母の死、四門出遊、梵天勧請を受けての転法輪、般涅槃とその後の仏塔の建立といったことがらは、全てのブッダに共通する出来事とされる。パーリ語の『長部経典』（ディーガ・ニカーヤ）の「マハー・アパダーナ経」や漢訳『長阿含経』の「大本経」に見られるように、過去仏の一人であるヴィパッシ仏の生涯を示せば、全てのブッダの生涯を示すに十分なのである。インドに成立した仏伝はブッダ＝正等覚者というある特定のタイプの聖者の生涯のひな型であり、実在した釈尊の伝記に限定されるものではない。つまり「仏伝」は「諸仏伝」と理解できる。この意味でパーリの『小部経典』（クッダカ・ニカーヤ）中の「仏種姓経」（ブッダ・ヴァンサ）も仏伝そのものであると言える。[三] またそれゆえであろうか、インドの仏伝は『ブッダチャリタ』（ブッダの所行）、『ラリタヴィスタラ』（遊戯の詳細）、『マハーヴァストゥ』（大事）というようにタイトルに「釈迦牟尼」を冠していない。中国にいたって『釈迦譜』、日本の仏伝が多く題名に「釈迦」を冠していることと対照的である。

次に仏伝に含まれる文献の多くが、ブッダの誕生ではじまり死（涅槃）で終わる一代記にはなっておらず、例外中の例外として馬鳴（アシュヴァゴーシャ）の『ブッダチャリタ』（漢訳は『仏所行讃』）があるだけで、[四] あとはいずれもブッダの生涯の一時期を切り取った記述である。どの程度のタイムスパンで切り取った時から「仏伝」と呼ぶべきかは確定できない。

またブッダの生涯の記述は、後に「ゴータマ・ブッダ」となる菩薩が、過去仏ディーパンカラのもとで誓願を立てて授記を受けた時から始まるものが多い。前生物語と仏伝との間に断絶はなく、まったく一連の物語なのである。そのためパーリの『小部経典』の「本生話」（ジャータカ）（厳密にいえばその註釈書＝ジャータカ・アッタヴァンナナー『ジャータカ註』）は全体としてひとつの「仏伝」であるとも言い得る。

次にブッダの生涯の記述の終わりはどの時点に置かれているであろうか。パーリの『長部経典』の「大般涅槃経」（マハー・パリニッバーナ経）や『長阿含経』の「遊行経」を念頭に置けば、予想されるのは釈尊が入滅後に荼毘に付されて、舎利が八分され、仏塔が建立されるところまでであろう。しかしながら『ブッダチャリタ』を除いて、ここまで物語を記すものは皆無に等しい。

これは上座仏教（テーラワーダ、南方上座部）に特有の仏陀観であるが、ブッダは般涅槃をもってこの世からいなくなるのではなくて、仏舎利が存続する限り、ブッダはいると考えられている。そこから仏舎利を収めた仏塔が生きているブッダと限りなく同一視される。この仏陀観からすればブッダの生涯は未だ終わっておらず、継続中ということになる。よって一般的に「史書」として扱われるスリランカで成立した『島史』（ディーパヴァンサ）や『大史』（マハーヴァンサ）も全体が仏伝であると見なすことが可能になる。

また上座仏教から離れても、ブッダの法身について伝記を書こうとするものがあったなら、その時は仏伝と仏法の展開の歴史（仏教史）との間に境界がなくなるであろう。[五]

そもそも我々が「仏伝」と見なしてきた諸文献は、ブッダの「一生涯にわたる行動や業績を叙述」する意図で書かれたものではない。多くの律蔵の「受戒犍度」（『根本説一切有部毘奈耶』では「破僧事」）も我々には「仏伝」として認識されるが、それは受戒犍度に記されている限り、編者の意図はブッダその人の経歴を示すことにはなく、受戒作法の成立の過程を示すことにあったと見なすしかない。例えば上座仏教の仏伝を代表するのは、『ジャータカ註』の序文にあたる「ニダーナカター」であるが、それは菩薩が過去仏ディーパンカラ（燃灯仏）から授記を受けた時代から給孤独長者によって祇園精舎が僧伽に奉献されるまでを物語る。この序文がここに置かれた理由は、これにつづく個々の前生物語が釈尊によって主に祇園精舎において説かれるために、祇園精舎の成立までの物語が序文に必要とされたためと、『ジャータカ』に含まれる五四七話に説かれた出来事が起こった期間の枠（菩薩が燃灯仏から授記を受けた時代から菩薩が兜率天に生まれる直前にヴェッサンタラであった時まで）を定めるためであったと考えられる。

一　日本の仏伝について

日本の仏伝は枚挙にいとまがない。網羅的に参照することは困難である。そこで便宜的ではあるが、筆者が今回参照し得た（すべて刊本であり、写本の類はない）ものを示し、これらを参照する範囲としたい。先に略称を示し、以後その文献に言及する際にはその略称を用いる。

・古代

①『今昔』:『今昔物語集』（巻第一　釈迦如来人界宿給語《ニンガイニヤドリタマヘルコト》第一～巻第三　八国ノ王分仏舎利語《ブッシャリヲワケタルコト》第卅五）。[六] 平

安時代末期（十二世紀の初頭）に成立。[七]

・中世

②『八相次第』（華蔵）：華蔵寺本『釈迦如来八相次第』。仁和寺真乗院旧蔵。一五五二年（天文二一年）写。本奥書は上冊が文安四（一四四七）年、下冊は一三八九年（康応元年）。『中世仏伝』所収。[八]
③『八相次第』（真福）：真福寺本『釈迦如来八相次第』。上巻のみ。室町後期写本。『中世仏伝』所収。[九]
④『出世本懐』：天理図書館本『釈迦出世本懐伝記』。一五八一年（天正九年）写本。『物語集四』所収。[一〇]
⑤『出世本懐』（黒部）：黒部通善氏蔵『釈迦出世本懐伝記』。『日本仏伝』所収。[一一]
⑥『出世本懐』（戸川）：戸川浜尾氏旧蔵『しやくそんしゆつせほんくわいのてんき』（ただし外題は「しやかのほんし」）。近世初頭の書写。『物語大成七』所収。[一二]
⑦『本地』：赤木文庫蔵『釈迦の本地』。一六四三年（寛永二〇年）刊。『物語集四』[一三]と『物語大成七』[一四]に所収。
前者を参照する。
⑧『通俗』：真福寺本『通俗釈尊伝記』。室町後期の書写。『中世仏伝』所収。[一五]
⑨『出世伝記』：龍谷大学図書館蔵『釈尊出世伝記』。書写年等不明。『中世仏伝』所収。[一六]
⑩『釈迦物語』：『釈迦物語』。一六一一年（慶長一六年）写本。『物語集四』所収。[一七]
⑪『釈迦八相』：龍谷大学図書館蔵『釈迦八相』。奥書に「御本云　文永十年癸酉二月十日書之了　テヲヨシトカクニモアラスオノツカラノチミム人ノシルシハカリヲ　于時建武四年丁丑三月十九日書（花押）」とある。これを信じれば、奥書は一二七三年（文永一〇年）である。しかし序題には「釈迦八相　栄西語」とあり、本文中に「トキニ建久二年辛亥十二月日、謹テ記ス」とある。これを信じればもっと古い。しかし偽書の可能性が高いとされ、奥書も信憑性が疑われる。[一八]『中世仏伝集』[一九]所収。

・近世

⑫『八相物語』：『釈迦八相物語』作者未詳、寛文六年十一月刊行一六六六年（寛文六年）版。『日本仏伝文学の研究』所収。

⑬『誕生会』：近松門左衛門『釈迦如来誕生会』一七一四年（正徳四年）秋以前（推定）大坂竹本座初演。『近松全八』所収。[二〇]

⑭『図絵』：山田意斎《やまだいさい》[二一]叟参考、前北斎卍老人（葛飾北斎）繍像『釈迦御一代記図会《しゃかごいちだいきずえ》』一八四五年（弘化二年）。[二二]

⑮『倭文庫』：万亭応賀《まんていおうが》[二三]著『釈迦八相倭文庫《しゃかはっそうやまとぶんこ》』一八四五～一八七一年（弘化二～明治四年）。[二四]合巻。全五八編、画は二三編までは一陽斎（歌川）豊国、二四編から五七編までが二世歌川国貞、第五八編は三世歌川豊国となっている。

⑯『実録』：鈴亭谷峩《りんていこくが》[二五]訳述、橋本玉蘭画図『八宗起源釈迦実録』一八五四年（嘉永七年）。[二六]

黒部通善氏は『日本仏伝』において日本の仏伝の歴史的展開に関する時代区分を次のように分ける。

1　古代（平安時代）仏伝文学　仏伝経典もしくは中国の唱導資料などの直接的影響のもとに成立したと考えられる仏伝文学

2　中世仏伝文学　古代の仏伝文学が日本の風土に培養されて成長し、日本独自の仏伝文学として成熟したもの

3　近世仏伝文学　中世の仏伝が中世より近世への時代思潮の推移とともに変容したもの

4　近代仏伝文学　近代ヨーロッパの仏伝研究の方法にもとづき釈尊の生涯を実証的・合理的に記述しようと心がけた伝記で、広義には伝記文学として仏伝文学の範疇に属する。なお、その根底には信仰への導きという願いが共通にあり、その点では、前代までの仏伝文学と変わるところはない。[二七]

『今昔』は1に入る。『八相物語』、『誕生会』、『図絵』、『倭文庫』、『実録』が3に入るほか、残りは2に入る。4は先に見た井上哲次郎『釈迦牟尼伝』以降のものとなる。

次に黒部氏の見解によって日本仏伝の展開のあらましを概観する。

『今昔』については、

「『今昔』の仏伝説話は、平安末期、説経が盛行し、それにともない、中国の俗講の影響を受け、また民衆の潜在的な好みを敏感に反映した仏伝の流行するとき、基本的には説経という枠の中にありながら、とにかく経典にもとづいて正統な仏伝を記述しようと志したもの[二八]」

とされている。

「正統な仏伝」には「説経系の仏伝」が対置される。

「平安時代末期の仏伝文学を内容から分類して正統な仏伝と説経系の仏伝の二種類を考えた。正統の仏伝とは仏伝経典をそのまま、または、ほぼそのままとり入れたものである。一方、説経系仏伝とは説経の場で語られていたと考えられる仏伝で、それは、おもに①太子の出家のさい愛妃との別れをめんめんと綴っていること、②太子修行の場所が苦行林ではなく檀特山であること、の二点において仏伝経典と大いに異なっている。……（中略）……正統の仏伝は、現存資料によれば、やがてほとんど消え、説経系の仏伝が世間をおおうことになる。[二九]」

そして説経系の仏伝の源となったのは中国の唱導（俗講）であったと推測している。

また、中世仏伝文学について諸書の関係を次のようにまとめている。

「天正九年（一五八一）に書写された作者未詳の『釈迦出世本懐伝記』（一巻、天理図書館蔵）は、仏伝として初めて一書を成したものであり、[三〇]日本の仏伝文学の歴史において注目すべきものである。今日の日本文学史では、「お伽草子」または「室町時代物語」として分類される本書は、やがて文飾をほどこされ、増補されて『釈迦の本地』となる。これは、江戸時代に入り、人々に迎えられて、いく種類もの写本となり、また、いくだびも板本として出版された。物語化の進んだ『釈迦の本地』は、一方では、それを嫌った僧により、『過去現在因果経』にもとづいた正統的な仏伝に戻そうとする試みがなされ、『釈迦物語』（一巻、慶長十六年写）に改作された。以上に挙げた『釈迦出世本懐伝記』『釈迦の本地』『釈迦物語』の三書は、私が中世仏伝物語と称するものであるが、このうち『釈迦の本地』は、江戸時代に入り、それ自身読まれつづけるとともに、また一方では、娯楽性を重視した近世的な仏伝物語の嚆矢、『釈迦八相物語』の母胎ともなった。[三一]」

特に『釈迦出世本懐伝記』と『釈迦の本地』の関係は次のようにまとめられる。

「両書のあらすじは、まず同じであると言ってよい。細部においては相違するところもあるが、話のはこび方（展開）においては、相違するところはない。……（中略）……両書は異本関係にあり、『本地』を広本とすれば『本懐伝記』は略本となる。すなわち『本地』は『伝記』を大幅に潤色加筆したもの、もしくは『本懐伝記』が『本地』を簡略改変したものということになる。[三二]」

と述べてから、

「『本懐伝記』がもとで『本地』はそれを大幅に増補したものであろう。[三三]」

と推論している。

先のリストでいうと、④~⑥が「本懐伝記」に、⑦~⑨が「本地」に分類できる。系統的に異なるのが②③⑩⑪である。

二　中世の仏伝の諸特徴

ここでは中世の諸仏伝に見られるめぼしい特徴、特に、仏伝経典からいちじるしく変容している点を指摘する。

・釈尊の成道はこれが初めてではない。

『今昔』『八相次第』『釈迦八相』にはない要素であるが、それ以外のものは、釈尊の成道が始めてものではなく、成道してから五百塵点劫を経ていて、浄土と娑婆の間を往来してすでに八千回も娑婆に現れたという。つまり釈迦の前生を未だ成道していない菩薩としての生涯として見ておらず、ブッダとして何度も出世したものと考えられている。

『今昔』にはなくとも『梁塵秘抄』に「釈迦の正覚成ることは、この度初めと思ひしに、五百塵点劫よりも、彼方に仏と見えたまふ（二二二）[三四]」とあるので、この仏身観は古くに知られていたことが分かる。[三五]また後述するようにこの仏身観は近世の仏伝にも引き継がれている。

『出世本懐』：釋迦牟尼佛、成二正覺ヲ一給フ事、是始テ成シ給フニ非ス、過去、塵點久遠劫ヨリ北方（此方カ）、佛世ト聞ヘ給ヘリ、彼釋迦、處變ノ浄土ヨリ往來娑婆、八千度出世メ、化二度レシ衆生ヲ一爲レ給ントト、身ヲ捨サル無レ處、有時ハ、雪山童子ト成テ…［三六］

『出世本懐』（黒部）：釈迦牟尼如来成シ二正覚ヲ一給《フ》事《ト》今《マ》是始テ非ヅ二成シ給ニ一、過去塵《ン》点《ン》久遠劫ヨリ彼ノ方御出世ト聞コヘ給《ウ》。彼釈尊、密《ツ》厳浄土往来娑婆八千度出世シテ衆生ヲ化度シ給ニ、命《チ》ヲ不《ズ》ト二捨テ給《マワ》一無シレ処《ユウトコロ》。有《ル》時《キ》、雪山《ン》童子ト成……［三七］

『出世本懐』（戸川）：しやかによらい、しやうかくなり給ふ事、此たひはしめてなりたまわす、くわきよ人てん、くおんこうより、あなたの、ほとけなりと、きこえ給ひけり　かのしやくそんは、みつごんしやうとより、わうらいしやは、八千と、しゆつせして、しゆしやうをたすけたまはんかために、いのちをすてすと、いふ所なし　あるときは、せつせんどうしとなって……［三八］

『本地』：釋尊は、今を始て、仏に成給へるかと思へ共、五百ちんてん、くおんこうより、あなたの佛にて、ましく〵ける、かたじけなくも、無常しやうごんの浄土より、八千度まで、娑婆に往來し、三千大千世界に、けしばかりも、身命《しんみょう》をすて給はさる所はなし。［三九］

『通俗』：抑、釈尊ノ正覚ヲ成シ給フ事、于今始ル事ト也。五百塵点億劫ヨリアナタノ仏ト聞ヘ給フ。彼ノ釈尊、无勝荘厳ノ浄土ヨリ往来ス。娑婆八千度出世シ給テ、八相成道シ、衆生ヲ化度ノ為ニ、身命手足ヲ施サント屍ネヲ拾（捨）テ給ハサル所无シ。有ル時、雪山童子ト成テ……［四〇］

『出世伝記』：釈尊今始仏成給カト思ヱハ、五百塵黙（ママ）久遠劫、尚ヲアナタナル仏ニテマシマス也。忝クモ無上シヤウ厳ノ浄土ヨリ、八十度マテ娑婆ニ往来給イテ、三千大千世界芥子計モ身命ヲ捨玉ヌ所ナシ。［四一］

『釈迦物語』：そもく〵釋迦佛と申は、過去五百ぢんでんごうの、そのかみ、佛にならせ給ひ、ひさしき如來にて、ましませとも、まよひの衆生を、たすけ給はんがために、まつ、とそつのないゐんに、こもらせ給ひて、ときをか《(衍カ)》ゞみ、しかうして、人壽百歳の時、かりに人界にうまれ給ひて、ぼんぶの□《(かカ)》たちを、しめし給ふ。[四二]

この「五百塵点劫」という表現は『法華経』「如来寿量品」の久遠実成の本仏の観念に由来するのは間違いない。例えば日蓮が『法華取要抄』で「教主釋尊既五百塵點劫已來妙覺果滿佛。大日如來阿彌陀如來藥師如來等盡十方諸佛我等本師教主釋尊所從等也[四三]」と述べている。

また「八千度」という回数については、おおもとは『梵網経』のようである。

『梵網経』：吾今來此世界八千返。爲此娑婆世界坐金剛花光王座。乃至摩醯首羅天王宮。[四四]

なお天文年間（一五三二〜一五五五年）に活躍したと見られる栄心の[四五]『法華直談』が「往来八千度」について述べているところは、『法華経』の「自従是來。我常在此娑婆世界説法教化。亦於餘處百千萬億那由他阿僧祇國導利衆生[四六]」の箇所を説明しているところであるが、ここには他の浄土と娑婆の間を釈迦が八千回往来しているという考え方への批判が伺われる。

『法華直談』「如々往来八千度」：是即過去久遠ノ昔成道メヨリ後ハ常ニ在二娑婆ニ一説法教化シ玉フ也。去ハ往来娑婆八千度ト云モ此意也。或又往テ二余ノ世界ニ一衆生利益シ玉フ也。玄文云娑婆即本時同居、餘所者即本時三土也文[四七]

とある。釈迦は常に娑婆に在って、しかも偏在しているということか。

浄土の名がまちまちであるが、「密厳浄土」は大日如来の浄土とされるから、そこから釈迦が到来するという考え方は、釈迦と大日を同一視する見解（大日釈迦同体論）の現れであろう。『法華直談』に、

『法華直談』「如々往来八千度事」：三世常住大日如來亦名釈迦妙法教主像法轉時利益衆生稱号藥師ルリ光佛大悲有餘亦住西方稱号弥陀摂取衆生矣此三佛本來一佛也サレトモ法界周邊ノ躰ニメ三世常住ナル方ヲハ号シ二大日如來ト一末世ノ衆生ノ三惑五重煩悩ノ病ヲ治ル方ヲハ号ス二藥師如來ト一十悪五逆ノ悪人モ一念稱名ノ力ニ依テ安養極樂ニ摂取シ玉フ邊ヲハ号ス二弥陀如來ト一也而ルニ我實成佛已來甚大久遠ト名乗テ説玉フ二此法華經ヲ一時ハ奉レ号二釈迦如來ト一也夫レ實ニハ三佛一躰也[四八]」

とある。

また「無上シヤウ厳ノ浄土」とか「無常しやうごんの浄土」など種々に誤記されているが、『通俗』の「無勝荘厳ノ浄土」が正しいであろう。無勝荘厳浄土は釈迦の浄土である。『大般涅槃経』に「西方去此娑婆世界度三十二恒河沙等諸佛國土。彼有世界名曰無勝。彼土何故名曰無勝。其土所有嚴麗之事。皆悉平等無有差別。猶如西方安樂世界。亦如東方滿月世界。我於彼土出現於世。爲化衆生故。於此界閻浮提中現轉法輪[四九]」とある。また善導の『轉經行道願往生淨土法事讃』に「捨彼莊嚴無勝土。八相示現出閻浮[五〇]」と言及されているのも同じ考え方を示している。

「密厳浄土」を採用しているか、それとも「無勝荘厳浄土」を採用しているかによって編者の思想的背景が異なる可能性があるが、詳しいことは不明である。なお「処変の浄土」はよく分からないが、「ところかわる浄土」ということで、浄土の特定を避ける表現であろう。

・数多くの仏・菩薩の化身の活躍

また釈迦の身辺では多くの他の佛・菩薩の化身が活躍する。

まず半偈問法のために捨身する雪山童子を八葉の蓮華に受ける羅刹を、『出世本懐』[五一]、『出世本懐』（黒部）[五二]、『出世本懐』（戸川）[五三]、『本地』[五四]、『通俗』[五五]、『出世伝記』[五六]は、実は毘盧遮那仏の化身であるとする。

また釈迦の父浄飯王が大日如来の化身とされ、叔父たちも次のようになる。[五七]

浄飯王＝大日如来の化身、斛飯王＝第六天の魔王の化身

白飯王＝三世の諸仏（菩薩）の催し、甘露飯王＝一切衆生の迷惑の現れ

『出世本懐』：太良《(マヽ)》浄飯王ハ、御心正直ニメ、目出度御座ス、金剛界大日ノ化身ナリ、二良ノ黒飯王ハ、大六天ノ魔王ノ化身也、三良ノ白飯王、三世ノ諸佛ノ催シ也、四良ハ耳《(甘カ)》露飯王、一切衆生ノ迷惑ト現シ給フ。[五八]

『出世本懐』（黒部）：大郎ヲバ浄飯王、御心《ンロ》正直ニシテ、目出度ク御座ス。金剛界ノ大日ノ化身也《リ》。二郎ハ黒《クボン》飯王、大六天ノ魔王ノ化身。三郎ハ白飯王、三世ノ諸佛ノ催《モヤウシ》也《リ》、四郎ハ甘《ン》露飯王、一切衆生ノ迷惑《マヨイ》ヲ現ジ給ウ。[五九]

『出世本懐』（戸川）：太良のしやうほんわうは、御心しやうじきにして、めでたくましします、こんがうかひ大にちのけしんなり、二良のこくぼんわうは、大六てんのまわうの、けしんなり、三良のはくぼんわうは、三せしよふつのしなり。四良はかんろぼんわう、一さいしゆしやうの、めいわくに、けんしたまへり。[六〇]

『本地』：中にも、たう《(マヽ)》のしやうぼんわうは、しやうぢきしやうほうへんに、めでたくましします、大日如來のけしん也、次郎のこくぼんわうは、大ろく天のまわうの、けしんにてましします、三郎のひゃくぼんわうは、三世の諸佛のもよほしなり。四郎のかんろほん王は、一切衆生のめいはくけんのわう也。[六一]

『通俗』：浄飯王御意ニ正直捨方方便ニシテ目テ出ノ御座ス、金剛界大日ノ化身也。甘露飯王ハ一切衆生ノ迷或ト現シ給フ王也。[六二]

『出世伝記』：中ニモ太郎ノ浄飯王ハ正直ヲ捨テ方便ニ目出度マシマス大如（日カ）如來ノ化身也。次《つぎ》（ママ）二郎の斛飯王ハ大六天ノ魔王ノ化身也。三郎ノ白飯王ハ三世ノ諸仏の催シ。四郎ノ甘露飯王ハ一切衆生ノ迷惑ヲ現王ナリ。[六三]

ここで次男の斛飯王が魔王の化身とされるのは、斛飯王が提婆達多の父であることと関連しているであろう。

・母の菩提を弔うための出家

悉達太子の出家の動機として四園遊観（仏伝経典の四門出遊の日本化[六四]）よりも、亡き母摩耶の菩提を弔うためというものが強調されている。[六五]中世仏伝の変容で著しいのは孝養の強調である。そしてこのことは後述するように近世仏伝ではもっと強められる。

『出世本懐』：丸カ後死ニ、广耶夫人ノ後（マヽ）菩提、可訪、然ニ五百六億國ヲ捨、佛道ニ入、後（マヽ）菩提ヲ訪奉ハヤト思召、御年七才ニメ、自ラ道心ヲ發シ給ケリ。[六六]

『出世本懐』（黒部）：丸《マル》ガ死《シ》シテ后チ誰《レ》カ摩耶夫人ノ御菩提ヲ可シレ奉ルレ弔イ。然ルニ五百六億ノ国ヲ捨テ仏道ニ入リ、後《ゴ》菩提ヲ奉ントレ弔イ思召シ、御年七《シ》歳ニテ道心ヲ発シ給ウ。[六七]

『出世本懐』（戸川）まるかしゝなは、たれか、まやふにんの御ほたひを、とふらひたてまつるへき。しかるに、五百六をくのく（にカ）わをすて、ぶつだうに入て、御ほたひを、とふらひたてまつらはやと、おほしめして、此御としより、たうしんを、おこし給ひけり。[六八]

『本地』まるが死しなん其後は、たれやの人か、母の後生をも、とふらひ奉るへき、然は、五百おくの、國をもちても、何かせん、佛の道に入て、母のぼたいを、たづねとふらはばやと、思召て、御年七さいより、ふかく道心の心さしを、おこし給ひけり。[六九]

『通俗』：丸死テ後、誰カ母ノ後生ヲ訪セ奉ン。然ニ、五百六億ノ国ヲ持テモ何ニカセン。仏道ヲ願、母ノ御菩提ヲ訪奉ト思食テ、御年七歳御時ヨリ道心ヲ発サセ給フ所ニ……[七〇]
『出世伝記』：丸カ死ナン其ノ後ハ、誰《タレ》カハ母後ヲモ弔《トムライ》奉ルヘキヤ。我五百六億国ヲ持《チ》テモ何ニカハセン。仏道ニ入テ母ノ菩提ヲ弔奉ハヤト思召シ、御年七歳ヨリ深ク道心ヲ発シ給《シ》ケリ。[七一]
『釈迦物語』：丸かしなんのちには、たれそ、とふらひたてまつるへき、五百億の國を、もちても、なにかせん、たゝ佛道に入て、母のぼたいを、とふらひたてまつらんと、おほしめし、御とし七さいより、ふかく道心を、ゝこし給ひける。[七二]

・檀特山において仙人のもとで修行、仙人から『法華経』を授けられる。

「出世本懐」と「本地」の類では悉達太子の出家踰城から成道までがおよそ次のような次第になっている。悉達太子は舎人の舍匿を連れ金泥駒に乗って檀特山に至り、そこで仙人（本体は阿弥陀如来の御師匠、自在王如來の化身、悟ってから八万才を経ている）に会い、その仙人に薪を取ったり水を汲んだりして仕えて難行・苦行し、末に法華経を授けられ、マガダ国のガヤー山の麓で成道する。

檀特山において悉達太子の師となる仙人も、やはり仏か菩薩の化身である。[七三] 多くは阿弥陀仏の前身である法蔵菩薩がその前で誓願を建立したところの世自在王仏の化身とする。『本地』のみは観自在菩薩つまり観音菩薩の化身としている。『出世伝記』の「観自在王仏」はどちらともつかない。

書き出しは次の通りである。

『出世本懐』去テ太子ハ無程、旦特山ノ麓ニ、摩伽陀山ト云山、提波羅樹ノ本ニ、御付有ケルカ……（中略）……彼ノ仙人ハ本《ン》躰阿彌陀如來ノ御師匠、自在王如來ノ化身ナリ、過去未來悟リ八万才ヲ經給、仙人ナリ。[七四]

『出世本懐』（黒部）：颯《サテ》太子無クレ程《ホド》檀特ノ麓《フモト》ニ摩伽《カ》陀山《セン》ト云山提婆羅《マイラ》樹ノ本ニ飛着キ給イ……（中略）……彼《カ》ノ仙人ト云ハ本体阿弥陀如来ノ御師匠○《世》自在如来ノ化身《ン》、過去現在未来ヲ悟ル八万歳ヲ経《ヘ》給ゥ仙人也。[七五]

『出世本懐』さてたひしは、ほとなく、たんとくせんのふもと、まかだせんに、だいばくしゆといふ、きの下に、とひつき給ひけり……（中略）……かのせんにんは、ほんらいあみたしせう《本躰阿弥陀如来ノ》、じさひわうによらいの《自在王如来ノ》、けしんなり、これはくわこ、げんざい、みらいをさとり、八まんさいをへたまふ、せんにんなり。[七六]

『釈迦物語』：かくて、ほどなく、たんどく山に、つき給ひて、あら、から、と申、仙人に、あひたまへり（あら、から、は特に何かの化身とされない。法華経を授けられる件もない）。[七七]

『本地』：さて太子、これを飛過給ひて、せつなのほどに、だんどくせんの麓の、たいはらしゆの、もとに、とびつかせたまひけり……（中略）……かの仙人と申は、本地、くはんしさい菩薩の、けしん也、過去、現在、未來まで、三世をさとり、八まんごうを、經《へ》給へる、仙人にて、まします間……。[七八]

『出世伝記』：サテ太子コノ難山ヲ飛過サセ給テ、刹那ノ程ニ旦特山ノ麓、提波羅ノ下ニ飛着セ給畢《ヲハン》。爰《コヽ》ニ優楼頻羅聚阿難羅訶羅々鬱多羅迦婆戸ト申仙人在。コノ仙人ト申ハ本地観自在王仏の化現、過去現在未来ノ三世ヲ了達セシメ、八万劫ヲ経給仙人ニテマシマスナリ。[七九]

『通俗』：サテ太子ハコ、ヲハスキテ、セツ那カ程ニ、檀特山ノフ本、摩訶陀国ノホラ大波羅樹ノ下ニ飛付給フ也。サル程ニ、仙人御座カ、ト申給ヘハ、本於前自在王仏ノ化身ニテ、過去現在未来ヲ三世ヲ了ハ、万却ヲ経給ヘル仙人ニテ座ケル間……。[八〇]

なお『八相次第』では悉達太子が舎匿を連れ金泥駒に乗って至る先は「閻浮樹ノ下《モト》」である。また六年の苦行の後、善生村の難陀と波羅という二人の娘から乳糜をもらって降魔を経て成道するという仏伝経典に沿った成道記事になっている。師匠になる仙人は登場しない。[81]

『釈迦八相』は「阿羅々」と「伽蘭」（「迦蘭」とも）の二仙人が登場するが、よく仏伝経典に沿っており、彼らは師匠とはされず、彼らの所得の法は、悉達太子に「コレハ究竟ノミチニアラス、トテ破シテステ」られる。前者の所得の法は「非想天ノミチ」とされる。後者の所得の法は示されていない。なお本来は成道前にシッダッタ太子が禅定を習う二仙人の名前が「アーラーラ・カーラーマ」と「ウッダカ・ラーマプッタ」であり、前者から「無所有処定」を、後者から「非想非々想処定」を習得する。「アーラーラ・カーラーマ」という一人の人名を「阿羅邏」と「迦蘭」という二人の人名に分けてしまい、さらに前者から「非想非々想処定」を習うというのは『過去現在因果経』に由来する。[82]

なお『法華直談』の記事は「釈尊一代事」では

『法華直談』「釈尊一代事」：（出家踰城して）無レ程登二檀特山一阿ラ、伽ラ、ノ仙人ノ室ニ至リ玉ヘハ其此御歳十九ノ春ノ空ナルニ花ノ袂ヲ引替テコキ墨染ニ身ヲヤツシ緑ノ髪ヲ剃リ落シ遁世ノ身ト成テ菜ツミ水汲薪コリ十二年ノ間難行苦行ノ劫ヲ積ミ修メ二六度万行ヲ一御年三十ト云時断シ二三界ノ業縛ヲ一尼連禪河ノ邊リニメ成等正覚ノ砌リニハ第六天ノ魔王來テ種々ノ障碍ヲ成スト見タリ（割注略）雖レ然ト能ク魔王降伏メ速ニ唱ヘ二正覚ヲ一玉ヘリ[83]」

として「出世本懐」と「本地」の類と同じ特徴を具えているが、「益五比丘説法之事」では、

『法華直談』「益五比丘説法之事」：太子出家メ阿羅々伽羅々ノ仙人ノ處ニテ得テ二無處有處ノ定ヲ一是ハ非ト二出離ノ道ニ一云テ又鬱多羅摩子ノ處ニ行テ習玉フ二非想非々想ノ定ヲ一是モ非ト二出離ノ道ニ一云テ次テ象頭山ニ往テ尼連禪河ノ邊ニメ難行苦行メ終ニ得二無上道ヲ一[84]

のように『過去現在因果経』とも異なる、『仏本行集経』などに見られる正統な伝も記している。[八五]

『八相次第』と『釈迦八相』は「出世本懐」「本地」類と系統を異にし、修行場所が檀特山ではないし、師匠に仕える難行・苦行もない。

『釈迦物語』は、修行場所は檀特山ではないが、「たかきみねに、のほつては、つまきをひろひ、ふかき谷に、くたつては、あかの水をくみ、なんぎやうくぎやうして」あら、から、、「仙人に、つかへ」る。

『出世伝記』の「優楼頻羅聚阿難羅訶羅々鬱多羅迦婆戸」は恐らく「優楼頻羅聚（落）」の「阿難羅訶羅々」と「鬱多羅迦婆戸」といった感じであろう。

『梁塵秘抄』（一一六九年）の二一九番に「摩掲陀国の王の子に、おはせし悉達太子こそ、檀特山の中山に六年行ひたまひしか。」という歌がある。[八六] 本来シッダッタ太子はマガダ国の王子ではなくカピラ国（「カピラヴァストゥ」は本来国名ではないため、厳密には「カピラ城」の方がよいか）出身であるし、[八七] 修行地は王舎城で禅定を修め（異伝あり）、ウルヴェーラーで苦行を行う。「檀特山」は『太子須大拏経』、『六度集経』に出るが、そこでは本来シッダッタ太子の修行とは無関係であり、釈尊の前生である須大拏太子が国を追われ、入る山の名である。

『太子須大拏経』：王語太子。速出國去。徙汝著檀特山中十二年。[八八]
『六度集経』：謂其妻曰。起聽吾言。大王徙吾著檀特山十年爲限。汝知之乎。[八九]

檀特山が釈迦の修行道場となった経緯は『日本仏伝』に詳しい。黒部氏は中国においてこの訛伝が生じて日本にも伝わったと指摘している。[九〇]

先に見てきた中世仏伝は、修行場所として檀特山を採用しながら、釈迦をマガダ国の王子とする訛伝は全く採用されていない。『八相次第』（華蔵）は「迦毘羅衛国」[九一]、『出世本懐』は「迦毘羅城」[九二]、『出世本懐』（黒部）は「迦毘羅城」[九三]、『出世本懐』（戸川）は「かひらしやう國」[九四]、『本地』は「かひらしやう國」[九五]、『通俗』は「迦毘羅城」[九六]、『出世伝記』は「迦毘羅衛国」[九七]、『釈迦物語』は「かびらゑこく」[九八]、『釈迦八相』は「迦毘羅衛国」[九九]としており、すべてカピラ国（城）としている。ところが後に見る近世の仏伝で再びマガダ国出身説が復活する。

・『八相次第』について

『八相次第』は「本懐伝記」と「本地」類に特徴的な要素をあまり含んでおらず、系統が異なることは明らかである。修行場所が檀特山ではなく、師匠に仕える難行・苦行もないことを指摘した。他にも「本懐伝記」と「本地」類は悉達太子の出家の動機として「母の菩提を弔うため」というのを強調していたが、この点について『八相次第』は次に見るように正統な仏伝の特徴を示す。

『八相次第』（華蔵）：（四問出遊で北の門から出て沙門を見て、沙門から沙門とは何かを聞いて）太子、此事ヲ聞食シテ、歓喜極ナシ。如レ何ニシテカ、此ノ生老病死ノ苦、遁《ノカレ》ヘキト歎悲ツルニ、不生不滅ノ理ヲ証スヘキ法ノ道ノアリト聞コソウレシケレ。我レ、早ク世ヲ遁《ノカ》レ、家ヲ出テ道ヲ修セント思食テ、何コトモ夢幻《マホロシ》ノ空キコトナリト、思イ知玉イテ、偏《ヒトヘ》ニ出家ノ御志ノミ思食ケレトモ……[一〇〇]

『八相次第』（真福）：太子此事ヲ聞食シテ、歓喜无極一。云何カシテ此生老病死ノ四ノ苦ヲ遁《ミ》ルヘキト、暁シ晩シ歎キ悲ミツルニ、不生死一セサル理ヲ証ルヘキ。法ノ道ト聞クコソ喜シケレ。我レ早ク世ヲ遁レ家ヲ出テ、、道ヲ行セント思食シテ、何事モ空キコトヲ恨ミツルニ……[一〇一]

しかしながら、今は詳細を示すことはかなわないが、湯谷祐三氏が解題の末尾でまとめられるごとく「（『八相次第』も又）その素材としたのは「正規の」仏伝経典類ではなく、既に各種経典から抜き出され編集された類書や幼学書、あるいは更にそれらを易しく書き直したものなど、幾重にも抄出が重層して原典を遠く離れた資料」[一〇二]のようである。

・『釈迦物語』について

『釈迦物語』は「本地」類と多くを共有しているが、それと乖離して正統な仏伝に回帰しようとする傾向がある。黒部氏は『日本仏伝』で「『釈迦物語』が『釈迦の本地』を参照したことは確かである。……（中略）……『釈迦物語』の著作目的の一つは仏伝経典からはなれてしまった『釈迦の本地』を仏伝経典にもどすということであった」[一〇三]と述べている。

黒部氏が指摘していないことで筆者が気がついたことがあったので、それをここに書き留めておきたい。日蓮の著作の引用ではないかと思われる箇所がある。なお『釈迦物語』の成立年について黒部氏は、裏表紙の見返しに本文と同筆で記されている「慶長拾六辛亥正月十八日誌之筆者　寿仙院日箋」という墨書きに基づいて、編者を寿仙院日箋その人と見なす。つまり成立を一六一一年と見ている。

まず冒頭の、

「それ人には、三のちうをんあり、一には主のをん、二には師匠のをん、三にはおやの、これなり、しかれは、をんをしつて、をんをほうするものをは、天これをあはれんて、福をあたへ給へり」[一〇四]

であるが、これは『開目抄』の冒頭、

「夫一切衆生ノ尊敬スヘキ者三アリ。所謂主師親コレナリ。又習學スヘキ物三アリ。所謂儒外内コレナリ。[一〇五]」

を受けていると思われる。

また、あしだ仙人が到来して太子の相を占い、泣き出す。泣く理由を問われて、必ず出家して仏になることを予言してのセリフが、

「たゞし、うらむらくは、わがとし、すてに百廿にあまれり、この世にあはん事、久からし、太子の、仏になり給ふを、みたてまつる事、あるへからす、後生は又、むしきかいにうまれて、五十ねんの説法をも、ちょうもん申へからす、これわがなけきなりと、申けり[一〇六]」

となっている。

これは日蓮の『撰時抄』の、

「例セハ阿私陀仙人カ。悉達太子ノ生サセ給ヲ見テ悲云。現生ニハ九十ニアマレリ。太子ノ成道ヲ見ヘカラス。後生ニハ無色界ニ生テ。五十年ノ説法ノ座ニモツラナルヘカラス。正像末ニモ生ルヘカラストナケキシカコトシ[一〇七]」

とあるのを参照しているのではないであろうか。ただし阿私陀仙人の年齢が異なっている。

三　近世仏伝文学について[一〇八]

黒部氏は仮名草子『八相物語』を評して次のように述べる。

「日本の仏伝文学も近世になると仏伝経典からまことに変容したものとなる。……（中略）……『八相物語』は、日本にもたらされた仏伝が日本の風土の中で変容を重ね、そのたどりついたところとしての意義をもつとともに近世仏伝文学の嚆矢としての意義もあわせもっている。[一〇九]」

また、

「仏伝文学は、さらに変容をかさねて江戸時代末期の『釈迦八相倭文庫』五八篇二三二巻に至るが、それらの内容は『釈迦八相物語』が作り上げた枠組みの内を大きく出るものではない」

ともされている。

黒部氏の指摘する『倭文庫』と同様、『誕生会』、『図絵』、『実録』もやはり大枠は『八相物語』に従っていると見られる。『八相物語』と『図絵』と『実録』の目録を挙げておこう。

『八相物語』と『図絵』はよく一致している。『実録』の対応はそれほどでもないが、先の二つと共通するところがあることは示せるであろう。『倭文庫』は目録を有していない。

・『八相物語』目録[10]

四　憍曇弥摩耶夫人《きやうどみまやふにん》御兄弟《きやうだい》七百生の御恨《うらみ》御はれ候御説法《せつほう》の事付リまやたいなひを御覧なされ候事
五　典薬《てんやく》御沙汰《さた》の事
六　百人のそう人御僉議《せんき》の事
七　御台《みだい》の御夢《ゆめ》七日の慎《つゝしみ》の御説法《せつほう》の事付十恩《おん》五おんの事
八　花のえんの事
九　瑠璃光如来《るりくはうによらい》影向《ようかう》の事付リ大王夫人達対面《たいわうぶにんたちたいめん》の事
十　憍曇弥《けうどみ》罪障《ざいしやう》さんげの事付リ卯月八日に仏に花さゝくる因縁《いんえん》の事
十一　仏《ほとけ》出来の時、仏《ほとけ》十神力《じんりき》の事
十二　摩耶夫人臨終《まやぶにんりんしう》の事
巻四
一　憍曇弥《けうどみ》御なげきの事
二　摩耶夫人《まやぶにん》御死《し》がひほうむる事
三　太子はじめて参内《さんだい》諱《いみな》給る事
四　太子夕陽山《たいしせきやうさん》に御幸《みゆき》の事
五　太子《たいし》かふりさだめの事
六　小弓勝負《こゆみせうぶ》の事
七　太子はじめて学文《がくもん》に出行《しゆつぎやう》し給ふ事
八　太子修行《しゆぎやう》の様を御たつねある事
九　新宮造進后《しんぐうざうしんきさき》御入内《じゆだい》の事
十　太子宮中を出給ふ事

十一　太子修行《しゆぎやう》の山路《やまじ》へ御入の事

巻五

一　王宮《わうぐう》に御さはぎ給ふ事

二　太子修行《たいししゆぎやう》なさるゝ事

三　般若法台《はんにやほうたい》からゝ仙人に逢給ふ事

四　雪山《せつせん》におもむき給ふ事

五　浄飯《じやうぼん》大王へ告《つげ》あり太子を御迎《むかひ》に参し事

六　雪山《せつせん》への道にて奇特《きどく》共おほき事

巻六

一　太子雪山《せつせん》の峰《みね》へ上らせ給ふ事

二　鞞羅梵志《びらぼんし》に御逢なされし事

三　びるしやな仏四句文授《さづけ》給ふ事

巻七

一　羅漢達《らかんたち》出あひかびら城へ入せ給ふ事

二　耶輸陀羅女《やしゆたらによ》御懐妊《ごくわいにん》の事

三　憍曇弥《けうどみ》より女房達へ御使《つかひ》参る事

四　如来夕陽山《によらいせきやうさん》へ入らせ給ひ太子に御対面《たいめん》の事

五　釈尊《しやくそん》初て御説法《せつほう》七道演《だうのべ》給ふ事

巻八

一　阿難尊者《あなんそんじや》御弟子《みでし》になり給ふ事

二　憍曇弥《けうどん(ママ)》と耶輸陀羅女《やしゆたらによ》と親子《おやこ》の契約《けいやく》の事
三　やしゆたら女出家御とげなさるゝ事
四　如来《によらい》忉利天《たうりてん》へ上天なされまや夫人に御対面《たいめん》の事付リ仏に花さゝぐるゐんえんの事
五　如来忉利天《によらいたうりてん》より下させ給ふ事付《ことつき》提婆《だいば》道をさまたけらるゝに帝釈天《たいしやくてん》よりふしぎある事
六　金色《こんじき》太子由来《ゆらい》の事付リそとわノ事
七　提婆《だいば》父に悪事をさゝへ給ふ事
八　忉利《たうり》天正寺《しやうじ》にて御説法《せつほう》の事
九　如来を御位に即《つけ》給ふへきと臣下達そうもんの事
十　初めて報謝経《ほうしやきやう》を説たまふ事
十一　難陀《なんだ》太子に御位ゆづり給ふ事
十二　如来《によらい》御参内《さんだい》の事付 勅衣《ちよくゑ》のはじまりの事
十三　忉利天正寺にて御説法提婆《だいば》さまたげの事
十四　提婆がさまたげしづめんためらかん達の修行の位えらひの事
十五　提婆《だいば》国〻をさまたげ給ふ
十六　如来せいくわんし給へは諸天より告《つげ》ある事
十七　提婆外道《だいばげたう》共にほつきせらるゝ事
十八　如来羅漢《らかん》達へ御遺言《ゆいごん》の事付祇園精舎《ぎをんしやうじや》の事并木仏《もくふつ》の由来の事
十九　如来ねはんに入給ふ事
二十　忉利天より薬くたれ共木の枝にとまる事
廿一　御葬礼《さうれい》の事付金棺《きんくはん》燃《もへ》ざる事

廿二　迦葉《かせう》三たびのわらひの事付二度仏に対面あつて後自然と火燃《もえ》出る事
廿三　五妙神力《めうしんりき》の事付ほのをさめざる事
廿四　帝釈《たいしやく》天より后妃御下り御舎利《しやり》を取上天の事
廿五　大王達羅漢達御舎利を取所〻にて供養したまふ事

・『図絵』目　録〔二二〕

巻の壱
師子《しゝ》頬王寶《けふわうはう》位《ゐ》を太子に禪《ゆづ》る
淨飯王治世四臺《じやうぼんおうぢせいしだい》を築《きづ》く
善覺臣《ぜんかくしん》が二女入内《ぢよじゆだい》す
摩耶夫人懐妊《まやふじんくわいにん》
憍曇彌嫉妬摩耶《けうどんみしつとまや》を招《まね》く
儀伯無間摩耶夫人《ぎはくむけんまやふじん》を呪詛《じゆそ》す
摩耶奇病《まやきびやう》并夢中説法《むちうせつぽふ》

巻の弐
耆闍摩耶《ぎしやまや》を診脉《しんみやく》して堕胎《だたい》の藥《くすり》を勸《すゝ》む
老翁夫人《らうをうふじん》を相《そう》して胎中《たいちう》の皇《わう》子の高徳《かうとく》を奏《そう》す
摩耶夫人夢裡十恩《まやふじんゆめにじゆうおん》の説《せつ》を聴《き》く
藍毘尼苑《らびにおん》に花宴《はなのゑん》を催《もよほ》す

悉達太子降誕天地瑞異《しつたたいしかうたんてんちずゐゐ》を現《あらは》す
摩耶夫人逝去《まやふじんせいきよ》
悉達太子入學阿私陀仙三十二相《しつたたいしにふがくあしだせんさんじふにさう》を示《しめ》す
悉達太子提婆達多《しつたたいしだいばたつた》と技《ぎい》を競《くら》ぶ
淨居佛一悉達太子《じやうきよぶつひとたびしつたたいし》を試《ため》す
淨居佛再び悉達太子《じやうこぶつふたゝびしつたたいし》を試《ため》す
悉達太子耶愉陀羅女《しつたたいしやすだらによ》を娶《めと》る

巻の三

淨居佛三悉達太子《じやうきよぶつみたびしつたたいし》を試《ため》す
悉達太子暗《しつたたいしあん》に檀特法臺《だんとくのほふだい》を知る
悉達太子宮中《しつたたいしきうちう》を出《いでゝ》檀特山《だんとくせん》に赴《おもむ》く
悉達太子車匿《しつたたいししやのく》に遺物《かたみ》を託《たく》す
迦毘羅城騒動車匿遺物《かびらじやうさうどうしやのくかたみ》を献《けん》ず
悉達太子檀特山《しつたたいしだんとくせん》に於《お》いて阿羅々仙《あらゝせん》を師《し》とす
悉達太子於般若臺伽羅々仙《しつたたいしはんにやだいにからゝせん》を師《し》とす
天女靈鬼因位之善惡應報《てんによれいきいんゐのぜんあくおうほう》を告《つ》ぐ
耶愉陀羅女若宮《やすだらによわかみや》を生《う》む
悉達太子雪山《しつたたいしせつざん》に苦行《くぎやう》して魔軍《まぐん》を降《くだ》す
悉達太子四句偈《しつたたいししくのげ》を得《え》て正覺成道《しやうかくをじやうだう》す

三迦葉釋尊《さんかせうしやくそん》を師《し》とす

巻の四

舎利弗目蓮世尊《しやりほつもくれんせそん》の法門《ほふもん》に歸《き》す

淨飯王釈尊《じやうぼんわうしやくそん》と對顔《たいがん》若宮如來《わかみやによらい》を知《し》る

阿難伽難優婆離耶愉陀羅女得道《あなんかなんうぱりやすだらによとくだう》

釋尊於忉利天《しやくそんとうりてん》二世《にせ》の母君《ぼくん》に謁《ゑつ》す

提婆達多世尊《だいばだつたせそん》に寇《あだ》す附卒都婆《そとば》の功德《くどく》

提婆達多斛飯王《だいばだつたこくぼんわう》に謀叛《むほん》を勸《すゝ》む

世尊難陀羅睺羅《せそんなんだらごら》をして三冥土《さんめうど》を見《み》せ使《し》む

世尊昇殿 勅衣《せそんしやうでんちよくえ》を賜《たま》ふ

離婆多無實《りばたむじつ》に因《よつ》て獄中《ごくちう》に囚《とら》わる

難陀王即位幷淨飯王崩御《なんだわうそくゐならびにじやうぼんわうほうぎよ》

巻の五

靈鷲山《れいじゆせん》に三伽葉《さんかせう》大《おほ》いに魔軍《まぐん》と闘《たゝか》ふ

魔種佛法《ましゆぶつぽふ》を欲　妨　却　窘《さまたげんとしてたしなめらる》

提婆達多諸國《だいばだつたしよこく》の太子《たいし》を蠱惑《まどは》す

世尊《せそん》に寇《あだ》せんと欲《ほつ》して提婆活地獄《だいばいきぢごく》に墜《お》つ

須達月 盖舎《しゆだつぐわつがいいへ》に宿《しゆく》し世尊《せそん》を拝《はい》す

須達祇陀園《しゆだつぎだをん》を買《か》ふ舎利弗六師《しやりほつろくし》を降《くだ》す
神通《じんつう》を競《くら》べて舎利弗六師《しやりほつりくし》を降《くだ》す

巻の六
祇園精舎造立毘首羯摩木佛《ぎおんしやうじやざうりふびしゆかつまもくぶつ》を彫《きざ》む
釋尊木佛《しやくそんもくぶつ》の功徳《くどく》を説《と》く
大愛道比丘尼泥洹《だいあいだうびくにでいがう》
流離王伊裟那國《りうりわういさなこく》の人民《にんみん》を屠殺《なぶりころ》す
流離王雷死天火《りうりわうらいしてんくわ》宮殿《きうでん》を焼《や》く
釋尊説法《しやくそんせつぽう》の大略《たいりやく》
釋尊遺言幷涅槃《しやくそんゆいごんならびにねはん》
釋尊滅後《しやくそんめつご》五妙神力《ごめうじんりよく》を現《げん》ず

・『実録』目録

巻之壹
第壹　轉輪王種正統《てんりんわうしゆしやうとう》幷釋迦氏《しやかし》の起源《きげん》
第二　淨飯聖主仁慈《じやうぶんせいしゆじんじ》幷印度三度《てんぢくさんじ》を建《たつ》る
第三　善覺《ぜんかく》の八女《はちぢよ》入内《だい》幷王六女《わうろくぢよ》を娶《めと》る
第四　護明太子降胎《ごめいたいしこうたい》幷摩耶靈夢《まやれいむ》を感《かん》ず
第伍　憍曇弥妬心《けうどんみとしん》《ヤキモチ》を生《しやう》ず幷女性《おんな》は窳多《よこしまおふ》きの理《り》

二十　天資《てんし》を蒙《かふむ》りて太子法衣《たいしはうゑ》を得《え》玉ふ并修験道《しゆけんだう》の権輿《はじめ》

二十一　官兵四道《くわんへいしだう》に分《わかれ》て太子《たいし》を遂《お》ふ并車匿遺物《しやのくかたみ》を獻《さゝ》ぐ

卷之四

二十二　耶輸陀羅女群疑《やしゆだらによぐんぎ》を蒙《かふむ》る并提婆淫慾《だいばいんよく》を逞《たくまし》くす

廿三　神義婦《しんぎのふ》火坑《くわかう》《ヒノアナ》に墮《おち》て瑞《ずい》を現《あらわ》す并羅睺羅誕生《らこらたんじやう》

廿四　太子捨身《たいししやしん》の難行《なんぎやう》を苦修《くしゆ》し玉ふ并禪宗坐禪《ぜんしうざぜん》の始《はじめ》

廿五　二句《にく》の偈《げ》を得《ゑ》て太子成道《たいしじやうだう》并卒塔婆《そとば》の名義《みやうぎ》

廿六　世尊毒龍《せそんとくりう》を降《くだ》して正法を弘《ひろ》む并竹林精舎《ちくりんしようじや》を營《いとなむ》

廿七　念珠濫觴貫玉數法《ずゞのはじまりくわんぎよくのすうはう》并百萬遍《ひやくまんべん》の功徳《くどく》

廿八　若宮佛衣《わかみやぶつい》を獻《さゝげ》て群疑《ぐんぎ》を釋《とく》并羅睺羅《らこら》の因位《いんゐ》

卷之五

廿九　釋氏一族多《しやくしいちぞくおふ》く法門《はうもん》に入《いる》并提婆佛法《だいばぶつはう》を妨《さまた》ぐ

三十　法華宗太皷《ほつけしやうたいこ》を用《もちゆ》る權輿《はじまり》并佛前《ぶつぜん》に花《はな》を供《そなへ》る事《こと》

三十一　毘首羯磨《びしゆかつま》始《はじめ》て木佛《もくふつ》を彫《きざ》む并淨飯王崩御《じやうぼんわうはうぎよ》

三十二　后妃剃髪比丘尼《こうひていはつびくに》の始《はじめ》并飲酒泥犁《おんじゆじごく》に墮《おつ》

三十三　佛《ほとけ》の教化月蓋蓄財《けうぐゑぐわつかいちくざい》を散《ちら》す并祇園精舎《ぎおんしやうしや》を營《いとなむ》

三十四　釋迦牟尼佛涅槃《しやかむにぶつねはん》に入《いり》玉ふ并佛舎利供養《ぶつしやりくよう》

三十五　日本諸流宗門《につぽんしよりうしゆうもん》の傳統《でんとう》并佛法方便《ぶつはうはうべん》の妙《めう》

・近世の仏伝の諸特徴

近世仏伝の顕著な「変容」を示していこう。

①マガダのカピラ城

先に指摘したが、『梁塵秘抄』では悉達太子が「摩掲陀国の王の子」とされていた。中世の仏伝には全く見られなかったが、近世の仏伝は、摩迦陀国は誤りであるとする『実録』を除いて、『八相物語』『誕生会』『図絵』『倭文庫』は釈迦をマガダ国出身とする。しかもカピラ城をマガダ国の都とする完全に誤った地理感覚を示す。ただし『誕生絵』は浄飯大王を摩訶陀国の王とし、提婆達多の父斛飯王を迦毘羅国の王とする。

『八相物語』：ここに五天竺《ぢく》の其一《ひと》つ、中天竺摩迦《まか》陀国《こく》といふ国あり。此国の都《みやこ》をは、迦毘羅城《かびらじやう》とぞ申ける。[一二]

『倭文庫』：夫《それ》五天竺《ごてんぢく》の其一國中天竺摩迦陀國《そのいつこくちうてんぢくまかだこく》の都迦毘羅城《みやこかびらじやう》の開闢大賢王《かいびやくだいけんわう》より三十六世《せい》の帝師子《みかどし》頬王《きやうわう》と申奉《たてまつ》るに王子四人《わうじよにん》あり。第一《だいゝち》を浄飯太子《じやうぼんたいし》……

『実録』：城《しろ》の名《な》に本《もと》づきて、迦毘羅衛国《かびらゑこく》）と称《とな》えけり（割注：一書《いつしよ》に轉輪王《てんりんわう》の都《みやこ》を摩迦陀国《まがつだこく》というハ非《ひ》也）。

②姉が憍曇弥、妹が摩耶

本来の伝承では、釈尊の母はマーヤーであるが、釈尊が生まれて七日後に亡くなり、その後はマーヤーの妹であるマハーパジャーパティー・ゴータミーによって育てられたことになっている。[一三] 中世仏伝まではそのようになっているが、『八相物語』以降のものはみな関係が逆転し、憍曇弥が姉になっている。

なお『法華直談』「憍曇弥出家望事」も「摩訶婆闍婆提ヲハ又ハ云レ憍曇弥トモ一此ニハ翻二大愛道ト一也是即善孝長

者ニ八人ノ娘《ムスメ》アリ師子頬王ノ四人王子ニ各々二人宛上奉其中ニ此憍曇弥ト摩耶夫人トノ二人ハ淨飯王ノ后ニ奉也故ニ憍曇弥ハ摩耶夫人ノ為ニハ姉為ニハレ佛ノ姨母ニ又継母也其故ハ摩耶夫人ハ悉陀太子ヲ脇ノ下ヨリ生シ給ヘハ頓テ死去シ玉フ也[一一四]」とし、やはり憍曇弥が姉である。

③憍曇弥と摩耶夫人の間の不仲

太子を懐妊した妹・摩耶を姉・憍曇弥がひどく妬み、[一一五]自害も考えるが、馬将軍の進言を入れて儀伯仙・無間仙に摩耶を呪詛することを依頼し、結果三年にわたって出胎が妨げられる。ラーフラがヤショーダラーの母胎に六年入っていたという伝承はインドに遡るが、[一一六]釈尊についてこのようなことを述べる伝承は日本近世の仏伝特有のものであろうと思われる。

なお『図絵』の「耆闍摩耶《ぎしやまや》を診脈《しんみやく》して堕胎《だたい》の藥《くすり》を勸《すゝ》む」では、この呪詛によって太子が生まれない摩耶に対し、憍曇弥に味方する馬将軍が、「幼少《えうせう》より醫術《いじゆつ》を好《この》み普《あまね》く名醫《めいい》に從《したが》い學《まな》びて四百四病《びやう》の治法知《ぢはうしら》ざる事《こと》なく死《し》を起《おこ》し生《せい》に回《かへ》すの妙術《めうじゆつ》ありて一度脉《ひとたびみやく》を診《みれ》ば其病根《そのびやうこん》を察《さつ》せずといふ事なし然《しかれ》ども財寶《ざいはう》を貪《むさぼ》るの一僻《ぺき》あ」る千浄化国の医官の耆闍（恐らく「耆婆」（ジーヴァカ）の誤り）に「摩耶夫人實《まやふじんじつ》は妊娠《にんしん》なれども出産遅々《しゆつさんちゝ》におよぶが故《ゆゑ》。もしや患病《やまひ》の所爲《わざ》かとて諸國《しよこく》の名醫《めいい》を召《めさ》るゝ所《ところ》なりされども卿《なんぢ》に勝《まさ》る者《もの》はあらじ。何卒夫人《なにとぞふじん》を診脉《しんみやく》せば妊娠《にんしん》の事《こと》を押隠《おしかく》し患病《いたづき》なりと告立密《まをしたてひそか》に堕胎《だたい》の藥《くすり》を勸《すゝ》め太子《たいし》を血水《けつすゐ》となし得《え》させよ。然《しか》らば恩賞乞《おんしやうこひ》に任《まか》すべしと頼《たのむ》にぞ[一一七]」と依頼するという、甚だおどろおどろしい場面がある。同様の記述は『実録』にもあるが（第六　馬将軍悪事を計并神醫仁術を重んず）、これは『八相物語』と『倭文庫』には見えない。[一一八]

④釈尊が前世で過去仏として活躍していた。

ブッダを解脱者（輪廻しない存在）として捉える考え方からすれば、ありえない表現であるが、「往来娑婆八千度」と諸仏同体論をふまえればなるほどと理解できる。

摩耶の夢の中で、仏が現れて摩耶に胎内をかしてくださいと言う。そして摩耶が前世でも妬まれて継母の讒言によって父王に捨てられたが、灯明光なる仏を供養した功徳により浄飯王の愛幸を得たということを摩耶に話して、胎内に宿るのであるが、その時に次のように説かれる。

『釈迦八相物語』：其時の日月灯明仏、今のわれにて、あるぞかし[一一九]

『図絵』：予《われ》は其時《そのとき》の燈明光佛是なり。……（中略）……我得《がとく》二成道《じやうだう》一今現在往來娑婆《こんげんざいわうらいしやば》八千度《ど》。爲《い》レ度《ど》二衆生《しゆじやう》一常説法已今當來諸佛智《じようせつぽふいこんたうらいしよぶつち》[一二〇]

さらに『釈迦八相物語』「十六　如来せいくわんし給へは諸天より告ある事」[一二一]と『図絵』「提婆達多諸國の太子を蠱惑す」[一二二]に（ほぼ同文。今は『図絵』で示す）

「釋尊《しやくそん》は……（中略）……心中《しんちう》に思念《しねん》し玉《たま》ふらく。予因位《われいんゐ》の昔衆生《むかししゆじやう》の願《ねが》ひを充《みて》んため。或時《あるとき》は大智通勝佛《だいちつうしようぶつ》と現《げん》じ。……（中略）……或時《あるとき》は淨光佛《じやうくわうぶつ》と成《なつ》て……（中略）……其他萬燈佛《そのほかまんとぶつ》。燃燈佛《ねんとうぶつ》。燈明光佛《とうみやうくわうぶつ》。十二光佛《くわうぶつ》。盧舍那佛《るしやなぶつ》。最勝佛《さいしようぶつ》。七現五智《しちげんごち》三十六尊摩訶薩化應《そんまかさつけおう》と分身《ぶんしん》して……（中略）……仙迦人妙《せんかにんみよう》と化現《けげん》し。衆生化益《しゆじやけやく》の爲《ため》に功《かう》を積《つみ》。難行苦行《なんぎやうくぎやう》して捨《すて》し身《み》の。骨肉《こつにく》を積《つん》で山《やま》を築《きづか》ば。毘補羅山《びふらせん》の峰《みね》よりも高《たか》かるべし」という件がある。

諸佛は全て同一人物なのである。

⑤修行場所が檀特山→般若台→雪山と推移する。

近世の仏伝における成道までの経緯を『図絵』によって簡単に示すと、次のようである。[一二三]

「犍陟」駒に乗って車匿とともに宮中を出て、一夜駆けて明け方にある高山に着き、そこに現れた跋迦仙人に檀特山に至る道を尋ね、教わったままに進むと嶺から下りてきた阿羅々仙人に会う。車匿を帰し、太子は阿羅々の弟子となって「瞿曇沙弥」という名になる。檀特山の法性浄台での三年間の修行が終わると、般若法台の伽羅々仙人に引き渡され、「妙舎利仙」と名を変えられ、顕密・秘密・清浄密の三密瑜伽の修行を三年間行う。それが成就すると雪山の毘羅梵志のもとで「雪山闍梨」という名になって、日ごとに東の九識本覚台、西の法性妙覚台、南の妙識等覚台という雪山の三台を廻り、毎夜は北の真禅定台で坐禅するという修行を行う。ここで六欲天の魔王が三人の娘を送るが、老女にされて逃げ帰り、次に息子の薩陀を魔群とともに送るが、これも逃げ帰る。最後に魔王自ら大弓を握るが、梵天帝釈天らが来降してこれを退ける。雪山での苦行が六年に及んだ時、九足八面の悪鬼が「諸行無常・是生滅法」と谷底で唱えるのを聞き、谷底へ降りて後半二句を求めるが、餓で唱えられないと言う。鬼の口に飛び込むと鬼の口の中の歯が八葉の蓮華となって太子を安坐させ、「生滅々已・寂滅為楽」と唱え、毘盧遮那仏の姿になって、太子を掌に受けて法性宝台に移し、「誠は我は悪鬼にあらず、鬱陀羅摩師耶にて、本来は毘盧遮那佛なり」と名乗り、太子に「御身前後十二年の戒行怠り玉はざるに依て、今已に正覚成就せり」と告げる。

　中世の仏伝と比較して大きな変更は檀特山修行と雪山修行が統合されていること、そして雪山童子の捨身説話が成道場面に移されたことである。

　雪山修行は黒部氏によると禅宗が檀特山修行を採用したのに対抗して、天台宗が雪山修行を採用したらしい。また雪山修行は敦煌の仏伝変文で一般的であったこと、しかしその敦煌仏伝変文の中にも『悉達太子讃』のように先に雪山で修行し、次いで檀特山で修行するものがあることも指摘されている[一二四]。

⑥孝養の強調と師に対する絶対服従

『図絵』から孝養が強調されている表現と太子の修行における師に対する服従が表現されている箇所を次に抜き出してみよう。もはや「母の菩提を弔うために」出家しただけでは飽き足らなかったようで、これを享受していた民衆には、親を捨てて出家し、アーラーラ・カーラーマとウッダカ・ラーマプッタといった師に禅定を習いながら、それを「出離の道にあらず」などと言って捨て去った人物は、尊崇の対象としてはとても受け入れ難かったのであろうと思わせる。

「悉達太子車匿に遺物を託す」：（一人の仙人が檀特山への行程を尋ねた悉達太子に）「爾《なんぢ》 志《こゝろざし》 は健氣《けなげ》なれども。五逆罪《ごぎやくざい》の身《み》を以《もつ》て。争《いか》で檀特法嶺《だんとくほふれい》に到《いた》るべき」。（生まれてこの方生霊を殺さず人畜を苦しめなかったのに何故かと太子に問われて）仙翁《せんをう》倍々《ますく〱》怒《いかつ》て曰《いはく》「爾母《なんぢはゝ》の胎内《たいない》に在《ある》こと三年《ねん》。行住座臥《ぎやうぢうざぐわ》に苦患《くるしみ》を與《あたふ》ること無量《むりやう》なり。加之《しかのみならず》降誕《かうたん》して母《はゝ》を殺し剰《あまつさ》へ大恩《だいおん》の父《ちゝ》の意《い》に背《そむ》き。慈育《じいく》の繼母《けいぼ》を捨《すて》。三人《にん》の新宮《しんきう》三千の女官四門護衛《ぢよくわんよんもんごゑい》の監卒《かんそつ》にいたるまで怠慢《たいまん》の科《とが》を及《およぼ》せり。是十悪《これじふあく》とも五逆《ごぎやく》とも譬《たとへ》がたなき大悪人《だいあくにん》なり且其身《かつそのみ》に纏《まとへ》る衣服《いふく》は億萬《おくまん》の蠶《かひこ》を煮殺《にころ》せし糸《いと》もて織《おり》。生木生草《せいぼくせいさう》を枯《から》して染《そめ》なしたる不浄《ふじやう》の衣《ころも》。瓔珞玉帯《えうらくぎよくたい》盡《ことぐ〱》く人力《じんりき》を疲労《ひらう》せしめて造《つく》り設《まうけ》たる汚穢《おゑ》の具《ぐ》なり。奈何《いかん》ぞ衣體《いたい》ともに汚《けがれ》たる爾無上正覺《なんじむじやうしやうがく》の靈場《れいぢやう》に到《いた》る事を得《う》べき。もし眞實發心修行《しんじつほつしんしゆぎやう》の志《こゝろざし》あらば懺悔滅罪《ざんげめつざい》して不浄《ふじやう》の衣帯《いたい》を脱捨《ぬぎすて》。従者《ずさ》を追《おひ》かへして檀特《だんどく》へ到《いた》れよ」と荒《あら》らかに云《いひ》わたし。身《み》を翻《ひるがへ》して森杉《しんりん》の中《なか》へぞ入《いり》にける。[125]

「浄飯王釈尊と對顔若宮如來を知る」：（釈迦が帰郷して）世尊《せそん》も御父《おんちゝ》浄飯王《じやうぼんわう》御母《おんはゝ》憍曇彌夫人《けうどんみふにん》を敬拝《きやうはい》し玉《たま》ひ。「不孝《ふかう》の兒大恩無比《こだいおんむひ》の父母《ふぼ》の慈心《じしん》に悖《もと》り宮中《きうちう》を潜出出家學道《しのびいでしゆつけがくだう》せし重罪《ぢうざい》。謝《しや》し奉《たてまつ》るに詞《ことば》なしと申《まを》せども。一切《いつさい》衆生《しゆじやう》の煩悩《ぼんなう》を救《すく》ひ。極樂浄土《ごくらくじやうど》へ引接《いんせつ》せん爲《ため》なれば恕《ゆる》しおはしませ。[126]」

「阿難伽難優婆離耶倫陀羅女得道」：（浄飯王が釈尊に説法を願うと）世尊勅命《せそんちよくめい》を畏《かしこ》み仰《あふせ》けるは。「年來苦行《としごろくぎやう》に身命《しんみやう》を抛候《なげうちさふら》ひしも一切人天《いつさいにんてん》を化度《けど》せん爲《ため》に候《さふら》へば説法《せつぽふ》は望《のぞ》む所《ところ》なれども。父王法座《ちゝわうほふざ》の下《もと》に居《ゐ》玉《たま》ひては説《とき》がたし。唯《たゞ》高座《たかみくら》に簾《れん》を垂《たれ》て聴聞《ちようもん》なし玉《たま》ふべし」と仰《あふせ》ある。（浄飯王が思いもよらないものいいだと言ってどうか法座に上るように申し上げると）世尊尚推返《せそんなおおすかへ》し玉ひ。「説法《せつぽふ》と申《まをす》も別《べつ》の義《ぎ》に候《さふら》はゞこそ。衆生《しゆじやう》の邪《じや》を誡《いまし》め悪《あく》を退《しりぞ》け自然《しぜん》の善道《ぜんだう》に至《いたら》しむる階梯《かいてい》に候《さふらふ》。それ人《ひと》に七恩《しちおん》あり。是《これ》を知《しる》を以《もつ》て人倫《じんりん》とし。不知《しらざる》は鬼畜木石《きちくぼくせき》にも劣《おと》り候《さふらふ》。（七恩は①天地の恩、②国王の恩、③父母の恩、④師の恩、⑤朋友の恩、⑥従類眷属の恩、⑦衆生の恩）愼《つゝし》んでも愼《つゝし》むべきは此七恩《このしちおん》なり。就中《なかんづく》予第二《われだい》第三《だい》の高恩《かうおん》を蒙《かうむ》りたること須彌山《しゅみせん》猶低《なほひく》く滄冥海《さうめうかい》も尚淺《なほあさ》し。然《しかる》に父王《ちゝおう》を下《しも》に置奉《おきたてまつ》り。予《わ》が身高座《みかうざ》の上《うへ》に在《あつ》て説法《せつぽふ》するならば諸天《しよてん》の悪《にくみ》を請《うけ》十二年《ねん》の難行《なんぎやう》も水上《すゐじやう》の泡《あは》と消候《きえさふらふ》べし」と仰《あふせ》ければ……[二七]

「悉達太子檀特山に於いて阿羅々仙を師とす」：（阿羅々仙人に「菜を摘み水を汲んで来い」と言われて悉達太子が持ち帰ると）阿羅々仙《あら、せん》是を見《み》て「やおれ瞿曇《ぐどん》。水《みづ》を汲《くむ》には瀉水《しやすゐ》の法《ほふ》あり菜《な》を摘《つむ》には三持《さんぢ》の道《みち》あり」。（知っていたか。いや知りませんでしたというやりとりの後）阿羅々仙《あら、せん》勃然《ぼつぜん》として色《いろ》を發《おこ》して曰《いはく》。「夫《それ》水《みづ》には赤龍青龍白龍《せきりようせいりようはくりよう》三ツの主有《ぬしあつ》て雨露《うろ》を施《ほどこ》し。草木生靈是《さうもくせいれいこれ》に依《よつ》て生育《せいいく》する事《こと》を得《う》。然《しから》ば何《なん》ぞ猥《みだり》に汲減《くみへら》すべき。上三業中三業下三業《かみさんがふちうさんがふしもさんがふ》と號《なづ》け。金剛輪《こんがうりん》。正教輪《しやうけうりん》。持明輪《じみやうりん》。此三昧《このさんまい》を修《しゆ》し三龍《りよう》の徳《とく》を謝《しや》して後汲《のちくむ》べきなり。亦菜《またな》には陽性陰徳現成《やうしやういんとくげんせい》とて三《みつ》の生命《せいめい》あり。因《よつ》て助業三昧雑業三昧正業三昧《じよがふさんまいざうがふさんまいしやうがふさんまい》。以上三昧《いじやうさんまい》を修《しゆ》し三光輪《さんくわうりん》をも報《ほう》じて摘《つむ》。是敬命《これけいめい》の供養《くよう》なり。然《しかる》に猥《みだり》に摘取《つみとる》こと無道《ぶだう》とも不法《ふほう》とも云《いは》ん方《かた》なし。破戒《はかい》の罪思《つみおも》ひしれや」と喝し。遮那金剛杖《しやなこんがうづゑ》をおつとり。太子《たいし》の頭上肩背《づじやうかたせ》の嫌《きらひ》なく丁々《ちやう〳〵》と打《うち》すへたり。さらぬだに傷《きづつ》き疲《つか》れ玉《たま》ひし太子。「苦《あつ》」と叫《さけん》で仆玉《たふれたま》ふを。阿羅々仙尚《あら、せんなほ》も続々《つゞけさま》に打程《うつほど》に何《など》かは以《もつ》て堪《こらふ》べき。終《つひ》に呼吸《こきふ》の息絶玉《いきたへたま》ふ。仙人些《すこし》も驚《おどろ》く氣《き》なく。太子《たいし》の骸《むくろ》に腰打《こしうち》かけ稍久《やゝひさ》しく座禅《ざぜん》し。「一念不起滿虚空中本來不白道阿字《いちねんふきまんこくうちうほんらいふびやくだうあじ》」と唱《とな》へ瀉水《しやすゐ》の法《ほふ》にて太子《たいし》の白毫《びやくがう》を清《きよ》め持明《ぢみやう》の法《ほふ》にて胸《むね》を温《あたゝ》め「善哉々瞿曇沙彌《ぐどんしやみ》」と呼《よび》ければ。太子忽然《たいしこつぜん》と息吹返《いきふきかへ》し玉《たま》ひ。夢《ゆめ》の覺《さめ》たる心地《こゝち》して起上《おきあが》り玉《たま》ふ。[二八]

・『誕生会』

『誕生会』は年代的に『釈迦八相物語』と『図絵』の中間に位置している。しかしながら『釈迦八相物語』に近いのは『図絵』の方である。『誕生会』の『釈迦八相物語』との乖離は作者の自由な改作に起因していると考えられる。特に大きな変更は、憍曇弥の回心のタイミングである。『八相物語』その他は太子の誕生、すなわち、摩耶夫人の死の時点で回心が起きているが、近松はそれを最後の最後に置いている。

次にあらすじを示す。[一二九] 近世仏伝の特徴を示す箇所に傍線を付す。重要な点に関して『釈迦八相物語』に従っていることは明らかであろう。

①五天竺の君、摩訶陀国浄飯大王の二人の妃、姉憍曇弥・妹摩耶の内後者が懐妊。前者はこれを妬み、右の司・婆将軍と謀り、太子誕生前に迦毘羅国斛飯王の王子提婆達多を大王の養子として、摩訶陀国の世継と定めるよう画策するが、左の司烏陀夷の妻吉祥女に妨げられる。

②鄔陀夷は愚鈍な息子槃特が知恵を得るように鶏足山の帝釈天窟に祈りに日参の折、提婆達多より憍曇弥への密書を入手。摩耶夫人調伏の企みを知り、槃特を捨てて調伏の行場犍陀羅山へ馳せ行こうとする。大鷲二羽が槃特をさらう。鄔陀夷は山賊車匿童子に馬を借りて犍陀羅山へ急ぐ。

③摩耶が出産すると、憍曇弥と婆将軍が太子を親殺しと言い立てて殺そうとするが、鄔陀夷が摩耶夫人調伏の証拠となる願書を突き付けて追い払う。

④十九年後悉達太子の妃耶輸陀羅女が太子のつれなさを恨むと、太子は愛欲に溺れるばかりが夫婦ではないと教え、共に花々に飛び交う蝶を眺めるうち、番いの蝶が袖に飛び入り、耶輸陀羅女懐妊。太子は密かに王宮を忍び出る。耶輸陀羅女と吉祥女は太子の跡を追うが、門のところで婆将軍の手下らが提婆達多が懸想している耶輸陀羅女を提婆達多のために奪おうと切りかかり、吉祥女は命を捨てて耶輸陀羅女を逃がす。

提婆達多は恒河の橋で埋み火を仕掛けて悉達太子を焼討にして耶輸陀羅女を奪おうと待ち伏せていると、そこにくぎゃり外道・かびら外道が忽然と現れ、提婆達多に、提婆達多が自身の前生が欲天の魔醯首羅王であったことを忘れて、耶輸陀羅女なんぞに懸想している間に悉達太子が成道してしまったら、魔境は滅亡寸前であると告げる。提婆達多は四天下を摩界にすべく、耶輸陀羅女をも殺してしまおうとするが鄔陀夷が馳せ付き、彼女を救う。

⑤悉達太子は犍陟駒に跨り、車匿童子に轡を取らせ、檀特山に向かう。車匿童子は犍陟を連れて帰り、悉達太子は法の師を求めて山深く分け入る。

⑥耶輸陀羅女と鄔陀夷は波羅奈国で林丹子夫婦に育てられていた槃特を見出す。

⑦悉達太子が阿羅々仙人に仕え難行苦行に明け暮れているのを、耶輸陀羅女と鄔陀夷が見出す。悉達太子に一瞬恩愛の思いが兆すのを阿羅々仙人は厳しく咎めて棒で打つ。打たれながら禅定三昧に入り、遂に成道し、阿羅々仙人は大通智勝仏の本体を顕わす。

⑧提婆達多の教えを尊ぶ須達長者は仏道を嫌うが後に仏道に帰依して、提婆達多に献ずるつもりであった祇洹精舎を釈迦如来に献ずる。

⑨須達長者の万灯供養が貧女の一灯に劣るのを見て長者は罪を懺悔する。提婆達多が襲い来て長者の心変わりを責め、釈迦に挑むと大地が裂けて奈落の底に沈む。

⑩釈迦の入滅前の説法があると聞いて、耶輸陀羅女が羅睺羅を一目如来に対面させようと娑羅雙林に赴く。途中心を入れ替えた憍曇弥に会う。摩訶迦葉の勧めに従い、三人ともに出家して娑羅雙林に急ぐ。

⑪釈迦は八一歳で涅槃に入る。臨終に遅れた摩訶迦葉が狂気のごとく泣き叫ぶと如来が声をかけ、仏道の大義を示す。

以上が『誕生会』のあらすじであるが、近松のみに独自で、かつ、しかも面白い箇所を抜き書きして指摘してみたい。

あらすじの③の摩耶の出産の場面で、憍曇弥のセリフが、非常に近代的な感覚を示していないだろうか。母親の右脇から生まれるという伝承は近世の民衆にとってもはやそのまま受け取ることはできず、冗談になってしまっているとしか思えない。

かゝる所に憍曇弥婆《けうどんみば》将軍官兵《しやうぐんくはんびやう》引ぐ《（具）》し。うぶ《（産）》屋の内にみだれ《（乱）》入大音声。摩耶夫人は難ざん《（産）》にてし《（死）》ゝたるとや。道理かな〳〵湿生《しつしやう》化《け》生はいさしら《（知）》ず体《たい》を受ケて生まるゝ者。人間も畜生《ちくしやう》も出世のかと《（門）》は只一つ。出所を取うしなひ母親のよこ《（横）》つはら《（腹）》。引さい《（裂）》て生るゝとは悪魔《あくま》の所為《しよい》かうろたへもの《（者）》か。親殺しは五逆《ぎやく》の第一。五天竺の王位に立べきか。よふぞみづからが提婆《だいば》を養子にしたるよな。[三〇]

これは『図絵』の「提婆達多斛飯王に謀叛を勧む」にある、

斛飯王益々怒り「悪《にく》き釋迦《しやか》が行跡《ふるまひ》かな。原渠《もときやつ》が母《はゝ》摩耶《まや》は。天魔《てんま》の障碍《しやうげ》にて妊娠《にんしん》し。三年《みとせ》が間孕《あひだはらみ》て其臨産《そのりんさん》の時《とき》も種々《さま〴〵》の怪異《けい》を現《あらは》し。右の腋下《わきばら》を蹴破《けやぶつ》て出生《しゆつしやう》せしは。将《まさ》に親《おや》を殺《ころ》せる鬼子《きし》なり[三一]」

と同じ感覚を示している。

あらすじ④の吉祥女が命を捨てて耶輪陀羅女を逃がす場面は、完全に娯楽となっていて、仏伝にこのような場面が描かれることは、現代の我々にとっては、もはや却って奇異に感じられる。

女のはたらき《（働）》かひもなくさん〴〵に切立られ。吉祥女も大わらは《（童）》にたゝかひ《（戦）》なつて。耶輪陀羅女《やしゆたらによ》をしつかとおひ《（負）》ぬき《（抜）》身をかた《（片）》手にひつさげ。すきま《（隙間）》をうかゞひ落ゆかん〳〵とめ《（目）》をくばる。

うしろよりものゝふ《(武士)》共后《きさき》ともに討とれと。鉾《ほこ》さき《先》ならべてどつとよれ《(寄)》ばくるりとまはつてヤア手のわるい。女のうしろへまは《(回)》るとはいつの世に有ことぞと。つゝ《(突)》かくる鉾のゑ《(柄)》をかた《(片)》手ばらひ《(払)》にひら〳〵〳〵。はつし〳〵と切はらふ敵はせなか《(背中)》の后をめがけ。うしろへまは《(回)》るをよせ《(寄)》付ケじと。我身をひねつて前にうけ横《よこ》にひらいてはらひ《(払)》しが

伯了《はくれう》が鉾を受はづしむな《(胸)》さき《(先)》ずつとつらぬかれ。眼《まなこ》もくらみくら〳〵と消《きえ》入ルしやう《(性)》ね《(根)》を取なを《(直)》し。うしろ《(後)》あゆみ《(歩)》によろ〳〵と高へい《(塀)》にせなか《(背中)》を付。サアもふ叶はぬ后さま。かた《(肩)》をふまへてついぢ《(築地)》にあがり。どふぞあちらへつたひ《(伝)》おり《(降)》太子の御跡《あと》をしたひ給へ。はや《(早)》ふ〳〵とくるしむいき《(息)》つぎ。やしゆたら《(耶輪陀羅)》女もやるかたなく。いや我計はたすからぬ。しぬる《(死)》もいきる《(生)》も一所ぞや。みづからをすて《(捨)》置て。のがるゝたけはのがれ《(逃)》てみや。いやそふでない〳〵。お命一つはかる《(軽)》けれど天にも地にも二つとない。大じ《(事)》のたね《(胤)》が胎内《たいない》にやどり《(宿)》給へばお命二つ。エヽいひ《言》かひない早ふ〳〵といさむる《(諫)》も。ともに涙のやしゆたら《(耶輪陀羅)》女。のびあがつてうで《(腕)》で木に取付かた《(肩)》をふまゑて漸と。築地《ついじ》をまろび落給ふあやうかりける次第なり。

「サア今は心やす《(安)》しをのれよふつい《(突)》たなあ。むくひ《(報)》を見よ」とつか《(突)》れたる鉾《ほこ》のほくび《(穂首)》をゆん《(弓)》手につかみ。ぐつと引ぬき柄《ゑ》をする〳〵とたぐりより。伯了《はくれう》が左のかたさき《(肩先)》胸いた《(板)》かけて切こんだり。のつけにかへし《(返)》ておき《(起)》あがり吉祥《じょう》がたかもゝ《(高股)》をぬき《(抜)》うち《(打)》に丁ど切。両方半死半生の惣身はあけ《(朱)》にそみながら。よろぼひよつ《(寄)》てははたと切打付ヶてはかつはとふし《(伏)》。両がん《(眼)》に血《ち》は入たり。こゑ《(声)》をしるべに打合しはしゆら《(修羅)》の。ちまた《(巷)》のごとく也。

運《うん》のつきぬる。伯了頓立砂《はくれうとんたてずな》にすね《(臑)》ふんごみ。のたうつ所を吉祥女《きちじようによ》はひ《(這)》より《(寄)》〳〵のつ《(乗)》かかり。思うさまさし《(刺)》通し。頽《おとがひ》をし《(押)》上ヶやあゑいと首《くび》かきおとし。ハア、嬉しや〳〵当座《たうざ》の敵は討取たり。身は寸々《ずん〴〵》のふか《(深)》疵《きづ》命の内に此首《くび》を。おつと《(夫)》に見せて今生《こんじょう》のいとま《(暇)》乞《ごひ》せん物と。ひつさげて立あがれば。残るものゝふ《(武士)》あまさじとどつとより《(寄)》れば切はらひ。かけよればをつ《(追)》はら《(払)》ひたぶさ《(髻)》を口に首《くび》ひつくはへ。剣《けん》を杖《つえ》によろ〳〵〳〵おき《(起)》つ。まろ

んづ立かへ《(帰)》る。所存《しょぞん》の程。こそゆゝしけれ。[一三二]

四　まとめ

近世の仏伝はどのようにできあがっているであろうか。『今昔』に代表される正統の仏伝と説経系の伝承（訛伝）が混ざり合って中世の仏伝の『本地』類ができたとは言い得るであろう。次にそれを骨子としながら、そこにまた別の訛伝が入り込んできているのが『八相物語』といえようか。しかし『八相物語』に入り込んだ訛伝を決して新しいものと決めつけることはできない。

先には指摘できなかったが『梁塵秘抄』（一一六九年）と同じく、天文年間（一五三二～一五五五年）に活躍したと見られる栄心の『法華直談』も「昔中天竺ニ摩訶陀國ニ師子脇王ト云王一人在ス……」[一三三]、そして応永の末年（一四二七）から正長・永享・嘉吉の頃（～一四四三）までの間に成立したと考えらる[一三四]『三国伝記』も「梵曰、昔、中天竺ニ摩訶陀國に、田主王より八万四千代、師子頬王ト曰フ大王ノ子に、浄飯王……」[一三五]として、釈迦マガダ国出身説をとっている。

このことはマガダ国出身説が古くからあり、それが説経系の伝承や説話集の中に生き残り、―しかし中世の仏伝には入りこまなかった―それが「八相物語」になって仏伝に入りこみ、「実証的・合理的な、諸ゴータマ・ブッダ伝」によって払拭されるまで主流となっていたのである。

『八相物語』以降の変化を考えてみよう。主観的な感想に堕してしまうかもしれないが、通俗化の度合いが増しているということは言えるであろう。そして表現がよりどぎつくなっていく。特に『八相物語』では、呪詛によって出産が妨げられている摩耶夫人が、典医の処方する薬を飲むのを拒む動機は、妊娠しているのに、病気と見立てている典医が処方する薬を飲めば、「たとへば、なき身になさるゝとも、思ひよらぬ事」と危険視しているだけ、つまり問題になっているのは不幸な誤診による流産であるが、『図絵』になると耆婆（耆闍）が意図的に悪意によって堕胎薬を調合する話になるのである。

いままで日本仏伝を読んできて、「ブッダの生まれ変わり」を意味してしまう表現に出くわすたびにデタラメであると感じてきたが、本稿執筆を通して、「諸仏同体論」というダイナミックな思想を背景に日本仏伝が成立していることを知り、「荒唐無稽」と切って捨てるのは惜しいと考えを改めた。諸仏は同体でありながら、成道してからすでに五百塵点劫を経ている釈迦に正覚成就を告げるのは毘盧遮那仏という―カトリックの三位一体説にもひけをとらない―見事な発想に感服する。

注

一　渡邉里志『仏伝図論考』中央公論美術出版、二〇一二年、二六九～二七〇頁
二　井上哲次郎・堀謙徳合著『増訂釈迦牟尼伝』前川文栄閣、一九一七年、一～三頁
三　『南伝大蔵経第四一巻』大蔵出版、二〇〇七～三六二頁
四　梶山雄一他『ブッダチャリタ』講談社、一九八五年
五　我々は『今昔物語』のある特定部分を切り取って「仏伝」として認識するが、『今昔物語』の編者にその意図はなかったかもしれない。
六　山田孝雄他『今昔物語集一』日本古典文学大系二二、一九五九年。五二～二六四頁
七　『日本仏伝』八〇頁
八　『中世仏伝』三四九～四〇五頁
九　『中世仏伝』二六九～二九八頁（翻刻）、三～九〇頁（影印）
一〇『物語集四』三～二二頁
一一『日本仏伝』四三一～四七五頁（翻刻）、三三七～四三〇頁（影印）

一二　『物語大成七』九〇～一一七頁

一三　『物語集四』五三～九一頁

一四　『物語大成七』一一八～一六二頁

一五　『中世仏伝』二九九～三一七頁（翻刻）、九三～一五六頁（影印）

一六　『中世仏伝』四〇七～四三六頁

一七　『物語集四』二三～五二頁

一八　小峯和明「『釈迦八相』解題」『中世仏伝』四八六～四八七頁

一九　『中世仏伝』四三七～四五九頁

二〇　『近松全八』五一三頁～六三五頁

二一　山田案山子《やまだのかかし》は、読本作者・浄瑠璃作者。〔生没〕一七八八年（天明八年）生、一八四六年（弘化三年）一一月二四日没。五九歳。〔名号〕山田氏。通称、圭蔵（桂蔵）・定七。号、山田案山子・案山子・耶麻田加々子・好華（花）堂（亭）・野亭・好華堂野亭・得翁斎・山珪士信・意斎。屋号、大和屋。法号、寒空意斎禅定門。〔経歴〕大阪の人。初め書家、一八一一年（文化八年）頃は狂歌作者として知られ、一八三五年（天保六年）頃、筆耕を本職とする。のち書肆に代作者として起用され、読本作者となる。天保（一八三〇～四四）年間には三代目植村文楽軒の経営する稲荷社内東芝居の専属作者として浄瑠璃を多作した。また娯楽的な読み物や通俗の教化啓蒙書も執筆した。上田公長・楠里亭其楽・市川白猿（七世団十郎）らと交遊があった。（『国書人名事典』第四巻、岩波書店、一九九八年、六三七頁）

二二　永田文昌堂編集部編纂『釈尊御一代記図絵』永田文昌堂、一九三七年を参照。参考として沢道子訳『釈迦御一代記図絵—前北齋卍老人繍像《しゅうぞう》山田意齋叟《そう》参考』ニチレン出版、二〇〇五年あり。

二三　戯作者〔生没〕一八一九年（文政二年）生、一八九〇年（明治二三年）八月三〇日没。七二歳（七〇歳とも）。墓、東京入谷良感寺。〔名号〕服部氏。通称、長三郎・孝（幸）三郎。号、万亭応賀・春頌斎・長恩堂・南花堂。法号、白蓮院往雲上生居士。〔家系〕勾当服部長狭の男。〔経歴〕江戸の人。父が士分の株を買い、応賀を常陸下妻藩に出仕させたが、間もなく到仕。松亭金水や梅亭金鵞ら戯作者の後援的存在となり、自らも合巻・滑稽本などを執筆した。維新後も継続して戯作を書いたが、時勢には取り残された。（『国書人名事典』第四巻、岩波書店、一九九八年、四三六頁）

二四　万亭應賀著・猩々暁斎補画『釋迦八相倭文庫全䛀』上下巻、金松堂、一八八五年（明治一八年）を参照。

二五　梅暮里谷峨（二世）のこと。戯作者・歌謡作者〔生没〕一八二六年（文政九年）生、一八八六年（明治一九年）没。六一歳。〔名号〕初め森氏、のち萩原氏。名、語一郎。号、梅暮里谷峨（二世）・歌沢能六斎・鈴亭主人・金竜山人・隆興堂・鰥寒翁・対梅宇乙彦・萩原乙彦・梅星爺・蔦の本・十時庵・蕉華庵。〔家系〕幕府小普請方森宗兵衛の次男。書家萩原秋厳の養子。〔経歴〕江戸の人。人情本・読本・合巻を著しながら、うた沢節の作詞や注釈を手がけた。俳諧は山本為山門の月並宗匠で、明治二年、俳句雑誌の嚆矢『俳諧新聞紙』を刊行した。晩年は山梨県谷村に移り、同地に没。著書に明治七年刊『東京開化繁昌誌』など。（『国書人名事典』第一巻、岩波書店、一九九八年、二五四頁）

二六　鈴亭谷峩訳述、橋本玉蘭画図『八宗起源釈迦実録』全五巻、愛知書林、文光堂翻刻、明治一六年を参照。

二七　『日本仏伝』三～四頁

二八　『日本仏伝』一一七頁

二九　『日本仏伝』一二九～一三〇頁

三〇　ただし「ところが、近年相次ぐ新資料の発掘がなされ、室町期をさかのぼる仏伝の存在が報告されている」。湯谷祐三「華蔵寺蔵『釈迦如来八相次第』解題―日本中世説話文学と仏伝資料」『中世仏伝』四九〇頁

三一　『日本仏伝』二二六～二二七頁

三二　『日本仏伝』二五六～二五七頁

三三　『日本仏伝』二六〇頁

三四　『日本仏伝』一七二～一七四頁。植木朝子編訳『梁塵秘抄』ちくま学芸文庫、二〇一四年、二二一～二二三頁

三五　黒部氏は「往来娑婆八千度」について、『法華経直談鈔』と『花情物語』にある同様の表現を引いて、「世間に流布していたようである」とする。『日本仏伝』二二九頁

三六　『物語集四』三頁。なお引用は、改行について特に原本に従っていない。句読点なしに改行されている箇所で、句読点を付けて改行をとったところもある。

三七　『日本仏伝』四三一頁

三八　『物語大成七』九一頁

三九　『物語集四』五三頁

四〇　『中世仏伝』三〇一頁
四一　『中世仏伝』四〇九頁
四二　『物語集四』二六頁
四三　『大正蔵』第八四巻、二七八下
四四　『大正蔵』第二四巻、一〇〇三下
四五　『法華直談』解題、四頁
四六　『大正蔵』第九巻、四二頁中
四七　『法華直談』三、「如々往来八千度事」、一一六頁。引用は句点を加えた。「玄文云」とは智顗の『妙法蓮華經玄義』（大正蔵三三、七六七頁上）にある「三本國土妙者。經云。自從是來。我常在此娑婆世界。説法教化。亦於餘處導利衆生。娑婆者。即本時同居土也。餘處者。即本時三土也。此指本時眞應所栖之土。非迹中土也。迹中明土又非一途。……」からの引用である。なお『法華直談』三、一四八頁に「五百塵点劫所表事」あり。
四八　『法華直談』一、「三佛像造三塔安置之事」、二二頁
四九　『大正蔵』第一二巻、五〇八頁下～五〇九頁上
五〇　『大正蔵』第四七巻、四三〇頁下
五一　『物語集四』四頁
五二　『日本仏伝』四三三頁
五三　『物語大成七』九二頁
五四　『物語集四』五四頁
五五　『中世仏伝』三〇二頁
五六　『中世仏伝』四一〇頁
五七　『日本仏伝』二四七～二四八頁に指摘あり。
五八　『物語集四』四頁
五九　『日本仏伝』四三五頁

六〇　『物語大成七』九三頁
六一　『物語集四』五五頁
六二　『中世仏伝』三〇二頁
六三　『中世仏伝』四一〇頁
六四　『日本仏伝』二四一頁
六五　『日本仏伝』二三三～二三七頁、二六二～二六五頁
六六　『物語集四』六頁
六七　『日本仏伝』四四〇頁
六八　『物語大成七』九七頁
六九　『物語集四』五九頁
七〇　『中世仏伝』三〇五頁
七一　『中世仏伝』四一四頁
七二　『物語集四』三〇頁
七三　『日本仏伝』二八四～二八五頁
七四　『物語集四』一一～一三頁
七五　『日本仏伝』四五四～四六一頁
七六　『物語大成七』一〇五～一〇九頁
七七　『物語集四』三八～四一頁
七八　『物語集四』七〇～七五頁
七九　『中世仏伝』四二二～四二七頁
八〇　『中世仏伝』三一一～頁
八一　『中世仏伝』三七三～三八八頁

八二　『大正蔵』第三巻、六三八頁上～中
八三　『法華直談』一、「釈尊一代事」、一一～一二頁、
八四　『法華直談』一、「益五比丘説法之事」、一〇六頁
八五　『エピソード』七七～七八頁
八六　『日本仏伝』一七二～一七四頁。植木朝子編訳『梁塵秘抄』ちくま学芸文庫、二〇一四年、三二五頁
八七　「摩伽陀国仏生説」については『日本仏伝』一七二～一七四頁、二〇三～二〇四頁に詳しい。
八八　『大正蔵』第三巻、四二〇頁上
八九　『六度集経』（大正蔵第三巻、八中）：
九〇　『日本仏伝』一八～二二頁
九一　『中世仏伝』三五五頁
九二　『物語集四』一一頁
九三　『日本仏伝』四三四頁
九四　『物語大成七』一二二頁
九五　『物語集四』五五頁
九六　『中世仏伝』三〇二頁
九七　『中世仏伝』四一〇頁
九八　『物語集四』二六頁
九九　『中世仏伝』四四〇頁
一〇〇　『中世仏伝』三六三頁
一〇一　『中世仏伝』二八四頁
一〇二　湯谷祐三「華蔵寺蔵『釈迦如来八相次第』解題―日本中世説話文学と仏伝資料」『中世仏伝』五〇九頁
一〇三　『日本仏伝』二八七～二八八頁

一〇四　『物語集四』二三頁
一〇五　大正八四巻、二〇八頁中一九行
一〇六　『物語集四』二八頁
一〇七　大正第八四巻、二三五頁上一八行
一〇八　徳田和夫『お伽草子事典』東京堂出版、二〇〇二年、二八四～二八六頁「釈迦の本地」の項。
一〇九　『日本仏伝』三二一頁
一一〇　目録は『日本仏伝』四八三～四八七頁の「総目録」ではなく、本文中の話題を採用した。
一一一　『図絵』の目録について一見漢文のように示され一部返り点が用いられているが、今はすべて、付されているふりがなに従って書き下した。目録は「総目録」ではなく、本文中の話題を採用した。
一一二　『日本仏伝』四八九頁
一一三　『エピソード』四五～四八頁
一一四　『法華直談』一、「憍曇弥出家望事」、一六二頁
一一五　『日本仏伝』三一二～三一六頁に「憍曇弥嫉妬譚」への言及あり。
一一六　『エピソード』六〇～六一頁
一一七　『図絵』五三頁、
一一八　『釈迦八相』のここに対応する箇所は「典薬御沙汰の事」である。『日本仏伝』(釈迦八相物語巻五) 五一八～五二〇頁
一一九　『日本仏伝』五〇〇～五〇一頁
一二〇　『図絵』二三頁
一二一　『日本仏伝』六一六～六一七頁
一二二　『図絵』二八一頁
一二三　『八相物語』のこの箇所の梗概は『日本仏伝』三〇八～三〇九頁
一二四　詳細は『日本仏伝』二三～二四頁、三〇～三三頁

一二五　『図絵』一五一～一五二頁、参照『日本仏伝』（釈迦八相物語巻五）五五七～五六〇頁
一二六　『図絵』二一一五頁
一二七　『図絵』二一一七頁　参照『日本仏伝』（八相物語巻七）五八八頁
一二八　『図絵』一六九～一七〇頁、参照『日本仏伝』（八相物語巻五）五六三～五六五頁
一二九　『近松全八』五〇八～五一一頁の梗概を参照させていただいた。
一三〇　『近松全八』五三三頁
一三一　『図絵』二三九～二四〇頁、参照『日本仏伝』（釈迦八相物語巻八）六〇二頁
一三二　『近松全八』五五二～五五四頁
一三三　『法華直談』一、八頁
一三四　池上洵一校注『三国伝記』（上）、三弥井書店、一九六四年、解説、一九頁
一三五　池上洵一校注『三国伝記』（上）、三弥井書店、一九六四年、四三頁

梵暦運動史の研究——一九世紀の日本における仏教科学の展開——

岡田正彦

はじめに

「梵暦運動」は、幕末から明治期にかけて広がった仏教系の思想運動である。享保の禁書令の緩和以来、一般に広まりつつあった地球説や地動説にもとづく西洋近代科学の自然観に対抗して、普門円通（一七五四〜一八三四年）は、須弥山を中心にした仏教の平らな宇宙像の実在を主張し、仏典中の天文説をもとにした独自の仏教天文学を体系化した。一八一〇年（文化七年）、円通が主著である『仏国暦象編』（全五巻）を刊行すると、彼の梵暦理論は多方面に影響を及ぼし、多彩な門人たちによる活動が広く展開されることになる。円通を「梵暦開祖」とする梵暦社中の人々は、独自の仏暦を頒布したり、仏教諸宗派の学林等で暦学を講義したり、各地で私塾を開いて天文学を教示したりしながら、広範な活動を明治期まで続けた。

こうした円通とその門弟たちの活動を「梵暦運動」と総称したのは、昭和初期に梵暦運動の詳しい実態調査を行なった工藤康海である。工藤は、円通の生前に門人（梵暦社中）の規模は千人を超えており、ほぼ一〇〇年に及ぶ長期間、彼らは宗派の違いや仏教界の範囲を超えた多彩な活動を展開したと論じている。梵暦運動の研究を始めた当初は、工藤の主張を安易に受け容れることはできないと考えていた。しかし、二〇年以上に及ぶ調査・研究の期間に極めて豊富な梵暦関係史料に目を通し、現在では工藤の指摘は決して誇張ではないと確信している[二]。また、工藤は極めて多彩な側面を持つ梵暦運動の全体像を把握するために、少なくとも「梵暦道」、「宿曜道」、「梵医道」の三分野に分けて、彼らの活動を検討する必要があると指摘している[三]。

まず「梵暦道」は、円通が体系化した仏教天文学を科学理論として洗練し、天文学としての精度を高めようとした活動である。「宿曜道」は、宿曜経や日蔵経（大集経日蔵分）などをもとに再編した「仏暦」を一般に頒布し、独自の暦を普及する活動であった。さらに「梵医道」は、円通の遺志によって確立された「梵医方」をもとに、処方した薬を広く頒布する活動であった。工藤は、これらの活動の実態調査を長年継続し、『梵暦運動史の研究』と題する著書の出版を企画していたが、本書の原稿や刊本は、終戦の混乱のなかで失われたようである[四]。

本論文では、工藤が素描した梵暦運動の多彩な活動を各地に残る史料をもとに再構成しながら、広範な運動の全体像に迫っていきたい。仏教系の思想運動でありながら、天文観測や暦の計算、須弥山儀のような精密機器の製作、仏暦の頒布や梵医方にもとづく売薬といった多彩な活動を展開した「梵暦関係史料」の多様性は、近代以前の「宗教」をめぐる学知の豊穣な広がりを示すとともに、近代的「宗教」概念の偏狭さをあらためて浮き彫りにするだろう。本稿では、とくに梵暦の仏教科学としての側面に目を向けてみたい。

一　梵暦道と仏教天文学―須弥山儀図と縮象符天暦―

開祖である円通の没後、梵暦運動は師説の解釈をめぐって大きく二派に分かれることになる。

さまざまな仏典の背景にある基本的な宇宙像は、平らな世界の中心に巨大な須弥山が聳え立ち、これを取り巻く方形や円形の山脈と大海によって構成された、円盤状の宇宙像（須弥山説）である。この円盤状の宇宙の東西南北の領域に、それぞれ四大洲の一つが配置されており、我々は南の海上に位置する閻浮提洲（瞻部洲）に暮らしているとされている。このため、円通とその門弟たちは須弥山の中腹を巡り、南洲の頭上を通過する太陽や月、天体の運行を観測して暦を造り、天文現象のメカニズムを解明して、円盤状の世界の実在を証明しようとした。梵暦の創唱者である円通は、須弥山の東西南北に位置する四大洲の季節は、順次交代すると考えた（異四時説）。この師説を批判して、四洲の季節が同時に交代することを前提に、より精緻な仏教天文学の理論を構築したのは、円通の主要な門弟の一人である嵯峨天龍寺の環中であった。環中らの「同四時説」を支持する人々（「同四時派」）は、もっぱら梵暦の科学理論としての側面を強調するようになる。その一方で、師説の絶対性を主張して理論の変更を認めない人々（「異四時派」）は、暦の頒布などの活動を中心にして、結社的な色彩を強めた。［五］

環中を中心とする同四時派の人々は、天文学理論としての梵暦の正当性をデモンストレーションするために、「須弥山儀」と称する宇宙儀を多数制作する。これは一八〜一九世紀のヨーロッパで、惑星の運行や位置関係をデモンストレーションするために使用された「オーラリー（orrery）」に類する精密機器であった。この須弥山儀に和時計の機能を付与し、宇宙儀としての精度を飛躍的に高めたのは、東芝の創業者として知られるとともに、当時の日本を代表する技術者であった田中久重である。円通も須弥山儀を製作しているが、初期の須弥山儀には、久重の須弥山儀が備えているような和時計の機能はない。現存する須弥山儀の分布状況や田中久重が製造した梵暦関係和時計の連作については、詳しい調査結果をすでに論文として発表し、現存する須弥山儀の調査状況をまとめている。［六］

このため、ここでは須弥山儀の製作と平行して刊行され、広く普及した須弥山儀図（類）の調査状況をまとめておきたい。古くは禿氏祐祥『須弥山図譜』（一九二六年）に紹介されているように、須弥山説をもとにした世界図ないし宇宙図は、梵暦運動とは直接関係のないものも含めてさまざまな図が流布している。しかし、円通とその門弟たちの刊行した須弥山儀図（類）は、実際に儀器を製作することを前提に描かれており、すでに製造された装置を模写したと考えられるケースもある。

刊行された図は、それぞれかなり広く頒布されているので、須弥山儀図（類）の所在情報よりは梵暦運動との関連を重視して整理しておきたい。

【須弥山儀図（類）の種類】

名称	刊行時期	刊行者	様式	現存する儀器
須弥山儀銘并序	一八一三年（文化一〇年）	円通	円通による「銘」と「序」を附す。さらに円通は、本図を解説した『須弥山儀銘并序和解』を刊行した。後に環中から批判される、異四時説のモデル化。	この形式の須弥山儀で現存しているのは、静岡市（清水区）・龍津寺所蔵の「須弥山器」である。重錘式。分銅一挺式棒天符と脱進機を備える。天体観測に使用する、百刻時計（授時簡）に類する装置。
縮象儀説	一八一四年（文化一一年）	円通	「須弥山儀銘并序」と対になる。図に附された賛文によれば、縮象儀は須弥山儀に描かれた、天眼が明らかにする広大な世界（展象）が、地上からは肉眼に限定された天象（縮象）として観測される事実を表象する。	縮象儀は、須弥界の四大洲が位置する東西南北の一天四海のうち、南の海だけを切り取るため扇形になっている。現存する装置は未確認。実際に、製作されたかどうかは不明。
須弥山儀図	一八五〇年（嘉永元年）	晃厳・環中	円通の銘と序に加えて、環中と晃厳の賛がある。師説を批判的に継承した環中が展開した同四時説をモデル化したもの。田中久重が製造した須弥山儀には別型式の習作が二体あるので、この図をもとに須弥山儀を製造したのではなく、完成した須弥山儀を模写した図ではなかろうか。	田中久重が製作したプロトタイプ二体（一体は写真のみ）と、完成版一体を確認している。他にも同型式の須弥山儀は多数制作されたが、久重の須弥山儀以外は、ゼンマイ式ではなく重錘式。久重の技術の先駆性によって、時代が新しくなるほど技術的には後退するという、矛盾が生じることになった。

名称	刊行時期	刊行者	様式	現存する儀器
縮象儀図	一八五〇年（嘉永元年）	晃厳・環中	環中の新説に即応した縮象儀図であり、同年の「須弥山儀図」と対になっている。円通の縮象儀図とは違って、日本を中心に世界地図書き込む和時計（自鳴鐘）。後に久重が製造する「萬歳自鳴鐘」の天球儀と同じように、観測地である日本から見た天象を表示する。	この図の縮象儀は、実際に製作されて、龍谷大学大宮図書館に現存している。製作者は、同時期の須弥山儀と同じく田中久重である。
須弥山儀図	一八八五年（明治一八年）	橘堂流情	異四時説と同四時説の対立ではなく、より忠実に仏典中の須弥山説をモデル化した図である。太陽と月は、それぞれ日宮と月宮として描かれ、他の梵暦運動に関係する須弥山儀図には描かれていない、四禅天の領域を図に描いている。	同年に刊行された『須弥山儀図附録』の記述によれば、実物が製作されたらしい。工藤の論文（「普門律師の梵暦運動と師の略伝」）に掲載された須弥山儀の写真が、形式的にはこの図の須弥山儀に近い。

主要な須弥山儀図の比較検討については、同志社大学所蔵の諸図を紹介した論文をすでに発表している。この論文では、円通の異四時説の批判的な検討を経て環中の同四時説が展開されるという、梵暦運動の歴史的な展開過程と関連づけながら、各須弥山儀図の微妙な意匠の違いを説明した[七]。しかし、明治一八年の須弥山儀図は、他の須弥山儀図（類）とは根本的に意匠が異なる。

この須弥山儀図は、太陽と月をそれぞれ日宮・月宮として描き、須弥山山頂の三十三天の宮殿や山頂の上部に広がる四禅天の領域を図に含めて描いている。これらは、梵暦関係者の須弥山儀図には見られない、一般の須弥山図の特徴であるため、梵暦運動との関係をこれまで慎重に検討していた。また、著者が所在を確認した神戸市立博物館所蔵の図は、刊年の記載部分が欠落しているため、刊行年を特定することも困難であった。しかし、最近になって明治一八年に刊行された、橘堂流情『須弥山儀図附録』とともに製作された図であることを確認できた。[八]同書には「余嘗テ製造セル儀器ハ天眼所見ノ天地仏説ノ侭ヲ模写シ」（一丁裏〜二丁表、同様の文章は神戸市立博物館蔵の須弥山儀図にも記載されている）とあり、かなり大きな須弥山儀を持ち運ぶのは困難なので、これを「図画シテ」刊行するとある。この記述を信頼すれば、この図に描かれた須弥山儀も実際に製造されたことになる。

とはいえ、この図の須弥山儀は天体の運行を時計仕掛けで表示する装置と言うよりは、仏典中の須弥山説をモデル化した模型のようなものだと考えるべきである。図を見るかぎり、円通や環中が構想した須弥山儀――さらには、佐田介石が構想した視実等象儀――のように、和時計や天文時計の機能は、この須弥山儀に付与されていない。

工藤康海の「普門律師の梵暦運動と師の略傳」（一九四一年）には、「文化一五年　大阪市近藤猶氏蔵」とされる須弥山儀の写真が掲載されている。これには、現存する他の須弥山儀には設置されていない四禅天（天界）の領域が附されており、須弥山儀の歴史的展開を考えるうえで大きな問題の一つとなっていた。この写真の須弥山儀は、文化年間に製造されたのではなく、明治一八年の須弥山儀図のモデルになった須弥山儀だと考えれば、かなり説明がしやすくなる。現在、周辺的な情報を確認中である。

このほかに、明治一六年に刊行された「視実等象儀」（佐田介石依頼、田中久重製造）の引き札や田中久重が京都で経営していた機巧堂の引き札、信暁の著作や佐田介石の著作に掲載された図版、仏暦に記載された須弥山儀の図版などがある。また、福井県の天社土御門神道本庁を訪問した際、円通による「序」の写しと環中の構想した須弥山儀図を印刷した、従来の須弥山儀図とは意匠の異なる須弥山儀図を確認している。こうした異版を含めれば、刊行された須弥山儀図の範囲はさらに広がるだろう。

また、環中の「同四時説」を支持する人々は、継続的に歴書を刷新して精度の高い暦学を構築しようとした。須弥山儀の製作には、円通の理論の問題点を可視化する意図もあったようである。円通は、暦学の師であり土御門家の都講であった河野通礼の「応天暦」に倣って、『佛國暦象編』の刊行以前に、自ら「応元暦」を制作している。暦算の精確さはその前提になっている須弥山説の正当性を論証する基盤になると考えられたため、とくに同四時派の人々は継続的に暦書を制作した。これらは書写されて、各地に現存している。現在確認している暦書は以下の通りである。

【梵暦社中の暦書・調査状況】

名称	所在地	年代	著者	様式及び概要
応天暦	国立天文台 東北大学 他	一八〇四年（文化元年）の暦書	円通	一八〇四年（文化元年）の暦書。天文学の師である河野通礼の「応元暦」をもとに、円通が造暦を試みている。『佛國暦象編』（一八一〇年（文化七年））の刊行後は、弟子たちの造暦のモデルになる。河野通礼や茶室金四郎などと円通の関係については、小出長十郎の回想などに詳しい記述がある。
応天暦聞記	早稲田大学 東北大学 他	一八一五年（文化一二年）の暦書	円通述（要確認）	**一八一五年（文化一二年）の暦書**。「応天暦」をもとにして、一一年後の暦表を算出している。「聞記」とあるので、円通の指導のもとで門人の一人が造暦を試みたものであろうか。弟子の暦書を円通が校閲し、施印したものでは、香徳院徳貌の「梵暦推歩草稿」（一八一五年（文化一二年））がある。

縮象符天暦（続編多数）	国立天文台 他多数	一八四二年（天保一三年）の暦書 ＊他の年の暦を記した続編が多数存在する。	円通述 環中編	**一八四二年（天保一三年）の暦書**。円通は、天保五年没。国立天文台蔵版の表紙裏には、**「環中カ師歿後完成せし者也」**という、工藤康海によるメモ書き込みがある。国立天文台には、環中が天保五年の「推歩用数」をメモ書きした、**「紀元暦書」**がある。内容は、文化一二年の暦書に、さらに年数を加えて、当年の暦表を算出したもの。「縮象」は、天眼によって把握した「須弥界」の「展象」に対して、地上から肉眼によって観察した天空のことである。「符天暦」は宿曜師の暦を意味し、梵暦社中の暦法の名称として広く使われた。多くの続編がある。
須弥界約法暦記	横浜市立大学 他多数	一八五〇年（嘉永三年）序	環中（要確認）	**「縮象符天暦」一八四二年（天保一三年）の普及版**。横浜市立大学蔵版には、「約法暦ハ環中ノ造也」という工藤康海による書き込みがある。須弥山説にもとづく暦書とされているが、基本的には「符天暦」をもとに用数を算出している。須弥界の暦法を略述するとしているが、基本的には円通が土御門家から学んだ暦法を基準としているようである。
縮象符天暦書 推歩、他	国立天文台	一八六九年（明治二年） 一八七七年（明治一〇年） 一八七九年（明治一二年）	矢田部茂光	**一八六九年（明治二年）・一八七七年（明治一〇年）・一八七九年（明治一二年）の暦書**。河野通礼の「応元暦」、円通の「応天暦」、環中の「符天暦」を範として、各年の暦書をまとめている。「符天暦」の一八四二年（天保一三年）を起点として、各年の暦表を算出している。矢田部本人は、梵暦法と土御門家の暦法とを混同しているようである。暦としての仏暦は、かなり独自の展開をしているが、梵暦の暦法自体は、土御門家の暦法を基準としたのではなかろうか。

暦書の製作は、主に天文学としての理論の精度を重視した同四時派の人々によってなされている。ただ、太陰太陽暦にもとづく暦法は、梵暦社中にあっても明治の改暦以後は用いられなくなっているようである。また、富山の栂森観亮が暦算のために造った「廻照儀」のような観測器具など、梵暦関係の史料は極めて多様である。詳細については、今後も調査を継続したい。

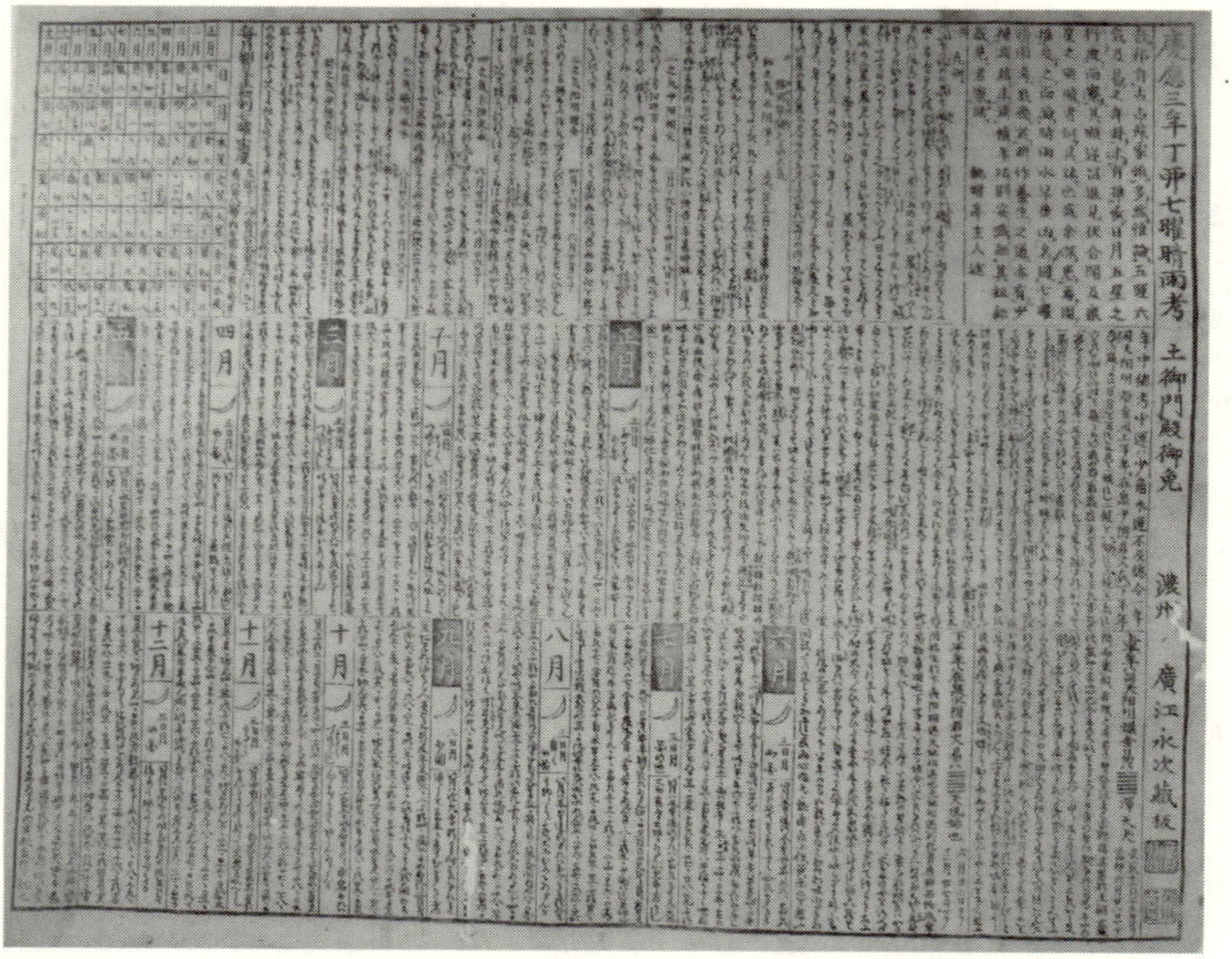

写真①　「慶応三年七曜晴雨考」（私蔵版）

二　宿曜道と仏暦―仏暦頒布と大日本仏暦会社―

暦算の正確さや理論の精緻さにおいては、同四時派に対抗できなかった異四時派の人々は、具注暦の頒布や「梵暦開祖」としての円通の顕彰に力をいれた。円通の生前から梵暦社中の人々は、純粋に暦学を学ぶ門人と、円通の著作を理解するのではなく仏壇に供えて功徳を求めるような門人に分かれていた。とくに、年間の気象条件が大きく影響する米相場と関わっていた大阪や堺の商人たちは、円通が宿曜経をもとに再編した仏暦と晴雨表を頼りにして、相当の資金援助をしていたようである。[九]

現存する仏暦としては、以下のような一枚刷りや綴暦を確認している。一枚刷りの柱暦や大小暦は、各地の梵暦社中の人々によって、多彩な暦がつくられた。今後の調査によって、さらに多くの暦が発見されるはずである。（写真①）

【梵暦社中の仏暦・確認状況】

名称	所在地	年代	発行者	様式及び概要
阿毘曇暦法・弘化五戊申略暦	国立国会図書館蔵	一八四八年（弘化五年）	萬屋佐兵衛	**一枚刷りの大小暦**。阿毘曇暦法の名を冠しただけで、一般の大小暦と内容はほぼ変わらない。同じ暦は、瀧井氏の所蔵する順覚寺関係文書にも収められている。
弘化五戊申須弥界略暦	国立国会図書館蔵	一八四八年（弘化五年）	茂利多正	**一枚刷りの略暦**。一般的な略暦と比較して、梵暦の特徴となるような記載や表記はほとんど見られない。
嘉永二己酉須弥界略暦・実験須弥界縮象阿毘曇暦法	国立国会図書館蔵	一八四八年（弘化五年）	釈梦幻（宝幢）	**一枚刷りの略暦**。中央に製造されたばかりの須弥山儀の図を配し、仏説にもとづく暦であることが強調されている。しかし、一般の暦と内容的に大きく異なる所はない。円通門下の人々が志向したのは、当時の知識を駆使してより精確な暦をつくることであり、仏教の世界像は造暦に直接反映されてはいないようである。
嘉永二己酉須弥界由旬暦書	国立国会図書館蔵	一八四九年（嘉永二年）	不詳	**一枚刷りの略暦**。内容的には、一般の略暦とほとんど変わらない。しかし、「須弥界由旬暦書」という名称は梵暦に固有のものである。「授時頒暦」は「佛説天地」にもとづくという、梵暦社中の暦の決まり文句も加えられている。

名称	所在地	年代	発行者	様式及び概要
嘉永三庚戌縮象須弥界略暦	国立国会図書館蔵	一八五〇年（嘉永三年）	僧典（無窮子末）	**一枚刷りの略暦**。中央に同四時説の須弥山儀図を配しているが、一般の暦と内容的に大きく異なる所はない。無窮子は環中のことなので、同四時派の頒布した暦と考えられる。
須弥界由旬暦書	信暁『山海里』に掲載。	一八五四年（嘉永五年）	石川敬重（張府社中）	**嘉永五年の一枚刷りの略暦**。大小月を塗り分けし、一年間の節気を一目で分かるように簡略化して記載したもの。円通の暦法をもとに、毎年暦の用数を算出して、このような略暦が各地で造られた。
七曜晴雨考	国立国会図書館、私蔵版、他多数	嘉永八年、安政三・六・七年（国会図書館蔵）、慶応三年（私蔵）を確認済	廣江永次	各年の**一枚刷りの略暦**。「土御門家御免」とある。発行者は廣江永次。この人は、父の廣江彦蔵とともに梵暦社中の人である。「弘所」は「信州松本慶林堂」。折りたたんで納める袋がついている。袋には、須弥界が描かれており、「民家日用」と表記されている。梵暦社中の暦法にもとづいて一年間の気候の推移を予測する。巻末に「商売ノ準縄ト志シテ視ル事ナカレ」とあるのは、円通が大阪や堺の商人から多額の経済援助を受けていたことを考えると興味深い。
時候表	国立国会図書館、私蔵版、他	明治一〇年（国会図書館蔵）、明治一一年（私蔵）	廣江永次	各年の**一枚刷りの略暦**。廣江永次によって発行されているが、「土御門家御免」という表記は削除されている。仏暦の要素はほとんどなくなり、廣江永次が新たな暦や天文学の知識を吸収することによって、農事や人々の健康のために一年間の天候の推移を予測して刊行したもの。明治初期の「時候表」を確認できれば、江戸から明治への移行がより明確になるはずである。

仏暦一斑	国立国会図書館、私蔵版、他	明治一五年刊行版及び明治一六年刊行版（暦は明治一六年及び一七年分を記載）	大日本仏暦会社印刷部（炭野福太郎）＊明治一五年版には、「佐田介石校閲」とある。	**明治一六・一七年の暦と主要な仏事の新暦・旧暦を付した綴暦。**国立国会図書館蔵版には、官許の認印をした「頒暦証」はないが、私蔵版はほぼ完全な状態で残っている。新暦（太陽暦）と旧暦（太陰太陽暦）を併記し、主な仏事や著名な僧侶の忌日の新旧暦換算、七曜と二八宿の対応表などを付す。序文は、円通の『佛國暦象編』からの引用であり、梵暦法をもとに造られた「仏暦」であることは間違いない。円通の暦法をもとにした造暦と頒暦の活動が、明治期になっても続いていたことを証明する史料である。一五年版の頒暦証は青・一六年版は赤になっている。

円通の「応元暦」をもとに、環中などの弟子たちは造暦の基準となる用数を計算して「縮象符天暦」をつくり、これを一枚刷りの略暦として印施し、各地で広く頒布していた。もちろん、これらの暦には梵暦に関連する図像や文言が含まれている。しかし、一般の暦と内容的に大きく異なる所はない。円通の門下の人々が志向したのは、当時の知識を駆使してより正確な暦をつくることであり、仏教の世界像自体は造暦に直接反映されてはいないようである。

なかでも、興味深いのは明治一五年と明治一六年に刊行された『仏暦一班』である（現在、確認できているのはこの二年分のみ）。『仏暦一斑』は、同じ頃に多産された「おばけ暦」とは違って、「大日本仏暦会社」という頒暦商社から官許を得て刊行されている。明治一六年分から、官暦の頒布権は伊勢神宮に移されて、神宮が独占的に本暦及び略本暦を頒布することになった。しかし、明治一五年に『仏暦一斑』は版権を認められており、「官許」の認印を押した「頒暦証」も残されている〔一〇〕。頒暦証には、

写真②
「仏暦一斑（頒暦証）」（私蔵版）

須弥山の周囲を回る日月のイメージが美しく描かれ、序文には円通の『仏国暦象編』から文章を引用して、梵暦の基本的な考え方が詳しく説明されている。（写真②）

内容的には、新暦と旧暦を並置する当時の暦の様式にならって新暦と仏暦を併記し、仏教関係者の便宜を図るかたちをとっている。仏教国において使われている「仏暦」とはまったく違うコンセプトにもとづいており、円通以来の梵暦法にしたがって刊行された暦であることは間違いない。梵暦社中の人々は、文政年間に寺社奉行から仏暦印施（売買不可）の官許を得ており、幕末から明治期にかけて各地で頒暦を広く行っていた。梵暦関係の暦には、「土御門家御免」や「官許」の認印を押したものも少なくない。明治期の頒暦商社にも仏暦の影響は少なからず残っており、これが明治一五年の『仏暦一斑』に結実したのではなかろうか。

もちろん、『仏暦一斑』の頒暦証や官許の認印の由来や信憑性については、さらに詳しく調査・検討すべきである。「官報」（第二七三号）によれば、明治一六年一〇月三日に出版届を提出した『仏暦一斑』は、明治一七年五月二九日付で出版発売差止めになっている。このため、明治一六年と一七年の暦のみが現存しているのだろう。しかし、少なくともこの暦の存在は、円通以来の頒暦組織が明治二〇年代くらいまで活発に活動していたことを示す証拠であることは間違いない。今後は、刊行元である「大日本仏暦会社」（大阪）の実態から詳しく調べていきたい。

また、信曉を中心とする「異四時派」の人々は、天文学説としての精度にこだわる「同四時派」とは袂を分かって、「梵暦開祖（円通）」の偉業を称える頌徳碑を各地に建立した。現在、確認している頌徳碑は以下の通りである。

【梵暦開祖の頌徳碑・確認状況】

名称	所在地	建立年	建立者	様式及び概要
大日本國佛暦開祖普門律師之碑	長源寺 岐阜県大垣市	一八三九年（天保一〇年）	信暁	信暁の出生地である岐阜県大垣市の長源寺に建立された石碑。かつて円通が、江戸と京都を往来した際に濃州や尾州に立ち寄って、梵暦を流布したこともあったという。仏光寺や法応寺の石碑とはかなり意匠がことなる。現在は新しい台座がつくられて、本堂の前に安置されている。
梵暦開祖之碑	仏光寺本廟 京都市	一八四六年（弘化三年）	小幡徳義（信暁）	京都東山仏光寺本廟内に建碑された。石碑は、仏光寺本廟内に現存している。少しずつ朽ちかけてはいるが、現在でも碑文を読むことはできる。信暁は、いたるところで建碑したのは小幡徳義・徳常父子であることを強調している。本山の権威を強調する意図があったのか。
梵暦開祖之碑	法應寺 名古屋市	一八四九年（嘉永二年）	尾州名古屋梵暦社中	天保五年に没した円通の一七回忌に、尾張の梵暦社中の人々によって建碑された。現在は、境内の不動明王の隣に置かれている。この地域では、不動明王を挟んで反対側に置かれた句碑の方がよく知られているそうだが、保存状態は良好である。
須弥象碑	阿坂墓地 堺市	一八九三年（明治二六年）	橘堂流情	晩年の梵暦運動を代表するモニュメント。建碑した橘堂流情は、明治一八年に『須弥山儀図附録』を著し、独自の須弥山儀を製造して、これを描いた須弥山儀図を刊行したとしている。「須弥象碑」の往時を伝える図としては、明治二六年に完成を告知した引き札が、正覚寺（橘堂流情の住寺）に残されている。

円通を顕彰する三つの頌徳碑の碑文については、拙著『忘れられた仏教天文学―19世紀の日本における仏教世界像―』（ブイツーソリューション、二〇一〇年）にそれぞれ全文を掲載している。

しかし、明治一八年に「須弥山儀図附録」を刊行した、橘堂流情が建てた「須弥象碑」（一八九三年）は、幕末に建碑された「梵暦開祖之碑」とはかなり形式が異なる。この碑は、円通を「梵暦開祖」として顕揚する頌徳碑ではなくて、須弥山説を中心にした仏典中の宇宙像を顕揚する碑であり、石碑の形態自体が須弥山の周囲を巡る山脈と大海を象っている。現在は、かなりの部分が破損しているが、かつては日月や四禅天の世界を表象する部品が取り付けられていた痕跡が残っている。その一方で、石碑の側面には碑文が刻まれており、顕彰碑としての機能も果たしている。

円通の没後、二派に分かれた梵暦運動は、佐田介石の視実等象論などの同四時派と異四時派の対立を解消する理論によって再び統合されていく（と同時に、規模が縮小されていく）。二派の対立を具現化する「須弥山儀」と「梵暦開祖之碑」を足して二で割ったような「須弥象碑」は、こうした動向を象徴する存在であるといえるだろう。また、明治一〇～二〇年代には、大阪を中心に梵暦社中の人々の活動が活発化している。先に取り上げた「大日本仏暦会社」の実態の解明も含めて、この時期の梵暦運動について、さらに調査を進めていきたい。

三　梵医道と梵医方──近世末期の仏教と科学──

円通を天文学者としてよりは、ある種の宗教的結社の創始者として扱い、「梵暦開祖」の偉業を称えた異四時派の中心人物は、近世の著名な説教者の一人である真宗仏光寺派の信暁であった。順覚寺の宝幢のように、異四時説から同四時説への転向者は、信暁は明確な事実から意図的に目を背けて師説を絶対化したと批判している。異なる意味では、同四時派と異四時派の対立自体が、科学理論であると同時に宗教的教説でもあるという、梵暦の重層的な性格を反映していると言えるだろう。

天文学理論としての精度よりも、梵暦開祖の権威を重んじた異四時派の人々は、占星術的な要素を取り込んだ多彩な仏暦を頒布しながら、一般民衆への働きかけを行なった。とくに仏暦の頒布活動は、梵暦運動の実態を具体的な普及・受容の側から研究した、井上智勝氏の先駆的な研究にも明らかなように、同四時・異四時の対立を超えて広く展開されたようである。[二]

正確な暦は農業と切り離せないため、早くから円通の門人には大阪や堺の商人たちがいた。米相場を予想する情報を得るために、彼らは円通に多額の寄付をし、これが土御門家との関係や初期の梵暦運動を支える資金になったようである。とくに、幕府から梵暦弘通を条件付きながらも認められた文政年間以後は、各地の梵暦社中の人々が独自の暦を頒布している。さらには、生まれた日の月と二十八宿の位置によって本命宿を確認し、七曜との関係によって運勢を占う「宿曜道」も、円通門下の人々によって再構築されている。[三]

異四時派の人々を中心に推進されたもう一つの活動は、梵医方にもとづく薬の頒布である。工藤康海は、「梵暦道」・「宿曜道」に加えて「梵医道」を梵暦運動の主要なジャンルの一つに数えている。具体的には、大行寺の信暁及び光円寺の恵日・恵光などが「梵医方」による薬を処方し、各地の取次所を通して頒布していた。このような活動が、梵暦運動の全体にどれくらい広がっていたのか、詳細についてはまだ確認できていない。ただ、信暁の主著である『山海里』には、次のような引札が掲載されている。

【うそなし　如法湯】大行寺施方　老僧都仏説醫方明考　薬種代百銅

此くすりは産後血のぼりて正気をうしなひ又は目くらみてむねあしくすべてあく血のわざにてすぢほねのいたむにも産後のなやむ事あるにもよし・・・あつゆにていくたびもふり出しあとはせんじでのむべし

【大悲丸】大行寺兼営所　藤尾山観中院藤光寺製

苦をぬき。楽をあたふれバ。むねもはりさく。つかへにも。のみさへすれハ。楽にして。すぐに苦をぬく・・・茶でも白湯でも通バよしきつけにはみつにてのむべし

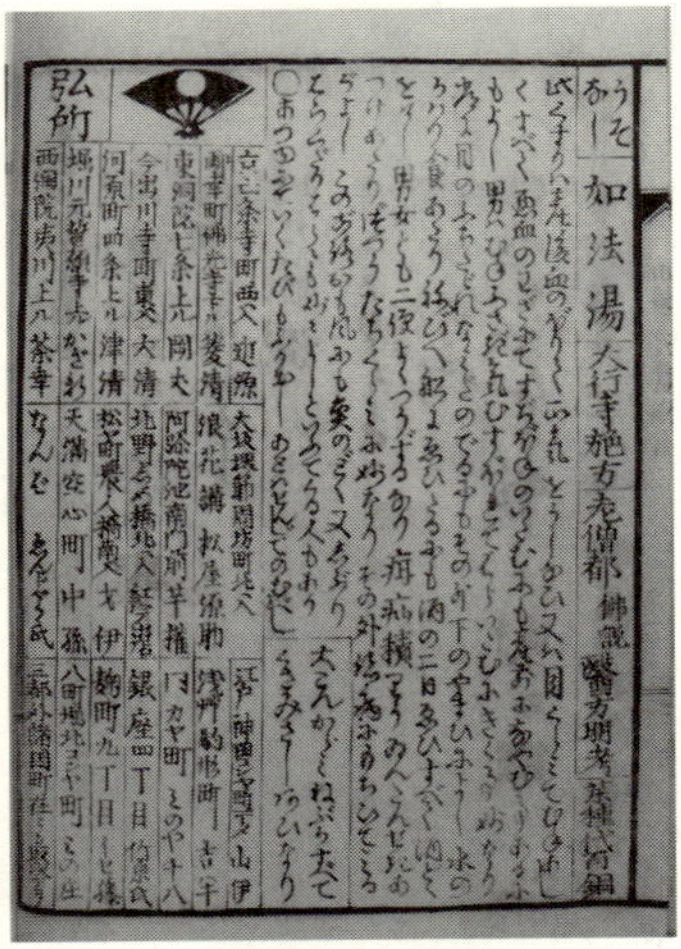

写真③「引札（山海里）」（私蔵版）

【健児丸】大行寺老僧都施方　仏説醫方明考　薬種代銀壱匁

小児はら大きふして青すじ出からだやせて骨あらはれおり〳〵ひきつけるくせあり乳をあましよだれ出かしら一めんに瘡出・・・七八才になりても寝小便するにも用ひて功能をしるべし・・・痘瘡麻疹の時にハ一日に三度ヅツ年のかずだけ三七日のませるがよし小児の病気あらバ何やまひにものませてみるがよし

【いたみどめくすり　後善膏】

うちみ、きりきず、ひび、あかぎれ、はすね、ぢ、ひぜんのより、はなをづれ、やけど一切、くさのゐ、どくむし、てにたみ、あしのいたみ、としひさしきいたみにても妙になをりたりといふ也　とんとせはなし、ただつけるばかり

【ぢのくすり】

このくすりは、壹貝をみなみづにてよくねり　一寸四方位のかみにみなのべて、あたまの中心に七日間はりつけておけば、いぼぢ、あなぢ、きれぢ、でも妙になをるなり

弘所は、京都・大阪・江戸（名古屋）など、かなり広い範囲に設置されている。この弘所と仏暦頒布との関連については、さらに詳しく調べていきたい。（写真③）

恵光は、「宿曜経聞記」を著して師である円通と恵日の宿曜経研究を継承しているので、信暁とともに仏暦の頒布や薬の販売に関わったのであろうか。天王寺の光円寺は、戦前「ほしきり　めぐすりでら」と呼ばれていたらしい。これも梵医方と関連している可能性がある。同じく天王寺にある超願寺には、かつて森祐順の土塔閣が

あり、出版活動と並行して明治三〇年代になっても「佐田介石先生方剤　視實丹」（コレラ予防薬）や「最新目薬　視實水」などが販売されている。販売所は主に大阪を中心した地域に限られているが、この時期にも梵暦運動が続いていることを示す史料であることは間違いないだろう。

これからも、全国に散在する梵暦関係寺院や梵暦関係文献の調査を続けて、梵暦運動の実態調査に取り組んでいきたい[一三]。

まとめ

普門円通を開祖とする梵暦運動は、円通が主著である『佛國暦象編』を刊行した一八一〇年（文化七年）頃を起点にしても、ほぼ一〇〇年近くの間、新たな理論を生みだしながら広く多彩な活動を展開した。かつて、一部の偏った考え方を持った知識人の運動であり、排仏論に対抗する護法論の亜流のように見なされていた梵暦運動は、頒暦や売薬を通して庶民の生活とも深く結びついた、もっと裾野の広い思想運動であった。彼らの活動の多様性は、近代以前から引き継がれてきた仏教思想の豊穣性／多様性とともに、近代仏教が本来宿している思想の豊穣性／多様性を示しているとも言えるだろう。

近代的な「宗教」の枠組みのもとで再構築される以前の仏教思想には、人々の生活と密着したさまざまな「知」の体系が幅広く組み込まれていた[一四]。天文学や医学の知識、文献考証や基本的な読み書き能力の取得まで、僧侶が地域社会の人々の知的活動に広く関わっていたことは間違いない。このことが、伝統的な知識というよりは、新たな知識というべき「仏教天文学」や「梵医方」、「宿曜占法」などを取り込んだ、梵暦社中の人々の活動が地域社会に広く受け入れられたことの背景にあるのではなかろうか。

ただし、この状況は明治維新を経て一変することになる。廃仏毀釈から大教宣布運動、政教分離運動から「教団」としての仏教各派の成立へと、目まぐるしく変動していく仏教をめぐる政治的・社会的・文化的状況の変化について、梵暦運動の側から見ていく視座も必要だろう。

円通の著作のなかで、明治以後も一般に広く読まれた文献は、宗密が著した『原人論』の注解であった。儒・仏・道の三教の一致について、宇宙の生成と人間の本性に関する真理の探究から明らかにしようとする本書の注解によって、円通が学僧として広く認知されていたことは、梵暦の仏教科学としての性格を考えるとき極めて重要な意味を持っている。「原人論」は、生命の起源に関する仏説を説く文献として、明治以後も盛んに議論の対象となった。円通とその門弟たちの活動は、天文学の枠を超えるより総合的な仏教科学を構想していたのである。

円通の孫弟子の世代にあたり、明治期の梵暦運動をけん引した佐田介石は、天文学にとどまることなく、医学や政治・経済に関する言及も含めた極めて広い領域において、多彩な活動を展開している。佐田介石は、宗密の『原人論』をもとに進化論についても言及しているが、こうした活動領域の広さは円通自身の問題関心の広さに淵源しており、梵暦運動自体が孕んでいた多様性に由来すると考えることも可能だろう。

円通以来の梵暦関係史料の多様性を見るとき、近代的な「宗教」の枠組みには収まらない、当時の仏教僧の学知や教養の幅広さに誰もが感嘆するだろう。日本の近代化の過程における、あだ花的なエピソードの一つとして梵暦社中の人々の「反近代主義」的言説を取りあげるのではなく、彼らの仏教科学の営みに正面から向き合う姿勢も必要である。梵暦関係史料の多様性と豊饒性を再認識することは、従来の近代仏教思想史を再考するとともに、これからの仏教／宗教思想の可能性について、あらためて考えることにもつながるのではないだろうか。

注

1　工藤康海「護法梵暦運動史上に於ける信暁学頭の芳躅」佐竹淳如『勤皇護法信暁学頭』大行寺史刊行会、一九三六年（一一一〜一七二頁）、工藤康海「普門律師の梵暦運動と師の略傳」『明治聖徳記念学会紀要56』一九四一年、などを参照のこと。

二　近年では安政年間の仏暦印施や河内国光念寺聖意の活動を中心に、梵暦社中の活動実態を調査した井上智勝氏の論文や平岡隆二氏による『仏国暦象編』の版本調査など、運動の実態を把握する研究が発表されるようになってきた。この他にも、瀧井郷二氏が自らの出身寺院である順覚寺所蔵の梵暦関係の古文書を翻刻して出版した史料、石川県立歴史博物館の本康宏史氏が紹介している誓入寺の倉谷哲僧の活動など、梵暦社中の活動を知る史料は近年続々と発掘されている。筆者自身も、全国に現存する須弥山儀の調査や「仏暦」頒布の実態調査などを現在進めている。

三　工藤康海「梵暦研究より観たる慈雲尊者と普門律師」樹下快淳編『慈雲尊者』大日本雄弁会講談社、一九四四年、三一八頁。

四　同右書のなかで、工藤はすでに「梵暦運動史之研究　第一巻」を脱稿し、近日公刊予定であることを強調している（三一五頁）。しかし、原稿も含めてこの研究の痕跡は残されていない。工藤の梵暦研究については、横浜市立大学・貴重書資料集成Ⅰ『仏教天文学―十八世紀～十九世紀における世界認識の変容』（二〇一二年）所収の岡田正彦「総論：工藤康海と梵暦運動」（八～一七頁）を参照のこと。

五　岡田正彦『忘れられた仏教天文学』ブイツーソリューション、二〇一〇年、一六九～二一〇頁。

六　岡田正彦「東芝創業者・田中久重と仏教天文学―須弥山儀・万年時計・視実等象儀―」『経営と宗教―メタ理念の諸相』（住原則也編）東方出版、二〇一四年（二五七～二七八頁）及び岡田正彦「近代的世界像と仏教―梵暦運動と須弥山儀―」『シリーズ日本人と宗教2　神・儒・仏の時代』春秋社、二〇一四年（二一五～二四〇頁）。

七　岡田正彦・宮島一彦「円通と環中の須弥山儀図、縮象儀図―その連続性と対立」『第51回同志社大学理工学研究所共同研究発表会・講演予講集』二〇一三年、四三～四八頁。

八　神戸市立博物館の図には、円通の銘と序のほかに一八八五年（明治一八年）刊の『須弥山儀図附録』と重複する内容の文章が記載されている。さらには、残念なことに著者は入手できなかったが、同じ様式の図が最近古書販売のオークションに出品されており、写真で確認するかぎり、橘堂流情が一八八五年（明治一八年）に刊行した図であることは、ほぼ間違いないようである。

九　小出植男編『小出長十郎先生伝』（国立国会図書館蔵、一九一七年）には、小出長十郎が円通の門下時代を回想し、土御門家へ提出した次のような文書が紹介されている。

「大阪に罷在候節、大阪堂島船大工町一丁目住吉屋喜助と申方より、段々、大金を普門え贈り申候。其子細撫さすり仕候て、其内にて、尋候事に御座候。久しき事より承り候得ば、天文の物入、又、八線表六十分算の所、百分算改替の砌、河野主計助より、茶室金四郎抔へ相配、改直候計にも、二百両許相懸候。物入、皆普門より差出、其外種々に付、五百両許も、惣體にて相懸候處を出候。其後、色々出版物等を、相積候得ば、前後千両相懸、借財も有之候處、近年、住吉屋外一人、堺の津大町岸屋伊左衛門両人にて、借財も相済、其上余金請取、百両相懸、須弥山器〔時計に成〕出来仕候。其物入を出候處の住吉屋岸屋は、何故に候哉、矢張、撫さすり仕候て相尋候〔以上按摩七十日仕申候〕處、両人共、相場屋にて、米店に御座候。住吉屋喜助は、於堂島、米相場店有之、岸屋は、堺の津に於て、米相場店有之、能合候年には、両人にて三百両、又、平年は百両宛、江戸え、年々、指下居申由。夫ゆへ、堺え参り居申事に候。」（一七〜一八頁。括弧内の補足は筆者。本文中の割注は〔〕で表記した。）

一〇　国立国会図書館蔵の刊本には頒暦証は欠けているが、著者が私蔵している刊本には、須弥山の中腹を日月が周回しているデザインの頒暦証があり、官許の認印も押されている。

一一　井上智勝「幕末維新期の仏教天文学と社会・地域」明治維新史学会編『明治維新と文化』吉川弘文館、二〇〇五年。

一二　宿曜経をもとにした密教占星術の研究者として知られる上住節子氏は、著書のなかで円通の『佛國暦象編』（五巻）と『宿曜経撰日法』（一巻）を数少ない近世の宿曜占法の先行研究と見なしている（『宿曜占法』一九九〇年）。円通の梵暦自体に、宿曜占法を実際の天体の運行に即して再構築する側面があったことは、恵光の「宿曜経聞記」や信暁の記録した円通の高野山での講義をみれば、かなり確かな事実だろう。また、梵暦の占星術的側面を詳しく説明した文献では、円熙『仏暦図説』（一八一五年）がある。七曜と二十七宿（牛宿を除く）の組み合わせで日の吉凶を占う法を図説したもの。信暁を中心とする異四時派の人々は、造暦の精度を重視するよりは、こうした民間信仰的な要素を組み込むことで梵暦を広めようとしたようである。

一三　現在、確認している主な梵暦関係寺院は以下の通り。

大行寺（京都）、天龍寺（京都）、誓入寺（金沢）、光蓮寺（富山）、光円寺（大阪）、正覚寺（堺）、正立寺（和歌山）、正泉寺（熊本）、善正寺（大分）、順覚寺（呉）、光念寺（大阪）、超願寺（大阪）、長源寺（岐阜）、法応寺（名古屋）

また、梵暦関係の文献及び史料は、全国各地の宗教系大学の図書館等に広く保管されている。最もまとまった文献は、以下のコレクションが挙げられる。

横浜市立大学　梵暦蒐書（工藤康海の旧蔵書）

国立天文台図書室（工藤の旧蔵書をかなり含む）

国立国会図書館　渡辺敏夫氏寄贈図書
東北大学　狩野文庫

今後は、版本調査や各寺院の文献調査による工藤康海の旧蔵書の復元作業を経て、梵暦関係文献の総合目録を作成したい。

一四　幕末から明治初期にかけて、仏教各派の学林・学寮などに設けられた天文学講座と梵暦社中との関係については、すでに伊東多三郎「近代における科学的宇宙観の発達に対する反動について」『宗教研究』一一・二、一九三四年が詳しく指摘している。

日本近代における伝統の「発見」―井上円了の『仏教活論序論』

三浦節夫

一　井上円了の略歴

井上円了は日本の近代化に貢献した夏目漱石、森鴎外、岡倉天心などと同じ「明治青年の第二世代」の代表者の一人である。その略歴を簡単に紹介しておこう。

円了は一八五八年（安政五年）に、現在の新潟県長岡市浦の真宗大谷派（東本願寺）の末寺である慈光寺の長男として生まれた。将来の住職候補者であった円了は、最初に父や母から宗門教育を受けたが、明治維新（一八六八年）の年から、漢学を学び、その後は洋学を学んだ。縁あって東本願寺の東京留学生となり、一八七八年（明治一一年）に東京大学予備門に入学し、激しい競争を勝ち抜いて、一八八一年（明治一四年）に東京大学文学部哲学科に入学した。そこでフェノロサから古代から近代までの西洋哲学を英語で学び、それを契機として自らも哲学を研究・追求し、「哲学は真理の基準である」ということを確信した。それと同時に、儒教・キリスト教・仏教を比較して、その結果、「仏教は西洋哲学に符合する」ことを「発見」した。

一八八五年（明治一八年）、円了は東京大学を首席で卒業し、その後、西洋の哲学を基礎とした著作を発表し続けた。これによって、若き論客として社会の注目を集めたが、一八八七年（明治二〇年）に私立学校「哲学館」を創立した。創立から一年経たないときに、第一回の世界旅行を行ない、やがて世界の視点から日本や哲学館をみるようになった（円了は生涯の中で三度の世界旅行を行なった）。創立した哲学館は、風災（新築校舎が台風で倒壊）、火災（隣接する中学校からの類焼で校舎と寄宿舎を全焼）、人災（いわゆる文部省が惹起した「哲学館事件」）などに遭遇し、井上円了はそれらの困難を乗り越えたが、その後、神経衰弱症に罹り、全財産を寄付して財団法人「東洋大学」を設立し、子孫には継承させなかった。こうして一教育者にもどった井上円了は、修身教会運動という社会教育を行なうため、全国各地を巡回講演して回り（その足跡は現在の市町村の六〇％に達している）、同時に揮毫をして寄付金を集め、現在の東京都中野区の哲学堂公園を創立した。大正八年（一九一九年）、中国・大連で講演中に倒れて死去した（遺言により哲学堂公園は子孫に継承させず、財団法人となり、現在は中野区立の公園となっている）。円了は、こうした生涯の中で、単行本だけで一六〇冊余りの著書を残している。その分野は、哲学、宗教・仏教、倫理学、心理学、妖怪学、随筆・その他と、多岐にわたっている[一]。

二　井上円了の『仏教活論序論』の内容

仏教学者の田村晃祐は、円了を近代日本における「仏教の本質を求め」た一番目の仏教者と位置づけている[二]。円了は一八八四年（明治一七年）一〇月一六日から一八八六年（明治一九年）一一月六日までに、第一論文「耶蘇教を排するは理論にあるか」、第二論文「耶蘇教を排する実際にあるか」、第三論文「仏教は知力情感両全の宗教なる所以を論ず」を『明教新誌』に発表した（後に『真理金針』初編、続篇、続々編として単行本とした）。同論文はキリスト教と仏教の比較論である。そして、この論文における研究と思索を踏まえて、それから三カ月後の一八八七年（明治二〇年）二月に刊行されたのが、『仏教活論序論』である。円了はその「緒言」で刊行の

意図と全体の構成をつぎのように述べている。[三]

「余つとに仏教の世間に振るわざるを概し、自らその再興を任じて独力実究することすでに十数年、近頃始めてその教の泰西〔西洋〕講ずるところの理哲諸学の原理に符合するを発見し、これを世上に開示せんと欲して、ここに一大論を起草するに至る。名付けて「仏教活論」と称す。まず第一にその端緒を叙述して真理の性質、仏教の組織を略明し、題して『仏教活論序論』という。本論に入るの階梯に備うるもののみ。本論は「破邪活論」「顕正活論」「護法活論」の三大論に分かち、これより三カ月を経てその稿を終わり、稿終わるののちこれを世間に公布して、世人のいかなる思考感覚をその上に与うるかを試みんと欲するなり」

（〔　〕は引用者）

このように、円了は三カ月で『仏教活論』が終ると予言しているが、実際は異なっている。

序論　　　　　　　　一八八七年（明治二〇年）二月
本論　第一編　破邪活論　一八八七年（明治二〇年）一二月
本論　第二編　顕正活論　一八九〇年（明治二三年）九月
本論　第三編　護法活論（『活仏教』の書名で、一九一二年（大正元年）九月五日刊行）

ここでは、『仏教活論序論』（以下、『序論』と略す）において、円了がどのような思想を主張したのか、まずそれをみていこう。『序論』には目次がない。仏教研究者の佐藤厚はこの『序論』の現代語訳を刊行したが、[四]その際、内容を項目立てしている。これを参考にすると、つぎのような項目から執筆されている。

一　国家と真理

（一）護国と愛理

（二）真理
（三）思想遍歴
二　国家と仏教
（一）日本で仏教を再興し、世界に輸出する
（二）キリスト教は日本に合わない
（三）キリストとキリスト教
（四）学者才子、仏教に起て
（五）明治一八年の苦難
三　仏教と真理
（一）仏教の区分
（二）仏教の哲学的部分
（三）仏教の宗教的部分
（四）釈迦の意図、方便と中道との関係
四　結論

以上が『序論』の内容である。

三　井上円了の「護国愛理」の理念

円了は「緒言」で『序論』の執筆の基本的考えをつぎのように述べている。[五]

「余が仏教を論ずるは哲学上より公平無私の判断をその上に下すものなれば、世間普通の僧侶輩の解するところともとより同一にあらず。また、ヤソ教者の見るところと大いに異なるところあるべし。けだし余が仏教を助けてヤソ教を排するは、釈迦その人を愛するにあらず、ヤソその人をにくむにあらず、ただ余が愛するところのものは真理にして、余がにくむところのものは非真理なり」

「余がいわゆる仏教は今日今時わが国に伝わるものをいい、その教の初祖たるもの、これを釈迦と名付くるなり。故にヤソ教者中、インドに仏教の原書なし、大乗は仏説にあらず、釈迦は真に存するものにあらず等と喋々するものあるも、余がすこしも関せざるところなり。……余は決して伝記由来をもって、その教を信ずるがごとき無見無識のものにあらず。ただ余がこれを信ずるは、その今日に存するもの哲学の道理に合するにより、これを排するは哲理に合せざるによるのみ」

「今、仏教は愚俗の間に行われ、頑僧の手に伝わるをもって、弊習すこぶる多く、外見上野蛮の教法たるを免れず。故をもってその教は日に月に衰滅せんとするの状あり。これが余が大いに慨嘆するところにして、真理のためにあくまでこの教を護持し、国家のためにあくまでその弊を改良せんと欲するなり……その僧侶の過半は無学無識、無気無力なる……故に余は世間の学者才子中いやしくも真理を愛し、国家を護するの志を有するものあらば、これと共にその力を尽くさんことを期し、あわせて学者才子に対して、僧侶の外にその教の真理を求められんことを望むなり」

円了が上記のような考え方に立ったのは、本文の冒頭の「護国愛理」という主張による。それはつぎのように述べられている[六]。

「真理を愛するは学者の務むるところにして、国家を護するは国民の任ずるところなり。国民にして国家を護せざるものは国家の罪人なり。学者にして真理を愛せざるものは真理の罪人なり。……学者にして国家を護することを知らず、国民にして真理を愛することを知らざるものも、これまた罪人なり」「護国愛理は一にして二ならず。真理を愛するの情を離れて、別に護国の念あるにあらず。国家を護するの念を離れて、別に愛理の情あるにあらず。その向かうところ異なるに従って、その名称同じからざるも、帰するところの本心に到りては一なり」

このように円了のいう「護国愛理」は「一にして二ならず」の論理であった。

四　井上円了の「思想遍歴」

円了が「護国愛理」の思想に達したのは、幼少から大学時代までの「思想遍歴」があったからである。この「思想遍歴」について、円了はつぎのように述べている。少し長いが原文を引用しておこう[七]。

「そもそも余が純全の真理の仏教中に存するを発見したるは、近々昨今のことなりといえども、そのこれを発見するに意を用いたるは今日今時に始まるにあらず。明治の初年にありて早くすでにその意を起こし、爾来このことに刻苦することここに十有余年、その間一心ただこの点に会注し、未だかつて一日もこれを忘れたることなし。しかれども、余あえて初めより仏教の純全の真理なることを信ぜしものにあらず。未だその純全の真理なることを発見せざるに当たりては、あるいはかえってこれを非真理なりと信じ、誹謗排斥することすこしも常人の見るところに異ならず。余はもと仏家に生まれ、仏門に長ぜしをもって、維新以前は全く仏教の教育を受けたりといえども、余が心ひそかに仏教の真理にあらざるを知り、顱を円にし珠を手にして世人と相対するは一身の恥辱と思い、日夜早くその門を去りて世間に出でしことを渇望してやまざりしが、たまたま大政維新に際し一大変動を宗教の上に与え、廃仏毀釈の論ようやく実際に行わるるを見るに及んで、たちまち僧衣を脱して学を世間に求む。初めに儒学を修めてその真理を究むること五年、すなわち知る、儒学も未だ純全の真理とするに足らざるを。ときに洋学近郷に行われ、友人中すでにこれを修むるものありて、余に勧むるにその学をもってす。余おもえらく、洋学は有形の実験学にして無形の真理を究むるに足らずと。故をもって一時その勧めに応ぜざりしも、退きて考うるに、仏教すでに真理にあらず、儒教また真理にあらず、なんぞ知らん、真理はかえってヤソ教中にありて存するを。しかしてヤソ教を知るは洋学によらざるべからず。これにおいて儒をすてて洋に帰す、ときに明治六年なり。その後もっぱら英文を学び傍ら『バイブル』経をうかがわんと欲すれども、僻地の書肆未だその書を有せず。たまたまその書を有するも、家貧にしてこれを購読するの余財なし。すでにして友人中シナ訳の一本を有するものあり。ついでまたその原書を得、原訳相対して日夜熟読するに、ややその意を了することを得たり。読み終わりて巻を投じて曰く、ヤソ教また真理とするに足らず。余これに至りてただますます惑うのみ。かつ怪しみておもえらく、儒仏の非真理すでにかのごとく、ヤソ教の非真理またかくのごとし。しかるに世人の、あるいは儒仏を信じ、あるいはヤソ教を信ずる者あるはなんぞや。けだし世人の知力よくその非真理を発見せざるによるか、またその非真理を知りてこれを信ずるによるか。余は決して真理にあらざるものを真理として信ずることあたわず。これにおいて余断然公言して曰く、旧来の諸教諸説は一も真理として信ずべきものなし。もしその信ずべき教法を求めんと欲せば、自ら一真理を発見せざるべからず。余これよりますます洋学の蘊奥を究め、真理の性質を明らかにして、心ひそかに他日一種の新宗教を立てんことを誓うに至る。爾来、歳月匆々、早くすでに十余年の星霜を送る。その間余がもっぱら力を用いたるは哲学の研究にして、その界内に真理の明月を発見せんことを求めたるや、ここにまた数年の久しきを経たり。一日大いに悟るところあり、余が十数年来刻苦して渇望したる真理は、儒仏両教中に存ぜず、ひとり泰西〔西洋〕講ずるところの哲学中にありて存するを知る。ときに余が喜びほとんど計るべからざるものあり。あたかもコロンブスが大西洋中に陸地の一端を発見したるときのごとし。これにおいて十余年来の迷雲始めて開き、脳中豁然として洗うがごとき思いをなす。すでに哲学界内に真理の明月を発見して更に顧みて他の旧来の諸教を見るに、ヤソ教の真理にあらざることいよいよ明らかにして、儒教の真理にあらざることまたたやすく証することを得たり。ひとり仏教に至りてはその説大いに哲理に合するをみる。余これにおいて再び仏典を閲しますますその説の真なるを知り、手を拍して喝采して曰く、なんぞ知らん、欧州数千年来実究して得たるところの真理、早くすでに東洋三千年前の太古にありて備わるを。しかして余が幼時その門にありて真理のその教中に存するを知らざりしは、当時余が学識に乏しくしてこれを発見するの力なきによる。これにおいて余始めて新たに一宗教を起こすの宿志を断ちて、仏教を改良してこれを開明世界の宗教となさんことを決定するに至る。これ実に明治一八年のことなり。これを余が仏教改良の紀年とす」

このようにして、円了は「哲学が真理であり」「仏教がその哲学に合致し真理である」ことを「発見」したのである。「脳中豁然として洗うがごとし」とその体験を表現している。

五　明治二〇年代の日本の状況と井上円了

ところが、当時の日本社会は仏教に対して冷淡であり、開国から布教を黙認した西洋のキリスト教に対する評判はつぎのように高かった。[八]

「しかるに世上の論者中、人種を改良するもヤソ教にあり、人知を開達するもヤソ教にあり、国力を養うもヤソ教にあり、国威を輝かすもヤソ教にあり、ヤソ教を奉ずるものにあらざれば真の護国者にあらず、真の愛理者にあらずと唱うるものあり。しかしてその仏教を評するや、かれは亡国の教なり、破産の法なりと。なんぞ思わざるのはなはだしきや、なんぞ妄なるのはなはだしきや」

「わが国今日の勢い百事みな西洋を学ばざるをえずというも、言語、風俗、人情、教育、宗教、衣食、器用、その他大小百般の事物ことごとくかれを学び、かれにならい、かれがいうところに従い、かれが要するところに応ずる……別して仏教を廃しヤソ教を入るるをもって、交際の便路を開き、国憲の拡張を助け、条約改正の目的を達する方便となさんとするがごときに至りては、余が最も解することあたわざるところなり」

このような「欧化主義」の風潮を、円了は批判する。そして仏教の改良の方策を考え続けたことを、つぎのように述べている[九]。

「余この改良に関してひそかに自ら経画するところありて、一昨明治十八年は広く内外東西の諸書を捜索し、毎夜深更に達するにあらざれば、寝褥に就かず。褥に就く後といえども、種々の想像心内に浮かび、終夕夢裏に彷徨して堅眠を結ぶあたわず。故をもって、日夜ほとんど全く精神を安んずることなし。かくのごときものおよそ数カ月に及び、心身共に疲労を感ずるに至るも、あえてこれを意に介せず。刻苦勉励常のごとくなりしが、ついに昨春より難治症にかかり、病床にありて医療を加うることここにすでに一年をこゆるに至る」

円了はこのように自己体験を述べている。

六　仏教と西洋哲学の関係

つぎに、円了はこの『序論』の目的をつぎのように述べている。[一〇]「学者の目的は国家を護し真理を愛するにあるゆえんを述べ、あわせて仏教中に真理の存するゆえん、およびこれを今日に護持拡張するは愛国の一策なるゆえんを弁じたるをもって、これより仏教の真理は果たして純全の真理にして、理哲諸学の原理に合するや否やを論ぜざるべからず」

円了のいう仏教とは、すでに「緒言」で紹介したように、「今日今次、日本に伝わってきたもの」であり、それは倶舎宗、成実宗、法相宗、三論宗、華厳宗、天台宗、浄土宗、浄土真宗の八宗を指す。佐藤厚は円了がこの八宗をどのように位置づけたのか、それを〈表1〉のようにまとめている。[一一]

〈表1〉

	名称	特性	成仏法	心力	宗派	性格
仏教	聖道門	自力難行	自ら理を究め修行	高	倶舎宗、成実宗、法相宗、三論宗、華厳宗、天台宗	・哲学 ・知力より生ずる
	浄土門	他力易力	他力	低	浄土宗、浄土真宗	・宗教 ・情感より生ずる ・キリスト教はこの部分のみ

円了は仏教の各宗を分類し、いわゆる聖道門を「知力の宗教」、浄土門を「情感の宗教」に位置づけている。

そして、つぎに西洋の哲学の発展を述べている。佐藤はそれを〈表2〉のようにまとめている。[一二]

〈表2〉

	正	反	合
1	○唯物論 ヒューム 1711-1776（英）	○唯心論 バークリ 1685-1753（アイルランド）	○唯理論（物心二元論） リード 1710-1796（英）
2	○主観論 フィヒテ 1762-1814（独）	○客観論 シェリング 1775-1854（独）	○理想論 ヘーゲル 1770-1831（独）
3	○経験論 ロック 1632-1704（英）	○本然論 ライプニッツ 1646-1716（独）	○統合論 カント 1724-1804（独）
4	○空理論 ゲルマン学派	○常識論 スコットランド学派	○折衷論 クーザン（仏）
5	○可知境	○不可知境	○両境 スペンサー 1820-1903（英）
仏教	○有	○空	○中道 非有非空 亦有亦空

円了は哲学の発展と展開をこのように図式的に理解している。その発展は正・反・合という弁証法的展開である。これに対して、仏教はどうかといえば、つぎのように述べている。[一三]

「しかるに釈迦は三千年前の上古にありて、すでにその一端に偏するの弊あるを察して中道の妙理を説けり。そのいわゆる中道とは非有非空　亦有亦空の中道にして、唯物唯心を合したる中道なり、主観客観を兼ねたる中道なり、経験本然を統合したる中道なり、可知境と不可知境と両存したる中道なり。この中道の中にはあらゆる古来の諸論諸説みなことごとく回帰して、あたかも万火の集まりて一火となり、万水の合して一水となるがごとく、更にその差別を見ず、実に無偏無党の中道なり、公明正大の中道なり」

哲学の各論がそれぞれの論理を主張して対立するのに対して、仏教は有と空を統合して「中道」の立場にあると円了は主張する。仏教の各宗は、有と空と中道に分けられる。佐藤はそれを〈表3〉のようにまとめている。[一四]

〈表3〉

倶舎宗	成実宗	法相宗	三論宗	華厳宗、天台宗
有		無		中道
有	無	有	無	中宗

円了はつぎのように哲学と仏教を比較する。唯物論と倶舎宗・成実宗、唯心論と法相宗・三論宗、唯理論と天台宗、華厳宗という具合に論じている。そして、仏教の「真如」をつぎのように位置づけている。[一五]

「仏教にては相対の万物その体真如の一理に外ならざるゆえんを論じて、万法是真如といい、真如の一理、物心を離れて別に存せざるゆえんを論じて真如是万法といい、あるいはまた真如と万物と同体不離なるゆえんを論じて、万法是真如　真如是万法、色即是空　空即是色という。……いわゆる万法とは万有というがごとし。かくのごとく論ずるを真如縁起という。……今、更にこの真如と万法との同体不離の関係を明らかにせんと欲せば、平等と差別との関係を説かざるべからず。……平等は差別に非ず、差別は平等に非ざるをもって、二者全く相反するもののごとしといえども、深くこれを考うれば差別平等の同一なるゆえんを知るべし」

そして、円了は仏教と哲学・理学の一致をつぎのように主張する。[一六]「仏教は真如の理体を道本とし、因果の理法を規則とし、これを宗教の上に応用して安心立命の道を教うるものなり。これ余がしばしば仏教は哲学の論理に基づき、理学の実験によるものなりというゆえんなり」

以上が円了の『仏教活論序論』の主旨である。

七　『仏教活論序論』の歴史的意義

つぎに、この『仏教活論』に関する当時の書評、その後の研究による評価を取り上げたい。まず、『序論』に関する反響について述べよう。円了の長男の妻・信子は、部屋にあった仏像を指差しながら、つぎのように語っていた。[一七]

「この仏像は当時、博物館の館長をしていた男爵の方（九鬼隆一）が、『仏教活論序論』を読んで感心して、父が若いときに頂いたものです。父も母も「仏教活論序論の方がよくできたんだ」と言ってました」

このように『序論』は多くの人に影響を与えたものであった。真宗学者の金子大栄もその一人で、つぎのように、円了の追悼集で述べている。[一八]

「井上円了師が我国文化の上に効されし功献、特に明治の仏教界に一新紀元を作られしことは、万人共に認むべき事実として不朽に伝へられるべきである」

「それは高等小学の三四年頃であつた。自分が僧侶であるといふことから、同級生の聖徳太子に対する非難を、恰も我事の如く弁明これ勉めた時分である。師の『仏教活論序論』が私の手に入つた。既に小さい魂に全仏教を荷うて立つやうな気分で居るところへ、この緊張した序論を見せられたのである。私は驚喜を以て之を耽読せざるを得なかつた。次で『破邪活論』を見ては、基督教はこの鋭い論理で破滅するやうに思うて、一種の勝誇をさへ感じたのである。併し大切な仏教の真理其者については、まだ何にも善くは解つて居らなかつたし、それには肝心な『顕正活論』が手に入らず、しかも読む期会を得た時分にはもう『顕正活論』には満足出来なかつた。かくして私の心は井上師から次第に遠ざかつたのである。されど如何に遠かつても、私の思想を最初に訓練したものは師であることは拒むことは出来ぬ。即ち井上師は仏教界に一時期を画された通りに、私の生ひ立ちに一時期を画されたのである。この点に於いて師は実に私の終生忘るべからざる恩人である」

このように、『序論』はとくに当時の仏教者に対して大きな意味をもった著書であった。宗教社会学者の高木宏夫は、出版当時の影響、その後の論評と幅広く、『序論』に関する評価をまとめている。『真理金針』から『仏教活論序論』までの刊行について、つぎのように述べている[一九]。

「これはいずれも当時のベストセラーとなって、思想界・宗教界に井上円了の名は一躍有名となった。有名となったのは二つの点に関してであった。その一つは、その当時のもっとも新しい進歩的なヨーロッパの理論つまり進化論を武器として、当時流行していたキリスト教を批判したこと、他の一つは、同じ手法で仏教は進化論的批判に十分耐え得るのみならず、ヨーロッパ哲学を通してみた「真理」を「真如」という形でそなえていると主張したことである」

そして、高木は仏教界、キリスト教界、社会一般の関係各誌の書評を紹介した上で、つぎのように述べている。[二〇]

「以上は、「ヤソ教を排するは理論にあるか」の連載から『破邪新論』が生まれ、それが『真理金針』となり、論旨は同じであっても破邪スタイルから脱して主体的な仏教論を展開した『仏教活論序論』に対する反応である。通観してみると、鹿鳴館時代の時代思潮がよく表れていて、キリスト教陣営の高姿勢と、やっとそれへの反論らしいものが現れたことへの感情的親近性をもって仏教界はこれを迎え、教育雑誌の例のように、一般社会における知識人には、仏教理解の一助という仏教への近づきの姿勢を誘発したことになった」

また、高木は各時代の『序論』の論評を、「後代の論評」「戦後の論評」として取り上げている。この中で、「戦後の論評」の問題点の一例として、近代仏教史学者の吉田久一の『明治宗教文学集（一）』（『明治文学全集』八七）の「解題」に対して、つぎのように指摘している。[二一]

「「その論旨はキリスト教が科学的真理に反するというもので、理論上および事実上から仏教とキリスト教の比較を行った、当時としては学問的な態度に基づく卓越したキリスト教批判でもあり、同時に西洋哲学の論理を背景に仏教哲学の体系化を試みたのであった」。そしてその影響については、「円了の影響は大別して二方面にみられる。その一つは近代仏教教学の形成上哲学的な基盤を提供したことであり、他の一つは仏教革新運動の展開を促したことである」。そして井上円了の思想に欠けているのは「仏教の宗教性や信仰性」であると指摘し、「円了の思想は『真理金針』をあらわした明治二十年代より更に顕著な進展が認められないが、とにかく廃仏毀釈以来の消極的な一途をたどりつつあった仏教に対して蘇生の活力を与えたことは特筆に値する。しかし近代信仰の確立は、円了の宗教と哲学との一体化の主知主義的な立場からは期待し得なかったのである」と結んでいる。……この見解は後述のようにほぼ定評化された見解と思われるが、明治二十年代ではとくにこの二著に関しては妥当と思われるとしても、それを井上円了全体という形で一般化してしまうことには問題があると考えるのである」

このように、円了の明治二〇年前後の代表作をもって、「仏教の宗教性や信仰性」が欠けているという指摘に対して、高木は円了の人生の全体にまでそれを及ぼすことに疑問を提起しているので参照されたい。

八　『仏教活論序論』の特徴

つぎに、『序論』の現代語訳を出版した佐藤厚は、『序論』の特徴について、つぎのように述べている[三]。

「大学在学中から新聞、雑誌に論文を発表してキリスト教の非真理性を指摘し、一方で仏教界の奮起を促した。それらを明治十九年（一八八六）に『真理金針』という著作にまとめ、さらに翌年、それを再構成し要約したものが本書『仏教活論序論』である」

「本書のキーワードは国家、真理、仏教の三つである」

「第一は、知的側面である。円了は本書刊行の前年（明治十九年）に『哲学要領』という書物を著わした。これは単なる西洋哲学史の概説ではなく、西洋に加え東洋の儒教、仏教なども扱い、それらについて独自の観点から整理、批評を加えたものである。明治十九年といえば、江戸時代が終わってからまだ二十年も経っていない時期である。そのような時に東西の思想を整理した消化力には驚かされる。さらに、それをもとに本書では仏教と西洋哲学との一致を説いている。その方法は現在から見れば図式的であり、探せば様々な問題点も見出すことができよう。しかし、両者を一致させる発想力と、それを理論として構築していく総合力とには感嘆させられる」

「第二は、情的側面である。本書には「熱さ」が漲っている。前述したように円了の心は国家と真理と仏教の三位一体からなっている。そこから円了は「非真理」であるキリスト教への批判を行なうが、それ以上に危機感を持たず、時代の変化に対応しようとしない僧侶たちへの批判は熾烈を極めている。そこには「いま何とかしなければ」という熱い情熱がほとばしり、読んでいても力が入るのである」

佐藤は、『序論』を『真理金針』の再構成したものであるという。確かに、全体の論旨はその通りであろう。しかし、すでに識者によって指摘されたように、『序論』が歴史的・社会的に大きな反響を呼び起こしたことについては、この著作に特有の点があったからである（佐藤はそれを「情的側面に、熱さが漲っている」と言っている）。円了の生涯にわたる著作は一六〇点以上あるが、円了は自己についてほとんど語っていない。ところが、この『序論』のみは異なっている。まず、第一に「護国愛理」を自己の人生と思想の理念として位置づけたことである。第二に、「仏教は非真理なり」と幼少の頃に思ったといい、その後、儒教、キリスト教、哲学、再び仏教へと思想遍歴した「体験」を語っていることである。第三に、この思想追究の過程で「難治症」に罹ったことを述べている。このように、円了が自身のことを書いたことは、多くの読者の理解と共感を呼んだことは特筆すべきであろう。

九　『仏教活論序論』の歴史的評価

宗教学者の山口輝臣は、これまでの研究者と違った観点から『仏教活論』の成功を述べている。それは「一九世紀日本における宗教の成立」の研究で、その中の「仏教者の語り方―文明・学術・日本」というテーマで、その典型例として円了をつぎのように評価している。[二三]

「文明や学術といった他との関係における語り方に対しては、仏教者にも排耶論という形での対抗が可能である。そうした他とキリスト教とは特権的な結びつきを有しているのではないかという主張は、ある程度可能だったからである。だが、宗教を語ることがそのままキリスト教の優越を語ることになるという語り方については話が別である。……宗教を語ることがそのまま仏教の優越を語ることになるような語り方が求められた」

「このような語り方を編み出したのが井上円了である。もちろんこのほかにも例えば中西午郎などが類似の試みをしているが、知名度と影響力の点で抜きん出ており、語り方を創り出したと言い得るのが井上円了であり、その著『真理金針』や『仏教活論』であった」

「このように円了は他との関係においての語り方をひとつの柱としている。そしてその他も文明・学術などほとんどキリスト者と重複しつつ、さらに日本という新たなものを持ち出していた。つまりキリスト者と同じ図柄を描いていた。しかし答えだけは違った。学術により一致し、文明により有用なのは、すなわち弁証されたのはキリスト教ではなくて仏教であった。そしてこれを可能にしたのがほかでもない、宗教そのものの語り方であった」

近代仏教史学者の池田英俊は「仏教の哲学的形成と破邪顕正運動」の代表例として、円了を位置づけている。

とくに『仏教活論』の『序論』『破邪活論』『顕正活論』の特徴をつぎのようにまとめている。[二四]

『序論』について、「維新期の仏教では護法即護国の観念が仏教復興の中心課題とされていた。しかし、維新仏教には、円了にみられるような仏教と哲学の観点に立つ護国と護法、すなわち、愛理の面からの学的な考察を期待することはできなかった。そこで円了は従来の仏法が、仏法国益の立場から世俗の権力に追従するところに護国の意味を見い出していたのに対して「護国愛理」における護国が、愛理すなわち西洋哲学における愛知に基礎づけられたものでなければならないと主張したのである」

前述の高木は、円了が日本近代において仏教の教学を論じる道を開拓したものとして『序論』について、つぎのように高く評価している。[二五]「当時の仏教界は、出家仏教として宗派別に「行」を経た僧侶と一般大衆との間に超えられない一線をひいて特殊化し、在家仏教としての真宗系を愚夫愚婦の宗教として軽蔑し差別していた。そして宗派別に僧という専門家にのみ仏教が論じられ、儀礼が神秘化されて伝承されていたのに対して、思想界・宗教界の人々や知識人が宗派ではなくて仏教一般として教学を論じることができるように道を開いた業績は大きかったと考えられる。それは、『序論』の本文にあるように、宗派別に特徴をつかみながら、それらの全体を仏教として扱うことによってキリスト教との比較を行ったために、また仏教教学に入りやすい道をひらいたからであり、近代思想との比較を可能にしたからである」

以上のような各研究者の評価をみて、筆者はこの『仏教活論』の『序論』『破邪活論』『顕正活論』の特長点をつぎのように総括する。

第一に、円了はそれまで宗派別になっていた仏教を、総体として捉えることに成功し、「仏教」という一つの概念にまで高めたことである。

第二に、円了は数千年にわたる仏教の教理を「学」としてまとめたことである。それがのちの「仏教学」の形成・研究のきっかけとなったことである。

第三に、円了は宗教教団が独占していた教理・教学を、歴史的社会的に「開放」したことである。

第四に、西洋直輸入の理哲諸学を東京大学で学んだ円了は、その近代の知を前提として、仏教の教理に真理を「発見」し、そして、いわゆる「思想遍歴」でみたように、近代日本で初めて仏教への「信仰告白」を行ったことである[二六]。

第五に、円了は一八七一年（明治四年）に、一三歳で真宗大谷派（東本願寺）の僧侶となったが、『序論』に述べられている仏教界の現状に対する批判は、いわば教団人の「宗門感情」からみてタブーのことであった。しかし、円了はそのタブーを破って、仏教界批判を行っている。このように、『序論』は破門を覚悟で「命がけ」で書かれたものである。

以上のような点から、円了は日本近代において仏教という伝統を「発見」し、それを社会的歴史的なものへと高めた人物として評価されているのである。

注

一　井上円了の生涯と思想に関するものとしては、拙著『井上円了—日本近代における先駆者の生涯と思想』教育評論社、二〇一六年〔予定〕、拙著『新潟県人物小伝　井上円了』新潟日報事業社、二〇一四年、拙著『井上円了と柳田国男の妖怪学』教育評論社、二〇一三年を参照されたい。

二　田村晃祐『近代日本の仏教者たち—廃仏毀釈から仏教はどう立ち直ったか』日本放送出版協会、二〇〇五年。

三　井上円了『仏教活論序論』一八八七年（『井上円了選集』第三巻）三二七頁。この『井上円了選集』は現在、東洋大学付属図書館のＨＰの「東洋大学学術情報リポジトリ」からダウンロードして閲覧ができる。

四　佐藤厚『現代語訳　仏教活論序論』大東出版社、二〇一二年。

五　井上円了『仏教活論序論』、前掲書、三一七～三一八頁。

六　同右、三三〇～三三一頁。

七　同右、三三五～三三七頁。
八　同右、三四四頁、三四六頁。
九　同右、三五五頁。
一〇　同右、三五七頁。
一一　佐藤厚「井上円了『仏教活論序論』における真理の論証」（『東洋学研究』四八号）一六五頁。
一二　同右、一六六頁。
一三　井上円了『仏教活論序論』、前掲書、三六二頁。
一四　佐藤厚、前掲論文、一六七頁。
一五　井上円了『仏教活論序論』、前掲書、三六二頁。
一六　同右、三七八頁。
一七　井上信子「父　井上円了」（『井上円了研究』三号）七六頁。
一八　金子大栄「感想」（『井上円了先生』東洋大学校友会、一九一九年、一六九～一七〇頁）。金子と並んで真宗の碩学と言われる曽我量深は、「井上先生が私の子供の時に『仏教活論序論』という書物を初めて書いた。これはまあいってみると、ほんのパンフレットのようなものでありまして、内容なんかというものは、今考えてみると、極めて雑駁なもののようであったけれども、その『仏教活論序論』というパンフレットが出たことによって、仏教界は、われわれは、どんなにか救われたことでありましょう。……井上円了先生が仏教界に与えられたところの功績というものは、その時代から見れば、実に広大無辺なものだったと私は思っている」（曽我量深『清沢満之』具足舎、一九九九年、七～八頁）。
一九　高木宏夫「解説」（『井上円了選集』第三巻）三九五頁。
二〇　同右、三九九頁。
二一　同右、四〇三頁。
二二　佐藤厚『現代語訳　仏教活論序論』、前掲書、一八四―一八六頁。佐藤は「井上円了『仏教活論序論』における真理の論証」（前掲書）で、『序論』の内容を「仏教の体系とキリスト教・西洋哲学の位置づけ」「西洋哲学の発展段階と仏教の中道」「唯物論・唯心論・唯理論と、仏教の発展段階」「真理の論証」と項目分けし、さらに同書の長所と短所をつぎのように述べている。

「長所は、仏教の歴史発展と教理内容とを再構成し、その枠組みの中にキリスト教や西洋近代哲学を位置づけつつ、仏教の優越を示したことである。このように仏教・キリスト教・西洋哲学という、思想的・歴史的土壌の違う思想同士を同一の枠組みの中で論じることは容易なことではなく、これ自体が大変な知的作業であったと評価できる。ここからやや大袈裟に言えば、円了のこの作業により仏教思想が世界性を持つことができたのではないかと思う。ここから円了は比較思想家の先駆けとしても捉えることができよう。

続いて短所と思われる部分を記す。第一には、西洋哲学と仏教宗派との対応であるが、これが歴史的事実を基盤にしたものでない可能性があり、その時には、この議論自体の価値が疑われるのではないか、ということである。第二に、真理を論証する際の、論理や比喩の問題点である。これらは円了なりの論理や比喩であるが、これを納得できない場合には、本書の説得力を弱める可能性もあると思われる。第三に修行という問題である。いうまでもなく仏教とは、学問と修行とが両輪をなす思想体系である。例えば、円了が真如、中道を論証する際に取り上げていた天台の三諦円融の思想を例にとっても、それは実践があって始めて真価を発揮するものである。こうした実践面を措いて、思想の面だけで、果たして真理に行き着くことができるのかという疑問を抱く。晩年、円了は「南無絶対無限尊」を唱えることを、絶対者と感応する手段（唱念法）としたが、これが最終的な行としての帰結であるのか」（一七五頁）。

二三　山口輝臣『明治国家と宗教』東京大学出版会、一九九九年、四一～四二頁。

二四　池田英俊『明治の新仏教運動』吉川弘文館、一九七六年、二三六～二三八頁。

二五　高木宏夫、前掲書、四一九頁。

二六　森章司「解説」（『井上円了選集』第四巻、五四三頁）で、いわゆる円了の「思想遍歴」の結果を「一種のコンバージョンともいうべき覚醒が起こされたのであろう」と表現している。

井上円了の「近代佛教」

ゲレオン・コプフ

はじめに

二〇〇九年にリチャード・ペインが、当時彼が企画していた仏教学研究所（バークレー）の機関誌「パシフィック・ワールド」の特別号に、「日本仏教」というカテゴリーについての考察を寄稿するよう私に依頼してきた。ちょうど「日本仏教哲学への道案内　Dao Companion to Japanese Buddhist Philosophy」にかんする論集を編集し始めていた時期であり、その際「日本仏教」や「仏教哲学」という概念を明確にしておく必要もあったため、私は喜んでこの仕事を引き受けた。私たち「日本の仏教」ないし「日本仏教」の研究者にとってまさに中心的概念であるにもかかわらずあいまいなこの概念を明確にするよう私に迫ったペインには、本当に感謝している。この仕事が私を、大学院時代にその著作に親しんだ井上円了の思想に立ち戻らせた。こういうわけで、「仏教哲学」の概念にかんするその著書に私が大いなる啓発を受けた竹村牧男博士から国際井上円了学会の創立記念大会への参加を打診されたとき、私は光栄に思うと同時に、円了研究の専門家たちと円了の思想についての私の理解をたたかわす機会が得られることをうれしく思った。この論文で、私はかつて「世界平和」誌で発表した円了の「日本仏教」概念の使用にかんする私の考察を紹介し、円了の「仏教哲学」概念の分析がモダニズムに対する彼の態度と対応をよく理解するためにいかに寄与しうるかを明らかにしたい。

一　井上円了における「日本仏教」という概念[二]

日本の宗教研究の分野において一般的に用いられる「日本仏教」というカテゴリーは、一見したところ当たり障りのないもののように思われるが、しかし実際には興味深くかつ射程の広い意味を含んでいる。哲学的に言えば、「日本仏教」という言葉は、「日本仏教」のあらゆる形態が共有しつつ、同時にそれを一方においてはアジアの他の地域の様々な仏教の形態から他方においては日本における他の宗教的伝統から差異化するようなある本質を示している。[三] 明治、大正（一九一二～一九二六年）、そして昭和（一九二六～一九八八年）の初期は日本の仏教徒が自らを「日本の仏教徒」とみなし、また中国や韓国の仏教徒によってそのようにみなされることとなった時期であるが、この時期においてこの「日本仏教」という表現は単に他の仏教のあり方に対して日本の仏教の独自性[四]を示すために用いられただけではなく、たとえ異なった目的のためとはいえ、同時にそれは価値のヒエラルキーを含意するものであった。このような明らかにイデオロギー的な修辞やそれに付随するアイデンティティ政治（identity politics）という表層の背後には次のような二つの中心的な問いがある。すなわち、その二つの問いとは、（1）全ての日本の仏教を一つにまとめあげ、かつそれを他の仏教の形態から区別するような本質といったものが存在するのか、（2）真正の仏教といったものが存在するのか、という問いである。ポストモダンの出現以来、これらの問いに対する答えは明らかに「否」であると仏教学者たちは主張する傾向にある。そうであるならば、中心的な問いは「日本仏教」という言葉がどのような意味を生じさせるのかというものになる。本論の目的は、井上円了が「日本仏教」という言葉をどのように用い、それをどのように理解しようとしたのかを明らかにすることを焦点としている。

「日本仏教」という言葉の語源と背景は明治時代にさかのぼる。明治時代は知の激動期であった。この時代、日本は世界の中で自らのアイデンティティを見出そうと格闘し、知識人達は世界の歴史の中で日本文化の占める場所を探し求めようと努力したのである。日本の仏教が「日本仏教」として理解されたのもこの時期のことである。日本の思想家がヨーロッパおよびアメリカの哲学と出会った際に、一般的に言って彼らの応答の仕方は以下の三つのうちのいずれかであった。すなわち、いわゆる「西洋哲学」は「東洋」のとりわけ「日本」の「思想」よりも優れているというオリエンタリズムに基づく感情を受け入れるか、[五]あるいは二つの「伝統」の調停を試みるか―政治的な場面においてこのことは明治期の特質となる「和魂洋才」というスローガンに至ることになった―、さもなければ外からのあらゆる影響を拒絶するか、のいずれかであった。井上円了（一八五八年～一九一九年）はこうした応答の仕方の三つ目に属していた。

円了のような思想家達がとった議論の戦略は二重のものであった。まず、彼らは日本的であることの本質つまり「日本精神」といったものを明確に認めあるいは単に暗示し、その上で日本の仏教がこうした日本精神を完全に反映するものであるということを論ずる。第二に、彼らは聖徳太子（五七四～六二二年）[六]から江戸時代までの日本の仏教と日本の国家との関わり合いをたどってみせる。明治期の多くの日本の知識人が日本的なものの独自性を主張するかあるいは少なくとも示唆する一方で、[七]矢吹慶輝（一八七九～一九三九年）は一九三四年に書かれた著書『日本精神と日本佛教』の中で明確に「日本仏教」を「日本精神」と同じものとみなしている。[八]日本の仏教には生来日本精神との親和性が備わっているとするまさにこの発想は問題を含むものであるが、この発想こそ円了の試みの中心をなすものであった。日本における仏教が日本仏教となるためには仏教を本来日本的なものとする何らかの特殊な特性がなければならない。しかしながら、このような主張は極めて困難なものである。というのも、仏教は日本の外に起源をもつものであって、歴史的に言えば、日本の文化的・宗教的風土にとっては二次的なものだからである。

井上円了は『真理金針』の中でこうした自らの議論を展開している。[九] 円了によれば、キリスト教が日本の国家にとって危険性をもつのに対して、仏教は本来国家主義的なものである。もちろん、この独特な主張はいささか単純なものであり、また極めて多くの問題を含んだものである。では、円了はどのようにして我々を驚愕させるようなこうした主張に行き着いたのであろうか。末木文美士に従えば、「円了のキリスト教批判と仏教の擁護」は二つの柱、すなわち哲学のカテゴリーに関する彼の理解と、仏教は「仏法の保護と祖国愛」に奉仕するという彼の信念とによって支えられている。[一〇] 円了は宗教と哲学との区別から議論を説き起こしている。すなわち、前者は「情感」を後者は「知力」を動因としていると円了は主張する。近代においては「合理化」[一一]された宗教であるとはいえ、キリスト教があくまで宗教として機能しているのに対し、仏教はある意味においては宗教や哲学のいずれをも構成するものではない。しかも、仏教が「情感と知力とを結合する宗教」[一二]を構成するものである限り、それは別の意味においては[一三]宗教でありながら同時に哲学でもある。もちろんこの区別は問題をはらむものであるが、円了は実のところ「宗教」と「哲学」というカテゴリーの意味を綿密に探求することには関心をもってはいないし、これらのカテゴリーが自国中心主義的なものであり、それゆえにヨーロッパ以外の伝統には適用できないのではないかということを精査しているわけでもない。厳密に言えば、『真理金針』における彼の議論は政治的なものである。キリスト教—彼は実際には「ヤソの宗教」あるいは「ヤソ教」と表現するが—は日本にとって脅威であり、日本の敵と見なさなければならないものであった。これに対して、仏教は、たとえそれが外国の伝統に由来するものであるとしても、「鎮国護民」[一四]と言われるように常に日本の国家を支えるものであり続けてきたのであり、本来日本的なものなのである。キリスト教とは反対に、仏教は「民利を興し、国益を進め、近くは一家の安全を保ち、遠くは一国の富強を助け」[一五]るのである。これは円了が「護法愛国」ということで意味していたことに他ならない。[一六] 末木文美士はこうした円了の立場を次のように的確に要約している。「仏教は日本の宗教

であるという主張は、…仏教が国家主義体制に呑み込まれていくイデオロギー的な根拠となるものである。」[一七]

伝統主義を擁護するために円了が用いた仏教の概念のあり方を最もよく示しているのは、戦前の極めて多くの仏教思想家達が共有し、「近代の超克」―これは『近代の超克論』と称される[一八]―というスローガンの意味を帯びることとなった反近代主義的な感情である。仏教家の近代に対する応答の立場は以下の三重の戦略の下に形づくられたものであった。すなわち、第一に彼らは仏教を理性的な宗教として示し科学的なパラダイムを超越し包含しようとした。こうした議論は反科学的と見なされたキリスト教に対する仏教の優位性を立証するものと考えられた。同時にこうした思想家達が主張したのは、仏教が超理性的でありそれゆえに「西洋」の哲学よりも優れているということであった。すでに示したように、円了が仏教は知性を包含すると同時に超越すると論じた際に[一九]、円了はこうした思想の理論的枠組みを与えていたのである。第二に、日本仏教は日本文化にとって不可欠な要素であり源泉であると解釈されている。そして第三に、こうした思想家達が示しているのは日本仏教の観念が国家を宗教から分離する様々な概念的欠陥を克服する傾向をあらかじめ独自の仕方でもつものと解釈されるということである。[二〇]円了や鈴木大拙（一八七〇年～一九六六年）といった思想家は、仏教の観念がとりわけ近代主義的なレトリックがもつ二元的な特性を克服するのに適したものであると主張している。円了の場合においては、それは宗教と哲学のつまり情感と理性的思考との並列である。キリスト教が情感的な論理に染まり、それゆえにもっぱら宗教としての資格が与えられるのみであるのに対して、仏教は情感的な思考と理性的な思考の双方をつまり宗教と哲学の双方を含み、それゆえに両者の区分を超越すると円了は主張する。彼によれば、このことが可能となったのはまさに大乗仏教の媒介によるものであって、それは浄土仏教の「情感的宗教」と彼が「聖道」と名付けるものの合理性とを統合し、観念論と唯物論、情感と合理性そして宗教と哲学とを等しく含むような体系を形成するものなのである。[二一]このようにして、仏教は単に国家と両立可能なものであるだけではなく、同時にキリスト教をも自らの一部として含むことになると円了は考える。[二二]しかし円了の議論はこれにとどまるものではない。

「善良な仏教徒のあり方」において、彼は絶対と相対、[二三]真理と現象、[二四]「水の全体と一滴」[二五]、涅槃と輪廻、[二六]そして「平等と差別」[二七]との「同一」を宣言する。最初の四つの表現が秘密的で形而上学的な文句のように聞こえるのに対して、最後の表現は―おそらくは大乗仏教の哲学に則ったものであろうが―倫理的にも政治的にも極めて問題含みのものであり、イブが指摘しているように、そうした表現は戦争と差別を正当化するために用いられてきたのである。[二八]ここでの問題は、日本仏教の文脈において「差別」という言葉が政治的・社会的差別[二九]を示すものとして用いられていると同時に「識別」[三〇]という認識の機能を示すものとしても用いられているということである。円了がこのことを根拠づけるための基礎を見出したのが、とりわけ「心経」[三一]の非二元論であり、一般的に言えば、大乗仏教の哲学である。

　しかし、もう一つの読み方も可能である。西田が用いる「即」とは異なり、円了の「不一不二」[三二]や「同体不離」[三三]という表現は全ての大乗仏教の非二元論と同様に、脱構築的とは言えないまでも破壊的な潜在力を持っていると理解することができる。すでに他の箇所で論じたように、[三四]西田の「肯定即否定」[三五]といったような表現は、二分的な概念構造と二元論的な枠組みを不安定なものとし、一切の差異を消去してしまうような神秘的な同一を意味するものではないと理解される場合にのみ意味をもつのである。神秘的な同一を否定するという後者の読み方は西田のそして円了の著作の大半の部分と調和するものではない。破壊的な契機という側面は円了の著作においてもっともよく示されていると言えるかもしれないが、こうした読解は一般的な大乗仏教のレトリックを用いることで可能であるばかりではなく、まさにそれと一致するものなのである。実際のところ、大乗仏教の非二元論的な哲学は、「仏法の擁護と祖国愛」といったような表現のイデオロギー的基礎を提供するという目的にかない、不殺生という第一の教えを擁護しようと誓った仏教徒が軍国主義と戦争に直面して感じたであろう精神的な葛藤を軽減する一助となったといえるかもしれない。しかしながら、こうしたレトリックがもつアイロニーは、本質主義と概念的言語の実体化を防ぐものとして考案されたまさにこのレトリックが、結局のところ日本仏教や日本精神さらには国家を本質化し実体化する道具となってしまったということである。問題の核心はまさにここにある。務台理作（一八九〇年～一九七四年）が戦後自らの師の軍国主義的傾向を反省した際に至った結論は、戦前の京都学派の哲学者の国家主義の本質は—それがはっきりと言明されたものであれ、示唆的なものにとどまっていたものであれ—相対的で変化する存在者をつまり日本国家を絶対化してしまったところにあるというものであった[三六]。西田の言葉を用いれば、日本は全体性の表現ではなく多における一なのである。同様の議論は日本仏教にも適用されうる。つまり、日本は「法身」の表現ではなく多の一なのである。もし円了の哲学を非本質主義の哲学として読もうとするならば、その哲学は愛国主義や国家主義としてよりもむしろ多元主義として現われてくることになるのであって、それは批判哲学[三七]、あるいは戦後の田辺が自らの立場を表現したような「絶対批判[三八]」という働きをもつのである。

二　井上円了における「仏教哲学」という概念

井上円了は、ヨーロッパ近代に対する仏教からの回答を提示した最初の日本の思想家の一人である。彼は仏教を特に宗教と哲学という学術的なカテゴリーの中に置き、欧米の哲学を動かしているように見えた二元論を批判し、「仏教哲学」という語を発明したか、そうでないとしても自らのものとして利用した。彼はこのカテゴリー（仏教哲学）を敷衍するために一冊の本に匹敵するモノグラフを書き上げすらした。こうすることで彼は、京都学派のような仏教と学術的な哲学を総合する日本の哲学界の後の活動の地ならしをした。しかしさらに重要なこととして、彼は仏教を哲学化し、仏教の観点から哲学を再構想した。この後者の業績こそ、さまざまな伝統を持つ思想家を対話へ導いた重要な歴史的人物としてだけではなく、一人の思想家としての円了の重要性を強調するものである。

この部分は、円了の「仏教哲学」概念に焦点を当て、このカテゴリーがどのように哲学を再定義し、近代の理念を利用したかを検証する。特にこの発表は以下の疑問を提示する。すなわち、円了はどのように「仏教哲学」を構想したのか。彼の哲学の定義とはどのようなものか。円了はどのように近代の理念を仏教の中に読み込んだのか。彼の近代性に対する異議申し立てとはどのようなものか。こうした疑問に対する答えは、円了が近代の理念と方法を異議申し立てのために用いるがために持つ近代に対する曖昧性を明らかにする。この円了の著作に中心的である曖昧性は、近代性のヨーロッパ中心主義から哲学を解放するという意図しない効果を持っている。彼には自分がヨーロッパの覇権として理解したものを前にして日本の伝統を再確認するという意図があったのかもしれない。しかし、彼の近代性批判は、世界の、または異文化の哲学の端緒あるいは可能性を生み出しもしたのだ。私が信じるのは、日本の仏教と日本の哲学の領域外にいる学者たちにとっての円了の重要性がこの点にあるということである。

「近代」というのは色々な意味を含意する。「近代哲学」について述べれば、重要な表れが三つほどあると言えよう。一つは実在性は全く理性的で、理性のある人間に理解されるという見解。二つめは近代哲学の世界観は基本的に二元論的であるという点。そういった意味では、実在としてまったく重なりを持たない部分を持った絶対的に異なる二つの局面に分けることができると考えられている。例えば、近代哲学者の原型であるデカルトによると、実在は二つの基本要素、具代的に言えば、空間的なものとして把握された物質（身体）は、「広がりのあるもの（レース・エクステンサ）」と「考えるもの（レース・コーギタンス）」から創造されている。そして、実在、あるいは、世界に現れる現象の由来についての捜索が近代哲学の第三の特徴になる。よく知られるように、二元論を支持する哲学者は、二つの全く関係のない物質や場所が、どのようにして互いに影響を与え合い、通信可能であるのかについて説明する必要があるだろう。

デカルト自身、物質と精神の関係を考えるにあたって、科学的な方法で明らかにできない松果体と呼ばれる、身体と心を結びつけるものとされる脳の一部や、あるいはまた神を仮定した。神学者と何人かの哲学者は、我々が神について話すことができることを認めているが、松果体が物質と非物質を結びつけるものだと真剣に考えようとする人はだれ一人いない。それ故、西田幾多郎によると、デカルトは本当の二元論者であるというよりは、潜在的一元論者 だと言えるわけで、さらに付け加えればスピノザより首尾一貫しない一元者であると言えると思われる。

さて、井上円了はデカルトに従って実在が物と心から創造されたことを出発点とするのみならず、デカルトのように、二元論に立って、世界と理解の方法を二つの別々のカテゴリーに分けているが、デカルトに反して二元論的な陥穽に陥ることがなかった。なぜなら、井上円了はデカルトのように、物と心が創造者としての神によると言わずに、神を物と心を結びつける第三の用語として解釈し、神を共通の場とし捉えたからである。後に、西田は、この共通の場を「場所」と名付けた。そして、「物」は物質、所観、客観、外界を指示し、「心」は、心性、能観、主観、内界を指し示す。さらに、井上円了は『仏教哲学』のなかで、神の世界と心物の世界を分けて考えた。前者は不可知的であり、実体、無限、そして絶対として定義された「神」を含み、実在の平等性を表現すると考えらる。それに対して、後者は可知的であり、現象、有限、そして相対とし説明された「心物」を包含し、実在の差別を表すと言われる。それに加えて、井上円了はその通りの存在論を反映する認識論や方法論を発展させることになる。特別に、論理を用いて無形的な心性を理想として調査する哲学と、実験を方法として有形的な物質を感覚を使って検索する理学を認定する。疑によって推理を使って世界を理解してみる哲学と理学は学問になる。そのように定義するならば、学問は宗教と全く異なるものだと井上円了は仮定する。なぜなら、宗教は疑いより信仰に立って、啓示によって真理を把握できるという、実在を理解する方法だからである。

井上円了自身が認めたことではないが、彼のアプローチはある意味で弁証法的で、表層で心と物は相対立しているが、神によって、止揚されるのである。同じように、哲学と理学は二つの学問の方法として対立し、深層で、そういった対立を止揚する宗教は学問と相対して、その新しくさらに深い対立は仏教によって解決されるというのである。詳しく言えば、仏教は宗教と学問としての哲学との関係を説明すればいいと井上円了は提案する。彼は次のように表現する。「仏教は哲学なりや宗教なりやとは今日の一問題なり。世間これを論ずる者はいう、仏教は宗教にして哲学にあらずと。あるいはいう仏教は哲学にして宗教にあらずと。しかれどもこれみな一方に偏する僻見なりといわざるべからず。余はまさにこれに答えていわんとす、仏教はその一部哲学より成りその一部宗教より成りて、哲学、宗教の相結合せるものなりと、今この三者の関係を示せば図のごとし」[三九]。つまり、井上円了によると、仏教のなかには、宗教と哲学の局面が含まれるのみならず、それに加えて、仏教は「哲学、宗教の相結合せるもの」になる。ある意味で、そういう発言は、仏教は伝統として、儀式のような宗教的な局面と、議論のような哲学的局面を含蓄することを意味する。だが、そういう発言は常識的なだけでなく、宗教的な局面も哲学的な局面もあるキリスト教、イスラム教、そしてはヒンズー教などにも適用可能であり、仏教と哲学を止揚するものとして仏教を考えようとする円了の目的は分かりにくいように思える。しかし、井上円了が発言した言葉はそれより深い意味があると思われる。その深い意味を説明するためには、彼自身が利用した図式を見れば分かりやすくなるだろう。『仏教哲学』のなかに載せられた図式は、仏教が「哲学、宗教の相結合せる」ことを表現するために設計されたようである。だが、円了に利用された図式は「宗教的な局面と哲学的局面を含蓄すること」よりも、むしろ宗教と哲学の重なりや関係を表すものであると考えられる。興味深いことに、カスリス・トマスは同じ図式を使用していた[四〇]。しかし彼は二元論と非二元論の違いを明らかにするためにこのグラフを使用していた[四一]。カスリスの図式を見れば、そういった違いが良く理解出来るだろう。二元論の立場からみれば、宗教と哲学とは全く違うように見えるが、非二元論の立場から見れば、宗教と哲学は共通の要素を共有す

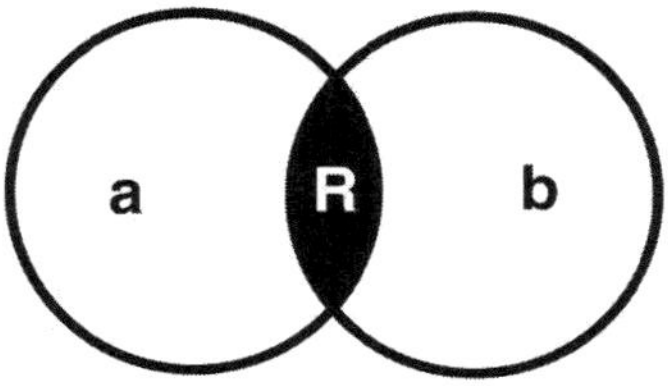

る。言い換えれば、宗教や哲学は密接に連結されている。もし、カスリスの洞察を宗教と哲学の関係に適用すれば、間違いなく、この両者のそれぞれが存在しないことを言うことができる。それだけではなく、円了によれば、宗教と哲学の間にある重要な連結を提供しているのは仏教になる。正確に言えば、宗教と哲学の関係を与えるのは仏教哲学、特に円了が呼ぶ「中宗」の天台宗、華厳宗、そして真言宗の哲学にあるパラダイムになる。

『宇宙観』の中で、円了は次のように、哲学の根本問題を説明する。「古今の宇宙観には唯物論もあれば唯心論もあり、一元論もあれば、二元論もあり、超理論もあれば、虚無論もあり」。彼は次のように続ける。「その諸説を統合総括しきたらば、初めて宇宙の真相をうかがうことができるであろう」[四二]。西田幾多郎が『善の研究』から論じたように[四三]、円了は哲学の問題として、基礎となる学問的な哲学が立つパラダイムを同定する。つまり、哲学の問題は、すべての学問的な哲学は、二元論的枠組みを包含するということである。仏教哲学のみが新しいパラダイムに貢献しないとも考えられている。世界を説明するときに、哲学者は、通常、観念論と唯物論との間で選択をする。ただし、各々のアプローチは存在論についての議論に重要な洞察を提供する。それぞれの意見は、それが立っている立場によって制限されると言われる。イデオロギーとして、哲学的な確信は真理を表現するのではなく、哲学者自身の立場を表すことになる。それ故、もっと包括的な新しいパラダイムが必要であると井上円了は提案する。彼は以下のように言う。「古来の唯物論、唯心論によりて明に証明せられている。あるいは唯物論が真理である、あるいは唯心論が真理であるなどというのはいずれも偏見にして、局外より観察すれば、この二者全く一物の両端、いったい両面に過ぎぬことが分かる。更にその理を相対絶対の上に当てはむるに、相対を究むれば絶対となる絶対を究むれば相対となる。よって相対絶対も成ることが分かる。余は相容相含説を唱うるに至った。[四四]」円了が「一体両面」を表すパラダイムは仏教教典に出てくるものであることはよく知られている。円了によると、仏教哲学に、絶対と相対[四五]、真理と現象[四六]、涅槃と輪廻[四七]、そして「平等と差別」[四八]との非二元性という概念を提供する。包括的なパラダイムが必要なため、円了は言う。「一体両面にして、しかも二者相含せりとたつるものである。この相含の理によりて、古来の学説の矛盾相反する点も会通することができる」[四九]と。なぜならば、「一般の哲学眼より見て矛盾すと思うところが真理の存するところである」からだ。[五〇]二一年後には、西田は絶対矛盾的自己同一に基づいた哲学を発展させた。私は、別の場所で説明したように、[五一]務台理作が西田哲学をもとにヒューマニズムとグローバルの哲学の体系を発展させたと考えている。したがって、円了は近代主義のパラダイムを批判して、グローバル的な哲学を支持できるパラダイムを提案したとも言えよう。

注

一　翻訳に際しては、木村朗子博士、荒川直哉博士、相楽勉東洋大学教授、白井雅人博士、竹花洋佑氏にお手伝いいただいた。記して感謝の意を表したい。

二　本論の「井上円了における日本仏教という概念」前半は、私が著作した“‘Japanese Buddhism’: Essence, Construct or Skillful Means”(Pacific World, Series 3, No. 12, 2011: 1-26)に基づく。Pacific World の編集者の許可のもと翻訳されたものである。

三　もちろん、同様の問題は「アメリカ仏教」においても当てはまる。このことは、たとえアメリカの仏教機関が自らを、例えば日本や韓国あるいはチベットの仏教の系統に属するものと考えていたとしてもそうである。

四　日本文化の独自性を強調する議論は通常「日本人論」と呼ばれ、この三〇年の間に学識者によって厳しく批判されてきた。例えば、石澤靖治の『日本人論・日本論の系譜』(丸善、一九九七年)参照。こうした「日本人論」に近いものとして日本の「同質性」という神話が挙げられるが、これに対しては小熊英二の『単一民族神話の起源』(新曜社、一九九五年)による批判がある。

五　一九六三年にGino PIOVESANAは西周と津田真道を「西洋的知の先駆者」と名付けている。Gino K. PIOVESANA S.J., Recent Japanese Philosophical Thought 1862-1996, Third Revised Edition (Richmond: Japan Library, 1997): 5.

六　聖徳太子の時代に先立つ六世紀前半に仏教が日本に伝来したにもかかわらず、明治の思想家は聖徳太子の『十七条憲法』をもって「日本仏教」の始まりと見なしている。

七　註四参照。
八　矢吹慶輝『日本精神と日本仏教』仏教連合会、一九三四年。
九　井上円了『井上円了選集第三巻』東洋大学、一九八七年。
一〇　末木文美士『明治思想家論』トランスビュー、二〇〇四年、五四頁。
一一　井上円了選集第三巻、二五〇〜二五一頁
一二　井上円了選集第三巻、二五〇頁
一三　井上円了選集第三巻、二五三頁
一四　井上円了選集第三巻、一九五頁
一五　末木文美士, 57.
一六　末木文美士, 57.
一七　末木文美士, 59.
一八　河上徹太郎等『近代の超克』冨山房、一九七九年。
一九　彼はまた仏教はキリスト教を超越しかつ包含するとも主張している。Inoue, 1987, 296-7.
二〇　第二次世界大戦以後は、大部分の日本の仏教思想家は、少なくとも実践的・政治的レベルでは宗教と国家の分離を受け入れている。国と仏法との統合という戦前のレトリックに回帰しようと試みているのは梅原猛のような少数派のみである。
二一　ここで円了は「自力」と「他力」という浄土教のレトリックを用いてこのことをパラスレーズしている。
二二　井上円了選集第三巻、二九六〜二九七頁
二三　井上円了選集第三巻、三〇四頁
二四　井上円了選集第三巻、三〇六頁
二五　井上円了選集第三巻、三〇八頁
二六　井上円了選集第三巻、三〇七頁

二七　井上円了選集第三巻、三一四～三一五頁

二八　Chrisopher IVES. Imperial-Way Zen : Ichikawa Hakugen's critique and lingering questions for Buddhist ethics(Honolulu: University of Hawaii Press, 2009) : 86.

二九　仲尾俊博『仏教と差別』永田文昌堂、一九八五年。

三〇　中村元『佛教語大辞典』東京書籍、一九一二年、六〇四頁。

三一　彼の議論を補強するならば、彼が有名な「色即是空空即是色」という言葉を引用していることを指摘しておきたい。井上円了選集第三巻、三〇五頁。

三二　井上円了選集第三巻、三〇四頁。この表現は『大般若経』にまで遡ることができる。T 7.220.865b11.

三三　井上円了選集第三巻、三一五頁。ここで円了は「平等と差異化が同じもの」であり、不可分の同一性を構成していると主張している。

三四　Gereon KOPF. "Language Games, Selflessness, and the Death of God; A/Theology in Contemporary Zen Philosophy and Deconstruction." Continental and Japanese Philosophy: Comparative Approaches to the Kyoto School. Eds.: Bret Davis, Brian Schroeder, and Jason Wirth（Bloomington: Indian University Press, 2010）.

三五　西田幾多郎『西田幾多郎全集』第七巻、岩波書店、一九八八年、二〇七､三七七頁。

三六　務台理作『務台理作著作集』第四巻、こぶし書房、二〇〇〇～二〇〇二年、九五～九六頁。

三七　西田は自らの哲学を「徹底的批評主義」と名付けている。『西田幾多郎全集』第五巻、一八五頁。

三八　田辺元『田辺元全集』第九巻、筑摩書房、一九六三年、四六～六三頁。

三九　井上円了選集第七巻、一〇七頁。

四〇　Thomas P. KASULIS. Intimacy and Integrity: Philosophy and Cultural Difference（Honolulu: University of Hawaii Press, 2002）:37. Reprinted with the permission of the author.

四一　カスリスは、彼の『親密さと健全さ：哲学と文化的差異（Intimacy and Integrity: Philosophy and Cultural Difference）』という著作の中で、「健全さ」として彼が言及するパラダイムに二元論が基づき、「親密さ」として彼が言及するパラダイムに非二元論が基づくことを示唆している。

四二　井上円了選集第二巻、二三六頁。

四三　『西田幾多郎全集』第一巻、三〜二〇〇頁。

四四　井上円了選集第二巻、二三七〜二三八頁。

四五　井上円了選集第三巻、三〇四頁。

四六　井上円了選集第三巻、三〇六頁。

四七　井上円了選集第三巻、三〇七頁。

四八　井上円了選集第三巻、三一四〜三一五頁。上で議論したように、この概念は明治、大正、昭和の時代において政治的な差別を正当化するために悪用されてきた。より基底的な水準では、円了はここで同一性と差異の非二元性を示唆し、それ故グローバルな市民性を包含した概念を基礎づけた。私は他の場所で、世界市民主義を包含する理論を促進する、同一性と差異の概念を調和させるパラダイムを発見する必要性を論じた。Gereon KOPF. “Ambiguity, Diversity, and an Ethics of Understanding: What Nishida’s Philosophy can contribute to the Pluralism Debate,” Culture and Dialogue（Vol.1, No. 1, 2011）：2-25. を参照。

四九　井上円了選集第二巻、二三八頁。

五〇　井上円了選集第二巻、二三八頁。

五一　Gereon KOPF. “Nationalism, Globalism, and Cosmopolitanism: An Application of Kyoto School Philosophy,” Frontiers of Japanese Philosophy 6: Confluences and Cross-Currents, eds.: Raquel Bouso and James Heisig（Nagoya: Nanzan Institute for Religion and Culture, 2009）:70-189.

第三章

哲学・文化と近代日本

「美学」受容に見る明治期の人間観——西周の「美妙学説」を手掛かりに——

相楽　勉

一　「美学（aesthetics）」とは何についての学問か？

明治期以来今日もなお「美学」と呼ばれる学科は一八世紀ドイツの哲学者バウムガルテン（Alexander Gottlieb Baumgarten）の著書『形而上学』（一七五七年）と『美学（Aesthetica）』（一七五〇／五八年）において提起されたものだ。[一] バウムガルテンによればÄsthetik（エステティーク、英語 aesthetics）とはまず「感性的認識の学」、詳しく言うと、対象を「判明」に認識する「上位認識能力」たる知性に対して、「下位認識能力」である感性についての学である。[二] だがバウムガルテンは同時に美学を「美しく思考する技術」に関わる「美しいものの学（die Wissenschaft des Schönen）」とも言っている。この場合「美しく」とは判明な学的認識に優れた「素材」を提供して理解しやすいものとし、判明な範囲外の認識も改善することを意味すると言われてもいる。[三] つまりそれは感覚や想像力などの育成、すなわち「趣味」の育成に関わり、[四] 他方美的なものである芸術の批評に関わるものである。

この感性論にして芸術論という新たな学問の提起は、バウムガルテン個人の独創というよりも、イタリアルネサンスの人間性回復要求から始まる西洋近代の時代的要請に基づくものと考えられる。近代科学の勃興に際して人間知性という「上位認識能力」が評価されるのは当然だが、さらに人間の表現行為一般を「芸術」という新たな概念で捉え評価することになったのもこの時代であり、その基礎能力として「感性」が問題になったという事情がある。だがこの問題を、人間の能力全体における「感性」の役割の再評価という課題として受け取り、バウムガルテンの美学を批判的に継承したのはカント（Immanuel Kant,1724-1804）だった。

　カントにとってÄsthetik（エステティーク）とは、さしあたり「美しいものの学」ではない。周知のように、『純粋理性批判』におけるエステティークは、自然科学的認識の基礎になる感性のアプリオリな形式（空間・時間）を問題にするものであり、『実践理性批判』におけるエステティークは、道徳法則に対する尊敬の感情を論じる議論であった。[五] これら二つの著作で、「わが頭上の星辰」（自然法則の支配する世界）と「わが心の内なる道徳律」を探究したカントは、さらにこれら二つを媒介する思考を「反省的判断力」のうちに見出した。悟性的な自然理解とは、「これはバラだ」というように対象を既知の一般概念によって規定することだが、「このバラは美しい」と判断する場合は、主観的感情によって思われる「美」という理念においてバラを見ていることになる。後者の場合の自然は、科学が捉える機械的自然ではなく、そこに理想の実現という「目的」が垣間見られている自然である。このような「情感的・美的 aesthetisch 判断力」の分析から始まる第三の主著『判断力批判』においては、たしかに「芸術」における美的経験も問われるが、心の内なる善の理想がそれを通じて思い見られる「自然」経験の方こそ、問われるべきことだった。それゆえ、彼にとって芸術表現のうち感覚的欲求の充足にかかわる要素（快適さ）は好ましいものではなく、「無関心性」即ち欲望充足への執着から解放されていることこそが美的経験の核心なのであった。従って、芸術作品の評価基準はいわば無欲な自然にどれだけ近いかということになる。

　この「無関心性」を呼び起こす自然経験を、カントはたとえば「崇高（Erhabenheit, sublime）」という感情に求める。「大きな山塊」「荒野」などの量的巨大さ（「数学的に崇高なもの」）、あるいは「岩壁」「火山」など圧倒的な自然の威力を示すもの（「力学的に崇高なもの」）（KU,107）によって、われわれは人間的欲求の無力さに直面し「無関心性」の内で「崇高なものの理念」に襲われ、人間性の善を直観する。バウムガルテン美学の趣旨である趣味の育成と芸術美の探究の意義も、カントによればここに基づくのである。

その後の美学は芸術批評を中心に展開したが、人間本性の評価というカントが取り組んだ問いは、美学の学問的意義を問う上で不可避のものであろう。本稿はこのような西洋美学が明治時代にどのように受容され活用されたかを考えたい。明治期の日本人たちにとって美学の問題意識は他の西洋文化と同時に突然入って来たものであったにせよ、彼ら自身の美意識を問うことにもなったはずだ。その対決を通して、彼ら明治期の日本人にどのような人間観が芽生えてきたかを探ってみよう。

二　日本における「美学」受容

日本における「美学」についての言及の最も早期のものは、西洋のフィロソフィーを「哲学」と訳し紹介した西周のいくつかの著作や草稿に見られる。江戸時代末一八六七年の京都で書かれたと思われる『百一新論』の中にすでに「善美学《エステチーキ》」にかんする言及があり、一八七〇年以降に Encyclopedeia という題目で定期的に行われ、後に『百学連環』という遺稿集に収められた講演の中で何度か Aesthetics に言及しており、その都度「詩楽画」「佳趣論」「卓美の学」などと訳している。そして一番まとまった論述が「美妙学説」というタイトルで今日に伝えられている。

だが日本における美学受容の背景には、文部省の政策上の意向があったことも無視できない。西の「美妙学説」の背景に、西が文部省の要請で訳した『奚般氏著心理学』（明治九年）、即ちジョゼフ・ヘブンの心理学著作がある。そして、その数年後に公刊された中江篤介（兆民）訳『維氏美学』（明治一六年）もまた文部省の要請によるものであり、その著名が「美学」という訳語が定着するきっかけになったのである。興味深いのは、中江訳『維氏美学』の原著者ヴェロンは兆民滞在時のフランスで「自由主義的・科学主義的ジャーナリスト」として気鋭の存在で、その著『美学』も反アカデミズム的な主張を前面に押し出しており、後の民権運動家兆民の意向に沿うものではあっても、政府の意向に沿うものとは思えないことだ。[六]おそらく文部省の政策的意図は、ともかく西洋的学の目録を完備することのみにあったので、訳すべき著作の選定には積極的に関与しなかったのであろう。

　さて、これら関連書籍の翻訳の一方、アカデミズムにおける受容は明治十年代の東京大学文学部における「審美学」講義に始まる。その内容詳細は明らかではないが、初期の担当者であったフェノロサが明治一五年（一八八二年）に講演した「美術真説」のうちに、芸術の文化的意義とその本質の省察が含まれていることが注目される。この講演が日本の伝統美術を評価してその再興に大きな影響を与えたことは周知のことであるが、その評価は「旨趣と形想」が共同して「妙想（idea）」を表現する度合いという美学的な判定基準によるものだった。このフェノロサの講演は明治時代の美術界のみならず芸術批評一般に影響を与えたと思われる。だがそれは美学が芸術批評の基礎理論と捉えられたということでもある。[七]その後、明治二二年に東京美術学校が開校し、フェノロサが「美学美術史」講義を担当する。さらに明治三二年には東京帝国大学文学部に、明治四二年には京都帝国大学文学部に「美学」講座が開設されて、今日にまでつながる大学における美学研究の体制が整った。

　その一方で、森鴎外によるハルトマン美学の受容のように、文部省主導の翻訳事業とは距離を置いた美学の受容もあった。しかしながら、その多くは芸術批評や文芸批評の手掛かりに止まったことも否めない。ただし、人間本性への問いという哲学本流から美学的問いに向かい、芸術批評もその一環として行った大西祝のような人もいる。

　明治期日本における美学受容を、本稿ではやはり「哲学」受容の内なる問題として考え、そこに固有の人間観を見出したい。そのように考えるなら、たとえ啓蒙的段階であるにせよ、西洋の「フィロソフィー」なる学に直面し、儒学（朱子学）の徒という自らの出自とも向き合いながらその問いを引き受けた西周の美学受容を問い直す意義はある。まず彼の「フィロソフィー」受容の展開を追いながら、その中で美学が登場する理由を考えてみたい。

三　「哲学」をめぐる西周の葛藤

西が西洋で「フィロソフィー」と呼ばれていた学を「哲学」と訳し、それが以後定訳になったということは周知のことだが、この「フィロソフィー」の意義に関する彼の理解は何度も変転している。彼が最初に「フィロソフィ」に出会ったのは蕃書調所時代に遡る。留学以前のこの時期に、彼は「フィロソフィ」を「西洋之性理之学」と解している。[八]「性理之学」は儒学の主要な問いでもあり、彼がフィロソフィーを儒学的問いの西洋版と解していたことをうかがわせる。他方すでにその「知恵の希求」というギリシア語源をも踏まえた「希哲学」（賢哲たることをねがう）という訳語も発案していた（津田真道「性理論」の跋文、文久元年、一八六一年）。

その後、オランダ留学を経て書かれた『百一新論』（一八七四年（明治七年））に訳語「哲学」が登場することになる。この著は「人ノ人タル道ヲ教フル[九]」様々な「教」を統一する学的方法を「哲学」に求めるのだが、元々は「儒学」がそのような役割を果たすものと考えられていた。つまり、「政」「教」「法」をはっきり区別すべしというこの著の議論の大半は「儒学」の批判を含んでおり、「哲学」は「儒学」に代わるものと見られているのである。西が説く新たな学においては、「教」の説く「道理」に関して、「天然自然ノ理」である「物理」と、「人間上バカリニ行ナハレル理」としての「心理」が区別されねばならない。[一〇]つまり自然物としての「人」の本性と、社会の中で培われた人の心の本性とを分けてみるということである。そのため「観行ノ二門」を分けて論じなければならないとも言われた。[一一] 実践に関わる「行門」は「性理」即ち心理の問題として「物理」の議論と区別されるが、他方「天地間ノ一物」即ち自然物としての人間の「物理」を考察する「観門」も必要である。そして、この「観門」の考察を「行門」の考察に反映させて「教」を立てるのが「哲学」だと言うのである。

先述のようにこの著において既に「美学」に当たる「善美学（エステチーキ）」[一二] という名称が登場しているが、それは「物理」の学としての「造化史ノ学」（natural history）のうちに「性理学（ピシコロジー）」、人種学（エスノロジー）、神理学（テオロジー）」などと共に挙げられているのであり、「哲学」の一部門とされてはいない。この点にかんしては、その後に書かれた遺稿『百学連環』における美学の位置づけの変化が注目される。ここでは美学に当たる「佳趣論」が「知」「行」に対する「思」への問いとして「哲学」の内に位置づけられているのだ。

> 凡そ知（know）は智（intellect）より知り、行（act）は意（will）より行ひ、思（feel）は感（sensibility）より思ふものにて、此六ツを性理にて分ち、真、善、美の三ツを以て哲学の目的とす。知は真なるを要し、行は善を要し、思は美を要するものにて、知を真ならしむるものは到知学にあり、行を善になすものは名教にあり、思を美にするものは佳趣論にあるなり。・・・美は外形に具足して缺くるところなきをいふなり。[一三]

この「智」（intellect）に基づく「知」、「意」に基づく「行」（行為）、「感」に基づく「思」を区別しつつ人間の心を「知情意」の統一とする見解は、直接には西が当時訳した前出の『奚般氏著心理学』（明治八年刊行）、即ちジョゼフ・ヘブンの心理学著作の内容との関連をうかがわせる。たとえば、その序論において「心性ノ学」の十分な議論のために「智」だけではなく、「情と意」（sensibility, will）も扱うと言われている。[一四] この人間の心的機能の三分法の発想は、歴史的にはバウムガルテンに影響を与えたヴォルフ学派にまで遡りうるだろうが、少なくともカントの三批判書がこの問題を明確に提起したと言える。西がカントの三分法の趣旨をどこまで理解していたか定かではないが、少なくともオランダ留学時にその知的伝統に触れたことを踏まえてヘブンの三分法を理解したと思われる。[一五]

また「智」については「知ることの明白なること」[一六]とも言われ、後年の『知説』の中では「智ハ人心一部ノ本質、意ト情ト伴タル者ナリ」[一七]と言われる。この「智」に伴う「情」とは、先ほどの「感」と同じくsensibilityの訳だから、「思を美にする」のも「情」ないし「感」の問題であり、「佳趣論」（美学）が「哲学」の課題とされているのである。そしてまた「佳趣論」という訳は、「美しく」思考するための「趣味」の育成というバウムガルテン以来の美学の趣旨を踏まえている。明晰判明な思考という「上級認識」を補佐する情的なものの育成という課題は、西の美学への関心の中心にあると言ってよい。この課題に関して西がまとめた文章はわずかに「情智関係論」と「美妙学説」に留まるが、それは日本で最も早い「美学」受容を示すものでもある。

四　「美妙学説」の本来の課題

このうち明治天皇への御進講で述べたとされる「美妙学説」の成立年は不明だが、内容的に先ほどの西周訳『奚般氏著心理学』（明治八年公刊）と関係があることから、明治十年までには成立したとみられる。[一八]「第四」まで四回の講義の各々が明確なテーマを持っている。

「美妙学説」とだけ銘打たれた第一の部分は、哲学における「美妙学」の役割を論じている。冒頭は「哲学ノ一種ニ美妙学《エツセチクク》ト云フアリ、是所謂美術《ハインアート》ト相通シテ其元理ヲ窮ムル者ナリ」と始まるが、すぐに善悪正邪を分別スル「道徳ノ性」と「正義ノ感覚」の二つこそ社会に不可欠のものであり、この「二元素」の由来を徹底的に問うのが「哲学ノ本體」[一九]であると続けられる。つまり、「人間ノ社会」に欠くことのできないこの「二元素」が最大の問題だが、さらに「美醜」を論じる「元素」も「人性上」にはあるというわけである。そして、「此美醜ヲ辧スル元素モ人間僅カニ野蕃ノ域ヲ離ルルヨリ、夙ニ既ニ社会上ニ顕ハレ大ナル嚮動ヲ作セリ」[二〇]、美醜を見分け判断する能力も人間が野蛮の域を去って社会を形成するのに大きな影響を及ぼしうると言うのである。

では何の「美醜」を論じるのかと言えば、西はさしあたり「音楽」「画学」（絵画）「彫像術」（彫刻）から「詩歌」「散文」までを含む西洋の「美術」（fine art（芸術）を西はこう訳した）を挙げるが、これに「漢土」の「書」、さらに「舞楽、演劇の類」なども加えている。つまりここで絵画、詩歌、音楽という全く異なる営みを美の表現として包括する西洋近代的な芸術（アート）の概念が外延的拡張を伴って受容されているのである。

しかしながら、最も重要なことは、「美妙学ノ元理」は主に「美術上」のことに関わるが、その「元理」の適用範囲は「美術上」に限らず「今日人間社会ノ日用ニ顕ハルル」と言われていることだろう。例えば、「君子人ト称スヘキ人」であれば「生来ノ美醜コソ何如ニモアレ」容貌に温和さがみられ「愛スヘキ」であり、「小人」であればどんなに「美麗」でも「自ラ鄙粗《ヒソ》」であると言う。「美醜」の判断は感覚美を超えて人間の「徳」に関わるものであり、「道徳ノ元素」に関わるものなのである。なぜなら、道徳の求める「善ナル者」はおのずから「正」であり、その姿は「美」だからである。

それゆえに、「美妙学」は「実用の学術」（道徳、法律）と「相制克」するどころか、それらの「元理」を含むと西は言う。「畢竟此美妙学ノ元素ノ人間社会へ発シテカノ道徳ノ元素ト経維ヲ相為シ、以テ人文ヲ組織スルハ誣《フ》ユ可ラサル者ナリ」[二一]、美妙学の追求する原理は人間社会に適用され、道徳の元素と関わり合うものとされ、文化を築くことは紛れもない事実であると言うのである。

西にとって美学（美妙学）は芸術批評以上のものであった。「美醜の判断」は、「善悪」「正邪」の判断に伴うものだからである。『百学連環』における「知」「行」に対する「思」（feel）、『知説』における「情」は、「知」に付随する位置に置かれていたが、「美妙学説」において、「情」こそが「知」を涵養する要素と考えられている。

さて、このような観点からすると、次に問題になるのは「美醜」の所在、すなわち「美しさ」の経験の理解、さらにそれを感じとる人間の能力の涵養ということになろう。

五　「美」はどこに存在するか

「美醜」の判断にも段階があるという観点から「美妙学ノ元素」すなわち美の所在を論じたのが「美妙学説其二」である。その冒頭で「此美妙学ノ元素ハ之ヲ別テ二ト為ス、其一ハ物ニ存スルノ美妙トシ、其一ハ我ニ存スルノ元素トス」[三]と言われている。「物ニ存スルノ美妙（＝元素）」とは「物ノ美麗ニシテ我カ意ニ適スル所」だが、「我カ意ニ適スル」ためには「我ニ存スルノ元素」である「想像力」が多少なりとも必要である。西がこの二元素の区別をあえて考えるのは、「物ニ存スルノ美妙」の方の経験は「想像力」のない「禽獣」でも可能と考えているからである。

もちろん「禽獣」に美的判断が可能か否かということ自体は本質的問題ではない。西はこの箇所で「禽獣」にも「法律上ノ元素」「道徳ノ元素」がありうる例を沢山挙げながらも、「美妙学上ノ元素」である「想像力」だけはないと強調するが、それは「美麗」を感受するだけの経験と、「想像力」がそれに関わる経験を区別し、その「想像力」の涵養こそが「知」の発達に関わることを指摘したいからである。

「孔雀」のような「美麗なる鳥」は自分の「美麗」を誇っているから、「美麗」の感受はあるはずだという西の例示には笑いを誘われるが、それは「美醜」の判別まではないと言うことでもある。孔雀は醜い自分を想像できない。「美醜」の判別は意味の理解でもあろう。西は、人間の「小児」なら、「鐘馗」（ショウキ、疫病神を追い払い魔を除く神）や「鬼」の絵を見たら「恐懼畏怖」を感じ泣くだろうと言うが、これは「牡丹」の絵に反応しない蝶と対比されていることからして、生存本能以上の意味の想像の始まりを示しているのである。

また「小児」が成長して筆を使えるようになり、人の手足を「十」の字のように書き団子の様な頭を加えようと思うなら、「想像力」が芽生えている。人間の姿とその意味を捉え始めているのである。そこから「綺麗」とか「汚穢ナリ」というような「抽象力」（抽象的思考）も芽生えてくる。[二三]こうして「抽象力が一層増大した想像力」は「道徳上」と「美妙学上」で無限に働くようになると西は言うのである。西の記述は簡潔であるが、ここでも「想像力」が「道徳上」で働くことに意義が認められている。伯夷の育てた粟は清浄で盗跖（トウセキ、大盗賊の名）の育てた粟は穢れていると思うのも、想像力の働きなのである。

この「美妙学説　其二」の部分は結局人間独自の「美醜」判断を担う「想像力」が「道徳上ノ元素」にも及ぶことが論じられた。しかし「道徳上ノ元素」と結びつく前に、「想像力」が「美妙学ノ元素」として持つ独特の意義も見定められねばならない。そこで、「美妙学説　其三」では「想像力」がそれに対して働く「外部ノ元素ノ在ル所」が問題になる。それは「吾人ノ耳目鼻口覚ノ五官ヨリシテ我ニ現ハルル者」[二四]である。その中で「耳目ノ二ツ」が最も重要だと言う。その理由は、他の三つ、鼻口（触）覚による享受は、「飲食ノ楽」のように個人的享受に留まるのだが、「耳目二官ノ享楽ハ一時ニ衆人共ニ同シク享有スルヲ得ル所ニ在リ」と説明されている。西は「他ノ三官モ其理は一ナリ」と認めているから、鼻口覚による美の享受を認めないわけではないが、個人的享楽より共同的享楽を重視している点は留意してよい。

いずれにせよ、問題は「美妙学ノ元素」としての「五官ヲ通シテ共ニ具ハル所ノ一大元素」の享受なのである。西はそれを「異同成文」と呼ぶ。「凡テ天地間萬物ノ文章アルハ、異中ニ同アリ、同中ニ異アルヨリ起生ス」[二五]、この世における優れたものは、異なったもののうちに一つの同じもの、一つに見えるものの内にある多様なものから見出されると言う。たとえば、自然の「木葉、花弁、鳥の羽根」などを見ても、同じようだがよく見ると実に多様な形態がありかつ秩序立っていることに美しさを見出すことができる。あるいは、「道路」は平坦であることがよいとされるが、そういう道が三十里も続けば飽きてしまうだろう。「詩歌」も同じことで、「同シ平仄

（ヒョウソク、配列）、起承転合ニテモ、奇變アリテ趣向各異ナレハ愛スヘシトス」、同じリズムでも起承転結の変化がある方が美しい。音楽の場合でも、「同一ノ音調、同一の間歇」は聴くに堪えない。音の高低、「間歇」（リズム）の急変、曲調があってはじめて聴くに堪えるものとなる。これらの例は、運動のモードを示している。変化自体がよいというよりも、その都度感じ取っていることが「成文」すなわち文（あや）を成しまとまることに意味があるのではないだろうか。そして、この経験の仕方が、人間間に生じる「善悪正邪」に触れた時に、己自身の感情の動きとまとまりを可能にするとは言えないだろうか。

それでは、この「外部ノ元素」に見て取られる異同成文を感じ取ることによって喚起される美妙学上の「情」とは何か。それが最後の「美妙学説　第四」前半の話題となる。ここでも「美妙学上の情」が「道徳上ノ情」と区別されたうえで、それらの関係が考えられる。その手掛かりは「道徳上ノ情ヲ形容シタル言葉ト美妙学上ノ情ヲ形容シタル言葉」、換言すれば「善悪正邪」に関する「情」を表現する言葉と「美醜」に関する「情」を表現する言葉の違いである。

西は「善シ、悪シシ、怜ユシ、憎シ」など道徳上の情を形容する言葉はきわめて多いが、「美妙学ノ情」を形容する言葉は「面白シ、可笑シ」という二つだけだと言う。この二つだけである理由を、西は「己ノ利害得失ト相関シテ発スル者」ではないからと説明する。面白い可笑しいという感情は、ただ何かが面白く可笑しいだけであり、自分の利害得失にはかかわらない。だから、それだけでは善悪正邪に関わる感情とはならない。「唯其面白キ者ハ之ヲ得テ己カ有トナサント欲スルニ至テハ意ノ作用ニ属シテ、始メテ善悪ヲ判スルノ目的トナル可シ」[26]、つまりただこの面白いものを所有したいと欲する時には、その善悪が問題になる。「可笑シ」に関しても事情は同様である。

ここから、「道徳上」の情と「美妙学上」の情との関係が考えられる。西がまず言及するのは、これらの情を表現する言葉の持つ影響の違いである。道徳上の感情を表す「善シ、悪シシ、怜ユシ、憎シ」などの言葉は、それを表明することがその後の事に多少かかわりがある。たとえば人の事を喜べばその人に好かれることもあり、人を怒れば憎まれることもある。それに対し「美妙学上ノ情」を表す言葉は、「是非ノ外ニ在ル」、その物の良し悪しの判断とは無関係だから、他者たちとの関係に直接関わるものではない。もちろんこれらも「情」である限り「面部ニアラハルル者」であり、「面白シ」と思えば顔に出、「可笑シ」と思えば肺を震わせて笑ってしまうこともある。これらの情が生じる理由は「外部ノ元素」であって、「面白シト思ハシムル者ハ、同中ニ異アリ異中ニ同アリ、規則ノ中ニ変化アリ変化ノ中ニ規則アリ[二七]」という道理を超えるものではないと西は言う。

　この「美妙学上の情」の中立性は、カントの言う「無関心性」の議論に関わる部分もある。西は「情」の表現が社会の対人関係において持つ意義のみを問題にし、この面を掘り下げていないと評することも出来ようが、道徳的情の表現と異なる公共的意義を認めている点は評価に値しよう。「可笑シ」という情についての分析を通して、「知情意」の統一という人間独自の在り方を示唆しているとも言える。

「物ノ規則ニ合ヒ能ク斎整ト続キタル処ニ意外ノ変化ヲ起シタル時、可笑シト云フ情ノ発スルコトト見ヘタリ[二八]」、規則正しく整った状態が続いている時に意外な変化が起きる時に可笑しいという感情が生じると西は言う。たとえばきちんとした身なりの堂々たる紳士が躓いて倒れるとか、上品な話の中に突然「下卑」な比喩が引用されるとかの場合である。そしてここで生じる「笑ヒト云フ情」を以下のように評価するのである。「性理上ニ於テハ極メテ切要ナル、極メテ高上ナル情ニ属シテ、獨リ人類ノミ限リタル事ト見エ、禽獣ニハ此性欠ケタリト見ユ、禽獣ノ性ハ殊ニ真目ナル者ニシテ、何事モ直情径行ニ属シ總テ笑楽戯謔ト云フ事ノ楽無キ事ト云ヘリ[二九]」。

　つまり、「禽獣」には「直情径行」で「笑楽戯謔」がないように見えると言うことは、それらが人間独自の生き方や行為の可能性を示しているということである。自己の利害を考えたり、善悪を判断するだけではなく、自分が身を置いている世界に「面白さ」や「可笑しさ」を見出すことを通じて、状況全体に対する想像力を働かせること、そして世界を共有することが「美妙学上ノ元素」「美妙学上ノ情」の意義ということになるのだろう。

六　西の美学受容と明治期の人間観

「美妙学説」の末尾が「抑モ美術ノ人文ヲ盛ニシテ、人間ノ世間ヲ高上ナル域ニ進メルハ、固ヨリ言ヲ待タサル所」[三〇]と芸術の社会的効用に触れ、「世ノ栽制輔相《さいせいほしょう》ニ任スル者ハ固ヨリ惣略《こつりゃく》ス可ラサルノ事タリ」、世を治める者はこれを軽視してはならないと言っているのは、明治天皇への御進講としてなされた事情に由来すると解されるかもしれない。「美妙学ノ元素」への配慮は新たな国家体制保持のための宰相学に必須のものと西は考えていたのだろう。しかし、それも「政略上間接ノ目的」であること、また「美妙学ノ原旨」（本旨）は「道徳、法律又経済学ノ本旨」に反するものではないが、「其末ニ流レテ一向ニ偏スル時」には相対立する弊害も起こりうるので、「本末ヲ明カニシ、各其適度ヲ得ル」必要があることを指摘し、それを「美妙学説ノ畢トス」と結論付けている。

この「適度を得る」ことへと導くという美学の特徴付けは、『百学連環』における「哲学」のうちなる美学の位置づけを思いおこさせる。その中で「感」ないし「情」は、「智」に伴うものとみられていたが、「美妙学説」を通じて繰り返し論じられたのは、「情」にはそれ自体で考えられるべき固有の意義があり、それによって「情」は「人ノ人タル道」にかんする「智」(intellect) の補佐役であるということだった。西は「美妙学」を「美術《ハインアート》ト相通シテ其元理ヲ窮ムル者」と言ったのだが、このようなタイプの学は儒学を学んでいた若き日の彼には思いもよらなかったものではなかろうか。もちろん昔から芸事はあり「芸道」の思想もあった。しかし、それらの原理が人間社会を支える様々な知と関係し、影響関係があることを正面から論じることはなかったのではないか。

西以後の明治期における美学受容の状況を振り返るなら、フェノロサに始まる外国人講師によって当時の西洋の美学理論を学んだ世代の多くは、美学を主に「美術」(藝術) 批評の方法と考えたのであり、明治三〇年代に東京帝国大学に美学講座が設立されてからは、芸術批評の方法とは別に精神科学としての美学の探究も始まった。

このような状況下で「美学」には多種多様な問題の解決が期待されるようになり、それらの探求は西が当初看取した「美妙学」とはかなり異なったものになっていったようにも思える。ただ、いずれも人間の感性にかかわる「想像力」の領野の固有性が追究される点では共通していると言えよう。それこそが「哲学」を取り入れた西の思いの一端を表すものであり、明治期の人間観の一端を表すものでもあるだろう。

参考文献（脚注では「著者名：公刊年」で引用する）

柳田泉「福沢諭吉と西周」『国語と国文学』第二三巻一〇号、一九四六年
長谷川泉「近代文学論の形成」、『國文学』昭和三六年九月号、一九六一年（『奚般心理学』内容紹介）
山本正男『東西芸術精神の伝統と交流』理想社、一九六五年
飛鳥井雅道「民権運動と『維氏美学』」、桑原武夫編『中江兆民の研究』一九六六年
蓮沼啓介「西周とカント哲学」『神戸法学雑誌』第三三巻第一号、一九八三年
蓮沼啓介『西周に於ける哲学の成立』有斐閣、一九八七年
小泉仰『西周と欧米思想との出会い』三嶺書房、一九八九年
神林恒道『美学事始　芸術学の日本近代』勁草書房、二〇〇二年
濱下昌宏『主体の学としての美学 近代日本美学史研究』晃陽書房、二〇〇七年
小坂国継『明治哲学の研究』岩波書店、二〇一四年

注

一　「美学」の提起自体は一七三五年の『詩に関する若干の事柄についての論考』一一六節に遡る。

二　Ästhetik、Aestheticaという語は、感覚的なものを意味するギリシア語aisthesisに基づく造語

三　バウムガルテン『美学』一～三節、松尾大訳（一九九八年、玉川大学出版部）一五頁参照。

四　バウムガルテン『形而上学』五三三節

五　ただし、カントはこの議論をエステティークと呼ぶことに対しては「類比に従う」限りでそう呼ぶと慎重である（アカデミー版 V,90）。

六　飛鳥井雅道「民権運動と『維氏美学』」（桑原武夫編『中江兆民の研究』一九六六年、岩波書店、一二六〜一二八頁

七　山本正男『東西芸術精神の伝統と交流』（一九六〇年、理想社）四七頁

八　大久保利謙編『西周全集』第一巻、宗高書房、昭和三五年、八頁（以下『全集』と略記）『全集』第二巻、七〇一頁

九　『全集』第一巻、二三四頁

一〇　『全集』第一巻、二七七頁

一一　『全集』第一巻、二八八頁

一二　『全集』第一巻、二八八頁

一三　『全集』第四巻、一六八頁、ただし西がその訳語と考えた原語を付した。

一四　『奚般氏著心理学』二〜三頁

一五　小泉仰『西周の欧米思想との出会い』一九八九年、一六三頁参照。西のカント理解については蓮沼啓介「西周とカント哲学──「西周における儒教と洋学」（渡辺和靖『明治思想史』第二章）を駁す」（神戸法学雑誌第三三巻第一号、一九八三年六月）を参照。

一六　『全集』第四巻、三三頁

一七　『全集』第一巻、四五一頁

一八　神林恒道『美学事始』二〇〇二年、勁草書房、七〇頁

一九　『全集』第一巻、四七九頁

二〇　『全集』第一巻、四七九頁

二一　『全集』第一巻、四八一頁

二二　『全集』第一巻、四八二頁

二三　『全集』第一巻、四八四頁

二四　『全集』第一巻、四八五頁
二五　『全集』第一巻、四八六頁
二六　『全集』第一巻、四八九頁
二七　『全集』第一巻、四九一頁
二八　『全集』第一巻、四九一頁
二九　『全集』第一巻、四九一頁
三〇　『全集』第一巻、四九二頁

大西祝と『良心起原論』

小坂国継

序

大西祝《はじめ》（一八六四〜一九〇〇年）は明治中期に活躍した思想家である。彼は二三歳の時、「批評論」をもって颯爽と論壇に登場して、批評の意義や精神について論じ、六年後の「批評的精神」において、当時の思想界に蔓延している浅薄皮相な「事なかれ主義的」傾向を痛烈に批判して、徹底した批評的精神の確立の急務を説いた。その活躍の一端は島崎藤村の『桜の実の熟する時』の中に鮮やかに描かれている。けれども大西の論壇や思想界における活動期間はきわめて短く、有り余る才能と大望をいだきながら、志《こころざし》半ばにして、三六歳の若さでこの世を去った。今ではまったく「忘れられた思想家」になっている。

西田幾多郎（一八七〇〜一九四五年）は、ある座談会のなかで、明治の哲学界を回顧して、自分の大先輩として井上哲次郎、先輩として清沢満之《きよざわまんし》と大西祝、同輩として桑木厳翼《げんよく》の名前をあげた後、特に大西祝に関して、「大西さんは若くして死んだけれども、生きてをったら学者として非常に立派な人でせうね」と語っている。草創期の哲学者として上の四人の名前をあげた際、特別に大西のことに触れて、高い評価をあたえている点が注目される。

また清沢満之の没後二五周年を記念して大谷大学で開催された追悼記念講演会で、西田は「従来日本には哲学研究者は随分あるが、日本の哲学者といふべきは故大西祝と我清沢満之氏であらう」[二]と語ったと伝えられている。清沢満之を追悼する記念講演であるから、清沢を褒めるのは道理であるとしても、我が国で哲学者と呼ぶべき人物として、わざわざ清沢と並んで大西の名前をあげているところに、西田の大西に対する一貫した高い評価と関心をうかがうことができる。それだけにまた大西の夭折は悔やまれて余りあるといわなければならない。

大西は、死に際に夫人から最期の言葉をもとめられると、「いづれ人は一度死ぬものなれば、此期に及びてまたいふべきなし、唯だ天今数年を仮して吾が使命の一分を遂げしめざりしを遺憾とす」[三]と語ったといわれている。この大西の思いは同時に大西という人物を知る誰もの共通の思いでもあったろう。大西の学者としての活動期間は一〇余年にすぎなかったが、その間、彼は大部の『西洋哲学史』『論理学』『倫理学』の著作のほかに、一五〇余篇もの論文や評論を書いている。けれども、それらの著作はいずれも東京専門学校（早稲田大学の前身）における講義録であり、また論稿の多くは批評的、啓蒙的なもので、真に大西独自の哲学的立場を語ったものは少なかった。

この間の事情を、東京専門学校時代の同僚であった坪内逍遥（一八五九～一九三五年）は「論理学に関する物は早稲田の専門学校の講義録に載せてあり、哲学史も、わが学壇で出来た物としては先例のないといってよい立派なのが書かれているが、何れも未完である。それから、心理学、審美学の研究の如きもやはり断片のまゝである。もっとも、その断片は慥《たし》かに雲間に閃く金鱗で、人をして其本体の龍であることを想像せしめるには足るもの、、惜しいことに、まだほんの尾か脚かを見せたに過ぎない」[四]と回想している。当時、大西とともに、早稲田の文科を背負った巨擘である坪内のこの言葉は、大西の残した業績の偉大さと、その宿命的な限界をきわめて的確に指摘している。見るべきところを見、言うべきところを言っている、といわざるをえない。

そうした事情のなかで、大西の思想が比較的に完成された形で提示されているのが『良心起原論』である。それは大西の唯一ともいうべき代表作であり、また今日の学問的水準に照らして見てもすぐれた不朽の価値を有するものである。けれども、後述するように、それは大西の在世時においては刊行されず、死後、遺稿として出版された。

西田幾多郎は大西の『倫理学』を評して「思想は精細明晰にて面白く候、余は何とてかくの如くなる能はさるにやと思ひ候[五]」と語っているが、もしも西田が、当時、大西の『良心起原論』を手にしていたら、彼がそれをどう評価したか大いに興味のもたれるところであろう。

以下、大西の『良心起原論』の執筆とその内容、および歴史的意義について検討してみたい。

一

大西祝の『良心起原論』は明治二三年頃に起草された。彼は一八六四年（元治元年）の生まれであるから、満年齢で二六歳の頃である。大西は明治一四年、同志社の普通科を、同一七年に神学科を卒業した後、翌一八年に上京して東京大学予備門の編入試験を受け、特別に第三年に入学を許可された。同年九月に文科大学に進み、二二年に卒業したのち、ひきつづき大学院の給費生になっている。大学院における研究は倫理ないし道徳の原理の問題に傾注され、その修了論文として起稿されたのが『良心起原論』である。しかし、なぜかこの論文の提出は見合わされ、没後の一九〇四年（明治三七年）に『大西博士全集』（警醒社）の第五巻としてはじめて公刊された。最初の起草から実に一四年後のことである。

では、どうして『良心起原論』は大学に提出されなかったのであろうか。全集同巻の編者（中桐確太郎・綱島栄一郎）は「故ありて其の提出を見合はされたり」と記しているだけで、具体的な理由については触れていない。「途中で行き詰まったから」と解釈する向きもあるようであるが、それは正鵠を射ていないように思う。というのも全集の編者も「先生の遺稿中にて較々完了せりと見ゆるは此論なるべし」と述べているように、『良心起原論』は、少なくとも外見的には、見事に完成された体裁を有しているからである。したがって、それが大学に提出されなかった理由を論文そのものの形式や内容にもとめるのは難しく、何か外部的な事情にもとめざるを得ないのである。そしてその場合に考えられるのは大学院の指導教授であった井上哲次郎（一八五五〜一九四四年）との確執である。

井上は明治一八年二月、文部省の命により哲学研究のため欧州に留学し、同二三年一〇月、六年にもおよぶ長期の留学から帰国し、ただちに東京帝国大学文科大学の教授に就任した。したがって井上が欧州に出発したのは大西が大学に入る半年前であり、また井上が欧州から帰国したのは大西が大学院に入学した翌年にあたっている。それで、大西は大学時代は一度も井上の指導をうける機会がなかった[六]。

しかるに彼は大学院在籍二年目にしてはじめて井上の指導をうけることになった。けれども、大西と井上の関係はどう見てもしっくり行っていたようには見えない。井上は宗教、特にキリスト教に対して一種の偏見をもっており、キリスト教は国家教育と衝突するという臆念をいだいていた。彼はドイツから帰国してまもなく、『勅語衍義』を執筆し、『教育と宗教の衝突』を書いて、いわゆる「教育と宗教の衝突」論争を惹き起こした。一方、大西はユニテリアン信徒である両親のもとで育った。彼が同志社に進学したのも、こうした敬虔な家庭的環境と関係があるだろう。ちなみに大西は明治一一年四月、新島襄から洗礼を受けている。

また井上は保守的で国家主義的な思想の持ち主であったのに対して、大西はリベラルで進歩的な啓蒙主義者であった。さらに井上は東西の哲学や思想の性急な折衷ないし綜合に走りがちであったが、大西は徹底した批判的精神の持ち主であった。大西の書いたものを読むと、彼が井上の学問的態度、特にその安直な折衷主義に対して不信感を懐いていたことがわかる。

姉崎正治（一八七三〜一九四九年）は、その回顧談のなかで大西の厳格な学風に触れて、（大西が）「一夜づくりの者はよく出来ても、やはり一夜づくりなり、三年かゝれば三年、五年かゝれば五年、其だけの産物たる価値あり」[七]と語っていたと伝えている。大西は当時の井上哲次郎等の折衷的な著書を「速成の著書」として批判しつづけた。それゆえに自己の『良心起原論』をそうした速成の著書にすることを好まなかったのではなかろうか。残された彼の自筆の原稿[八]を見ると、随所に墨や朱でもって補筆し訂正をほどこしている。特に自分の考説を述べた部分は大幅に増補・改訂をおこなっている。また親近者に対して「さらに訂正して之を独逸語に翻し以て広く天下の学者に問はむとの意を洩らし」[九]している。おそらく彼の多忙な日常生活、明治三一年二月から同三二年九月にかけての欧州留学、またその間の度重なる疾患とそれによる夭折等の外面的事情が、公刊の意思を強くもちながら、ついに果たすことのできなかった最大の理由であったと思われる。

また、これと関連して元良勇次郎（一八五八～一九一二年）の大西祝宛の書簡（明治二六年五月四日）が残っている。それは大西の『良心起原論』を哲学會紀要に掲載する件についての問い合わせの手紙であるが、それを見ると、『良心起原論』は一度大学へ提出されており、また（大西が）それを紀要に掲載することにも同意していた模様である。それが、その後、校正のためという理由で大西の手許におかれたままになっていた。それを至急大学へ提出してもらいたい、というのが元良の手紙の趣旨である。[一〇]

しかるに理由ははっきりしないが、大西は『良心起原論』を大学に再提出することもしなければ、それを紀要に掲載することもしなかった。おそらくその背景にあるのは井上哲次郎との関係であろう。大西は、先の井上のキリスト教批判に対して「私見一束」（『教育時論』第二八四号、明治二六年三月）や「当今の衝突論」（『教育時論』第二九五号、二九六号、明治二六年六月、七月）を書いて反論を試みている。そして井上哲次郎をはじめとする勅語の注釈家たちが、国民の心得を説いた勅語を独断的に一種の倫理説としてとらえた上で、いわば国家権力を盾にして他の倫理説と争おうとするやり方を「卑怯なり」と弾劾している。井上との間のこうしたぎくしゃくした関係が論文の提出を見合わせた最大の理由であったのではなかろうか。大西は明治二四年、つまり井上が帰朝した翌年、東京専門学校の招聘に応じているが、これも井上との不和あるいは確執がその一因であったように思われる。大西は帝国大学に残る道を自ら断ったと見てよいだろう。

さて大西は彼の「倫理論文 良心起原論」の大半を種々の雑誌に掲載している。まず第一章の「良心とは何ぞや」は「良心トハ何ゾヤ」という表題で『哲学會雑誌』（第四九・五一号、明治二四年三・五月）に、また第二章中の「良心作用発現の時期と其変遷」から「此説は道徳的心識と良心とを別物とするもの也」[11]までの部分を「良心の起原を強者の強迫力に帰するの説を論ず」という表題で『六合雑誌』（一九〇・一九一号、明治二九年一〇・一一月）に、同じく「ダアヴィンの考説」から「善悪の感別につきて」の部分を[12]「良心の起原に関するダアウィンの考説を論ず」という表題で『教育時論』（第三六一号、明治二八年四月）に、さらに「附録 良心作用の対境たる動機、意趣幷行為」の部分を[13]「良心作用の目的物たる動機、意趣幷行為」という表題で『六合雑誌』（一九六号、明治三〇年四月）にそれぞれ掲載している。大西は各雑誌に掲載した自分の論文の切り抜きを作成し、至る所に書き込みや修正や削除をおこなっている。[14]

また、これと関連して大西は「道徳的理想の根拠」と題する論文を『六合雑誌』（一七一号、明治二八年三月）に寄稿している。これは『良心起原論』の第二章の後半の部分を大幅に加筆訂正したものであり、『良心起原論』とは別個の独立した論文であるが、なぜか全集の編者はこれを『良心起原論』の本文のなかに勝手に挿入している。そのため『良心起原論』の該当箇所の重複する部分を削除し、本文とこの「道徳的理想の根拠」をつなぐために編者自身の短い文章を挿入している。こうした行為は今日ではまったく考えられない、絶対に許されない行為であろう。当時の全集の編集がいかに杜撰であったかをよく示している。

二

『良心起原論』は三章から成っており、それに「緒言」と「附録」が付されている。「緒言」においては良心の起原の問題をあつかう理由と意義について簡潔に語られ、また本稿が良心の起原の考察に関する批評的部分と建設的部分に分かれていること、また両部分において論じ方が異なっていることが予め指摘されている。

「良心とは何ぞや」と題された第一章では良心の定義がなされている。大西の良心論の特徴は良心をもっとも広義においてとらえていることであろう。彼は「シテハナラヌ」「セネバナラヌ」といった「義務の心識」だけでなく、「ヨシ」「ワロシ」といった「善悪の褒貶」や「善悪の感別」をも良心と見なし、広く「道徳的意識一般」を良心と考えている。したがって倫理学の根本問題はすなわち良心の起原についての考察であることになる。そしてこれが「良心起原論」というタイトルの選ばれたゆえんであって、大西はそれによって単に倫理学の一部門である良心の問題を論究しようとしたのではなく、倫理学全般にわたる根本原理を探究しようとしたのである。

「良心の起原」と題された第二章では、良心の起原についての考察がなされているが、それは「批評的部分」と「建設的部分」に分けられている。批評的部分では、従来の良心起原に関する種々の考説すなわち良心性具説、社会製造説、強者の強迫力に帰する説、社会的本能起原説等の検討と批判がおこなわれ、また「建設的部分」では良心の起原の形而上学的基礎づけがおこなわれている。その要点を記すと、大西は吾人に自己本来の目的への目的論的進化を仮定して、「吾人の本来の目的に対して吾人の有する関係が我心識に現れて我が生活行為の理想てふ一種の観念を生じ、而してそこに良心てふ作用を発起し来る」[一五]と説いている。

「倫理学上此論の価値」と題された第三章では、上の良心の起原についての考察が倫理学の大本ないし標準のもとめられるべき方向を指示する、いわば羅針盤の役割をしていることが力説されている。また附録として収められた「良心作用の対境たる動機、意趣幷行為」においては、良心の対象が有心識なるもの、すなわち動機や意

趣や（それが外に現われた）行為であって、無心識なものは良心の対象にはならないということが論じられている。[二六]

三

イギリス経験論哲学に代表される良心の起原の経験的説明に対する大西の批判の骨子は、経験論哲学はなるほど行為の動機を説明することはできても、義務や当為の意識を十分に説明することはできないということであった。経験は事物が実際にどのようにあるかを知らせるが、しかしどのようになければならないかは知らせない。経験の立場に立つかぎり、所与の事実以上には進むことはできないのである。そこで、大西は自分の考説を展開するにあたって、今までとは考察の角度をかえて、良心の起原の哲学的根拠をもとめていく。換言すれば、彼はいわば良心の形而上学的基礎づけをおこなおうとするのである。したがって、ここではもはや経験論哲学においてのように、良心がいかなる動機から生ずるかが問題とされるのではなく、義務の心識や善悪の判別がいかなる権利をもって生ずるかが問われる。

大西はまず良心と廉恥心との関係から説きはじめている。人はよく良心と廉恥心とを同一視し、したがってまた良心の起原を廉恥心によって説明しようとする。つまり、ある行為を恥じる心識が良心のはじまりだというのである。しかし、大西によれば、廉恥心すなわち「名を惜しむの心」は「複雑な心的作用」であって、それは（1）他人からうける毀誉褒貶に感応し、（2）自己の品位を重んずるところから生ずる心識である。（1）に関していえば、たしかに他人からうける毀誉褒貶は人間の行為の有力な動機となるだろう。しかし、この毀誉褒貶にはすでに少しく良心作用が含まれている。というのも、人がある行為を褒めたり貶したりするのは、すでにその行為が「シテハナラヌ」「セネバナラヌ」という性質を帯びているからである。また、（2）に関していえば、自己の品位を重んじる心識には、これまた少しく良心の作用が含まれている。というのは、人が卑劣な行為を恥じるのは、それが自己の保つべき品位に悖《もと》ると思うからである。いずれにしても廉恥心は既に少なからず良心の意識を含んでいるといわなければならない。したがって、廉恥心によって良心の起原を説明しようとするのは、みずから思想の混乱を暴露するに等しい[一七]。

ところで、この廉恥心は他人の命令や強迫の如何にもかかわらず、「自分自身に是認服膺すべき所の我が品位の理想」[一八]を暗に前提している。そして、この理想に不似合いなるがゆえに、自己の行為に対して廉恥心を感じるのである。このように理想が廉恥心を生むのであって、廉恥心が理想を生むのではない。したがって、ここから、良心の起原を、人が自己の内に理想を形成することにもとめる説が生ずる。これはヘフディングやパウルゼン、さらにはヴントらによって主張されたものであるが[一九]、大西はこの説に大いに同感の意を示している。というのも、それは、後述するように、大西の考えに近いからである。ただ、彼はつぎの点を指摘する。もしこの説が単に理想という言葉をあげるだけなら、それは良心の作用に別の言葉をあてただけで、少しも良心の起原を説明したことにはならない。しかるに良心の起原を説明するには、理想という観念の生ずる根拠を示さなければならない。理想の根拠を説明することは良心の起原を説明することである。こうして大西は良心のいわば「理想起源説」の立場に立って、その理想の何であるかを、また理想一般の生起するゆえんを探究していく。

大西はまず理想とはいったい何であるかを尋ね、それを想像と比較して、理想が想像と区別されるのは、それが「善若しくはあらねばならぬという心識」[二〇]と結びついている点だとする。つぎに理想はいかにして生ずるかという問題に対しては、理想は人がその本来の目的に到達しようとするところから生ずる、と答える。そして、この「我本来の目的」[二一]はけっして架空の想像ではなく、各人の実経験にその根拠を有するものであって、しかもこれを前提しなければ人間社会の理想は説明できない、と主張する。したがって、結局のところ、大西の良心起原論は一種の目的論的世界観を要請しているのである。

大西は、ただ人間の行為だけでなく、万物は広い意味で皆それぞれの目的をもっていると考える。宇宙を構成している各々の部分は独立したものではなく、他の部分と相互に連絡を有しており、したがってまた全体に対してその充たすべき処を有している。そして、この「充たすべき処」[二二]がその部分にとっての目的である、というのである。この目的は生物の段階ではさらに高次のものになる。すなわち生物の生長における一つの段階はつぎの段階の準備段階と考えることができる。すると、この来るべきつぎの段階は現在の段階にとって目的となる。この意味での目的は先の目的と較べて、より高次の意味合いをもっている。しかるに、人間は単なる生物とは異なり、意識を具へ自覚を有している。また、この能力によって人間は自己の将来、したがって目的を予想し憶測することができるのであり、この予想と憶測とが人間の「成長進歩の一動力」[二三]となっている。そうして、人間がかように自己の将来を予測し憶測することのできるまでに心識の発達した時期が「理想」の生ずる時期である。

ここで大西のいう理想は究極的ないし完全な理想ではなく、われわれの心識の各段階において生ずる特定の、したがってまた相対的な理想である。大西によれば、人間の内には「我本来の目的へ向い行く傾動」[二四]すなわち傾向衝動があり、この傾動によって理想が生ずる。一つの理想はこの「我本来の目的へ向い行く傾動」を満足させなくなれば、新しい理想がそれにとってかわる。たとえ理想は一定の段階においては完全であっても、人間の傾向衝動は人間を永く同一の段階にとどまらせることなく、やがてその理想に不満足をおぼえるようになる。そこに理想の改造への要求が生じ、かくして不断に新しい理想が追いもとめられる。すなわち自己本来の目的に向かう衝動の発展がさらにこの衝動を発展させるのである。

ここから、大西は理想と良心すなわち義務の心識や善悪の判別との関係に説き及んでいる。上述したとおり、理想は人間の自己本来の目的に向かって成長していく傾動によって生ずる。理想を実現するとは、人間に生まれつき具わっているこの傾動つまり傾向衝動を満足させることである。われわれが理想という一種特別の想念に対して一種特別の衝動を覚えるのは、その想念がもともと自己に性具の成長への衝動に根ざしているからである。

そして、大西の考えによれば、われわれが理想とするものに対していだく、このような一種特別の衝動が義務の衝動つまり「シテハナラヌ」「セネバナラヌ」という心識にほかならないのである。したがって義務の衝動の起原は、自己本来の目的を成就しようとする性具の傾向衝動にある。また、このような傾動に根拠づけられた理想の実現を妨げるものは、まさしくこの衝動に障害をあたえるものであり、こうして自己本来の目的に向かう衝動が何らかの障害をうけるときに、「良心の不安」「良心の咎め」といった心識が生ずる。そしてさらに自己の生活の理想（すなわち特定段階における自己本来の目的）に合致し、あるいは背反するところに、「善悪の判別」が生ずる。したがって、善とは自己本来の目的に合致するものであり、悪とはそれに背反するものである。[二五]

けれども、われわれの自己本来の目的は、たとえそれが「夢幻の妄想」ではないとしても、われわれはこれを知悉することはできない。それは神託のように突然天降ってくるものでも、神秘的に直観によって一挙に把握されるものでもない。それは、われわれが現実の世界において、少しずつ経験を積み重ねていく過程で徐々に発現してくるものである。したがって、そこには過誤や失敗もあるであろう。というのも、われわれはわれわれの到達すべき理想や目的を現在の不完全な知識でもって予想し憶測するのであるから、その予想や憶測が過誤に陥ることは免れることはできないからである。しかし、あたかも植物が、多少の遅速はあっても、自己の潜在的素質をすべて展開するように、人間も紆余曲折を経ながらもその本来の目的に向かっているからだ、と大西はいうのである。[二六]

以上のように、大西の『良心起原論』は一種の目的論的世界観を前提している。勿論、その目的論は、大西自身がいっているように、必ずしも有神論を前提しているわけではない。自己本来の目的とか、宇宙の目的論的進化（teleological evolution）とかいっても、それは人格的な神の存在を前提しているわけではないし、またそれを前提しなければ成立しないというわけのものでもない。そしてまた、その目的といっても、それは人間においてのように意識的で自覚的なものに限定されているわけでもなければ、宇宙全体が一大目的を有していて、その目的の方向に進んでいると主張しているわけでもない。ただ、それは、宇宙を構成している各々の部分は皆それぞれの目的を有し、この目的に向かって動いているということを仮定しているにすぎないのである。[二七]

上述したように、大西は良心の起原の考察を始めるにあたって、通常の意識に含まれているもの、一言でいえば経験をもって起点とした。そしてイギリスの経験論哲学の立場に立って良心の起原を考察した。その結果、彼は「純理哲学上の思想」を許容しなければ良心という心識の起原を説明できないという結論を得たのである。良心の起原を説明するのに、良心を構成している「シテハナラヌ」「セネバナラヌ」という義務の心識、あるいは「ヨキ」事、「ワロキ」事という善悪の心識を分析して、それを別種の心識（例えば快・不快という心識）に帰しても、それでもって良心の起原を説明したことにならないし、また説明できるものでもない。そこで大西は、前述したような、自己本来の目的への目的論的進化という仮定をもって良心の起原を説明しようとする。良心は「吾人の本来の目的に対して吾人の有する関係が我心識に現れて我生活行為の理想てふ一種の観念を生じ、而してそこに良心てふ作用を発起し来る」[二八]と説くのである。

四

これまで、われわれは大西の『良心起原論』に沿って彼の良心論を考察してきた。ついで総合的な観点から大西の良心論を位置づけ、また若干の批評をおこなうことにしたい。

大西は明治二四年、すなわち彼が『良心起原論』を起草した翌年、『哲学會雑誌』（第四七号、第四九号）に「倫理攷究の方法並目的」と題する論文を寄せている。この論文のなかで大西は倫理攷究の方法として、（1）挙例分類的方法。（2）比較沿革的方法、（3）縁由説明的方法、（4）理想推究的方法、の四つをあげている。これは同時に日常的攷究方法から純理哲学的攷究方法にまでいたる諸段階を示している。

まず挙例分類的方法とは、個々の行為を枚挙し、それを善悪に分類する方法である。これは学的研究以前にすでに日常の意識に存するものであるが、それはただ個々の行為を挙例し分類するだけであるから、この方法によっては普遍的な善悪の基準を得ることはできない。

そこで個々の行為の比較ならびにその歴史的考察の必要が生じてくる。これがすなわち比較沿革的方法である。この第二の方法は現在における諸行為の比較だけでなく、現在と往時における諸行為の比較を可能にさせるから、これによって倫理攷究の新しい局面が開かれうる。

けれども比較沿革的方法は結局のところ、ただ道徳上の差異と変遷とを指摘するにとどまる。そこで、さらにそれがどうして異なっているのか、どうして変遷したのかの理由がもとめられなければならない。そして、これが縁由説明的方法であって、それは道徳上の差異変遷の原因すなわち倫理的観念の動力を発見しようとするものである。ここに至って倫理的研究はその「要所」にたどりついたといえるだろう。

しかし、この方法によって明らかになるのは「一国民一時代の」道徳判断の理由であって、「万世普通の」あるいは「唯一不変の」理由ではない。それはある時代にある国民において善悪の基準はこうであったという説明であって、今後もこうあらねばならぬという説明ではない。そして、この「ある」と「あるべき」との区別を意識すれば、そこから縁由説明的方法はさらに一歩を転じて理想推究的方法に至る。そうして、ここに至って倫理の攷究はその「本領」に入ったといえるのである[二九]。

以上、少しく前置きが長くなったが、要するに理想推究的方法に至るまでの三つの攷究的方法は歴史的攷究方法と呼ぶことができる。これらの方法によって道徳上の事実は説明できても、当為や権利の心識は説明されえない。大西はこのような歴史的攷究方法を理想推究的方法にいたる準備段階として考えている。

では理想推究的方法とは何か。ここで大西は一転して普遍的理想の存在を要請する。学的に道徳的行為の究極根拠を示そうと思えば、われわれは「一定普通の理想」の存在を承認せざるをえない、というのである。

今若し何故社会に於て人の善とし又悪とすることを我も亦善とし悪とすべきか将たしかすべからざるかと問い来らば之れに答うるには倫理上最終最大の理想を提出し来るより外に其途なかるべし。[三〇]

ここまでの論旨の展開は『良心起原論』の場合とほぼ同一と見てよい。ただ、この論文においては、大西のいう理想攷究的方法が『良心起原論』においてよりも一歩踏み込んだ形で論じられている。

まず大西は倫理の理想を推究する方法は、心理的方法すなわち「我心性」に訴えて自問自答する以外にないと主張する。ここで大西が自然科学的対象と意識的・自覚的対象との相違を念頭においているのは明らかである。なるほど倫理の理想は一個人の理想ではなく、自他の区別なく承認すべき理想であるから、歴史的攷究方法も不可欠ではあるけれども、それはあくまでも補助的に用いられるべきであって、究極のところは自己の心識の「自観見性」[三一]にもとめるほかはない、と大西はいう。そして、この心理的攷究において、第一に現われるのが良心という心識である。この心識の由来、性質、価値を明らかにするのが倫理の理想を推究する上でもっとも肝要なる問題である。しかし、この課題を攷究していけば、おのずから心理的攷究の極所に達し、さらにそれを踏みこえざるをえなくなる。なぜなら、心理的攷究によって倫理の理想を得たとしても、もしその理想が宇宙全体の理想と対立するものであれば、普遍的理想としての資格を失うからである。

このように理想推究的方法は究極のところ純理哲学的攷究に入っていくか、もしくは純理哲学的仮定を要するというのが大西の見解であり、彼はこの方法をもって倫理攷究の最後の段階としている。

前述したように、『良心起原論』においては大西は目的論的世界観や宇宙の目的論的進化の思想を仮定していた。けれども、そこでは必ずしも有神論が前提されているわけでも、また宇宙の根本的実在ないし傾向作用が前提されているわけでもなかった。しかるに「倫理攷究の方法並目的」においては、彼のいう純理哲学的攷究が一歩推し進められて、「理想と実在とになれるものが相合して一となれる大実有者」ないしは「全法界根本の傾向」[三]が仮定されている。また、これにともなって大西のいう理想がより普遍的で究極的な性格を帯びてきている。『良心起原論』においては、大西は普遍的な理想を説くことよりも、人間ないし生物の個々の成長段階にあらわれる特殊的で相対的な理想と、その漸進的な発展を説くことに力点をおいていた。そこでは、宇宙全体が一大目的を有しているか否かは議論する必要はなく、ただ宇宙の各部分はその存在をとりまく種々の関係のなかにおいて、その存在の目的を有するということを仮定すれば足りるとされていた。しかるに、この論文においては「全法界根本の傾向」が説かれ、またこの傾向と「倫理の理想」との一致が説かれている。つまり『良心起原論』において主張された「我本来の目的へ向かい行く傾動」が、この論文では、宇宙全体の根本傾向と一致することが説かれているのである。これによって、『良心起原論』においては欠如していた理想の普遍性の根拠があたえられたといえるだろう。

このように、「倫理攷究の方法並目的」においては、純理哲学的攷究が『良心起原論』においてよりも一歩押し進められたといえるが、これが明治二八年の「自然界と道徳界」（『六合雑誌』第一七五号）になると、さらに深められて簡略ながら大西の世界観が展開されている。

周知のように、カントは自然界と道徳界とを峻別して二元論的世界観に立つとともに、前者を幸福の領域とし、また後者を徳の領域とした。そして幸福と徳との一致という実践理性の要求にしたがって、両者の共通の根拠としての神の存在を要請するに至った。しかし大西は自然界と道徳界をまったく別個の世界と考えることには反対であって、ある意味で道徳界は自然界の結果であるけれども、それは自然界の意味や目的が発展したものと考えられるかぎりでの結果であると主張している。そして、彼は自然界も道徳界もともに「唯一根本作用の発現」[三]であると主張し、しかもそれは自然界を超えて道徳界においてさらによく開展されていると説く。要するに、大西は、道徳界も自然界と同じように機械的に考えようとする機械説に対して、反対に自然界をもその根本目的にお

いて道徳的であると考えようとしているのである。[三四]

以上の見解は、『良心起原論』において主張された宇宙の目的論的進化の説をさらに敷衍して説明したものと考えることができる。ただ、ここでは自然界と道徳界が「唯一根本作用の発現」とされている点に留意すべきであろう。

ところで、この「唯一根本作用」という概念は井上哲次郎の「万有成立」（universal existence）の概念にかなり近い。否、それればかりでなく、彼の良心論は全体として井上の倫理説にかなりの親近性を有している。井上は『倫理新説』（明治一六年）において、従来の西洋の倫理学を「直覚教」（intuitionism）と「主楽教」（hedonism）の二つの系譜に区分し、さらにそれを細分してそれぞれの特質を論じている。そして、その結論として、直覚教も主楽教も人生の目的を幸福にもとめている点では一致しており、両者はただ幸福を得る方法に関して意見を異にしているにすぎないとしている。

> 諸教皆幸福を得るを以て人生の正鵠とし、唯々之を得るの方法を異にするのみ。然れども之を要するに、皆暗に理想を眼前に設け、之に向て鋭進せんと欲するに似たり。[三五]

ここから、井上は理想の根拠をもとめて、宇宙の本体が何であるか、の考察に入っていく。井上によれば、宇宙の本体は幽妙にして不可知な実在（彼はこれを「万有成立」と呼んでいる）である。そして宇宙の進化（井上は「化醇」という言葉を用いている）はこの「万有成立」に内包されている「種子」が発展することであり、またこの発展の趨向に順応することが理想である。したがって、進化の趨向にしたがうことがわれわれを「全成」させ、「純全の域」に近寄らせるばかりでなく、「適種生存の理法」にもかなっている。ゆえに、理想にしたがうことが「倫理の大本」である幸福に至る道である。[三六]

以上が井上の『倫理新説』の梗概であるが、それは多分にシジウィックの功利主義とスペンサーの進化論の影響をうけており、いわば両説を折衷したものであった。そこには井上一流の博学ぶり（というよりも衒学ぶり）が随所に示されているが、全体として叙述は平板であり、深遠さに欠けている。しかし、井上に対する批評はさておき、彼の『倫理新説』と大西の『良心起原論』を比較すれば、そこには多くの共通点が見出される。

まず、両者は倫理の大本を人間の内なる理想の実現にもとめている点で共通している。また、その理想を宇宙の根本動向の発展方向に見出している点でも共通している。さらに、それと関連して、両者は倫理攷究に際しては一つの哲学的仮定を要すると考えている点でも共通している。

けれども、また両者の間に見解の相違が見られることも明らかである。井上は、スペンサーに倣って、宇宙の本体を不可知な実在とし、これを「万有成立」と呼んだ。しかし、大西はこのような実在を仮定するのに少しく慎重であって、彼は『良心起原論』では、このような実在の仮定を避け、「倫理攷究の方法並目的」では、「全法界根本の傾向」と呼び、「自然界と道徳界」では、「唯一根本作用」という言葉を用いている。倫理の大本である理想を基礎づけるためには純理哲学的仮定を要するという見解をとりながらも、彼は、井上とは異なって、安易な独断的仮定に走ることは慎重に避けた。そこに、彼の旺盛な批評的精神を見ることができる。

また、両者は宇宙の根本的動向の発展および進歩の方向に人間の理想を見出している点では共通していても、井上の場合、それはいわば機械的進化であったのに対して、大西の場合は目的論的進化が説かれている。このことは、井上がスペンサーの進化論を拠所にしていたのに対して、大西はグリーンの理想主義の影響をうけていたことと関係があるだろう。大西は、直接に井上やスペンサーの考説を念頭においているわけではないが、両者に近いダーウィンの考説と自己の考説とを区別して、つぎのように述べている。

只浅薄に予輩の説を解する者は、或はそをダルウィンの考説と、其要点に於ては、敢て異る所なしと思ふやも知るべからず。然れども少しく注意して予輩の説を見ば、其説とダルウィンの説との間には甚だ明瞭なる差別のあるに気附くならん。成程吾人が性の傾向若しくは衝動を説く所に於ては、両者の稍々相似たる点なきにあらざれども、然れども其傾向は吾人の仮有の性が其本真の性に復るの傾動なりの如きことは、ダルウィンの全く知らざる所なり[三七]。

ついでにいえば、大西のいう宇宙の「唯一根本作用」は西田幾多郎の『善の研究』における「宇宙の根源的統一力」に類似している。また、その発現としての「理想」は西田のいう「人格」の概念に近いといえるだろう。「宇宙の根源的統一力」というのは、個々の「純粋経験」の根底ないし背後にある「統一的或者」の、そのまた根底ないし背後にあるものであって、それは不断の分化分裂をとおして体系的に自己自身を発展していくものである。そして、そうした弁証法的な自己展開の極端が個々の純粋経験あるいは人格であると考えられている。この点で、大西と西田の思想はともにグリーンの自我実現説につながっているといえるだろう。両者はともに日本哲学に特有の現象即実在論の系譜に属するものと看做すことができる。個と普遍あるいは現象と実在を一体不二なるものとして、あるいは相即的関係にあるものとしてとらえようとするのが日本哲学の共通した特質であるといえるが、こうした特質は井上哲次郎、大西祝、西田幾多郎の思想にははっきりとみとめられる。

しかし、西田の純粋経験説にはダーウィンやスペンサーの進化論の影響はまったく見られない。西田は大西より六歳の年少であるが、この点は同時代の他の思想家と較べて特異な点である。あるいはこれは西田の思想の根本に大乗仏教思想があったことと関連があるかもしれない。けれども、井上円了や井上哲次郎の現象即実在論は同じく大乗仏教を基盤としているが、そこにははっきりと進化論の影響がみとめられる。この点で、西田の純粋経験説は異質であるといわなければならない。

上に述べたように、西田の純粋経験説には発展の思想が顕著に見られるが、そこでいう発展は、大西の場合とは異なって、同時に内展であると考えられており、前進は同時に遡源であると考えられている。すなわち、われわれの自己が発展していくということは同時に本来の自己に戻っていくこと、あるいは自己の根源に還帰していくことだと考えられている。われわれの人格は宇宙の根源的統一力の発現であり、その発展の極限であるが、同時に、われわれは固有の人格を発揮すれば発揮するほど、ますます自己の根源へと、あるいは本来の自己へと還帰していくと考えられているのである。

五

以上、大西の『良心起原論』と、その後の彼の論稿との関連、ならびに井上哲次郎の『倫理新説』あるいは西田幾多郎の『善の研究』との関連を考察したのであるが、ここで、今少し大西のいう「理想」の概念を検討しておきたい。

大西は明治二八年、『六合雑誌』に寄稿した「倫理思想の二大潮流」という題の論文において、西洋古来の倫理思想を理想派と自然派とに分けている。「理想派」というのは、大西の言によれば、人生において実行すべき目的あるいは遵守すべき標準、つまり一言でいえば理想があるとし、善悪や義務の心識はすべてこの理想にもとづいて生じたものとする考え方であり、これに対して「自然派」とは、善悪とか義務とかいっても、要するにそれは人間の欲望の名にほかならず、各人が好むことを欲すること以外に各人のなすべきことはないとする考え方である。[三八]（したがって、理想派と自然派は、先の井上の用語でいえば直覚教と主楽教にあたるだろう）。ここでは、この論文の内容を詳述する余裕はないが、大西はこの理想派と自然派について、つぎのような指摘をしている。

予輩の見る所にては今日の倫理学上の最要問題は理想派に取りてはその謂う理想を明にし、自然派にとりては道徳上為すべきことのある所以（Moral ought）を説明するにあり、理想派に於いて患ふる所はその謂ふ理想の未だ十分明瞭にせられざるにあり、自然派に於て病む所は吾人の道徳的心識の要点を説明せずして之を度外視するにあり、将来の倫理学の進歩は此等の欠点を脱するにあるなり。[三九]

ところで、大西自身の考説は理想派に属することは明瞭である。すると、大西が理想派の欠点として指摘している「その謂ふ理想の未だ十分明瞭にせられざる」点は大西自身の考説についてもいえるのではなかろうか。それとも、従来の理想派の説とは違って、大西自身は明確な理想の概念を提出しているのであろうか。この点は少し検討してみる必要があるだろう。

そこで、問題点を明確にするために、もう一度大西の主張に戻ってみよう。記述したように、大西によれば、（1）人間には自己本来の目的に向かう傾向衝動が具わっている。また、（2）人間はその目的をみずから憶測し予想することができる。そして、（3）人間がこのような目的を憶測予想し、またそれを実現しようとするところに理想という観念が生ずる。そして、（4）人間がこのような理想に対して覚える一種特別の衝動が義務の衝動となり、また現実の行為がこの理想に一致しているか否かの認識が善悪の判別となる。

ところで、人間がこのように自己本来の目的を有しているという主張は一つの純理哲学的な仮定であって、その仮定の正当性は理論的には証明されえない。この点は大西自身も承認しているところである。ただ彼はこのような純理哲学的仮定を前提しなければ良心の起原はけっして説明できない、と主張するのである。そこで、ひとまずこの大西の主張を認めて、人間には自己本来の目的へ向かう傾向性があると仮定してみよう。では人間の「自己本来の目的」とはいったい何なのであろうか。これが、第一に解明すべき点であろう。ところが大西はこの肝要な点に関して回答を避けている。

其人間の本来の目的とは如何なるものなる乎との問は、是れ正しく倫理学の大問題なれども、此良心起原論に於ては、其討究に立ち入らずして可ならん。[四〇]

しかし人間の本来の目的が明らかにされなければ、人間の理想も明らかにされず、したがってまた良心の起原も明らかにされないのではなかろうか。しかるに『良心起原論』を読むかぎりでは、大西は、この自己本来の目的は人間が宇宙や世界や環境社会において経験を積むにしたがって、つまりいわゆる人類の進化を経るにしたがって、除々に明らかになってくるものと考えていたように思われる。それゆえ自己本来の目的についての知恵は「時と処」とによって多少の差異があり、したがってまた理想や良心の観念についても多少の差異が生ずるとされる。われわれはその時々の憶測と予想とによって自己本来の目的を定めるがゆえに、そこから生ずる理想や良心は不完全であり、また時として過誤や失敗に陥らざるをえない。しかし、人間はそのような試行錯誤を経ながら自己本来の目的に一歩一歩近づいていくものであり、また自己の知見の発達にともなって自己本来の目的が除々に明瞭になっていくのである。

ここで大西が一種の相対主義の立場に立っていることは明白である。われわれは自己本来の目的や理想についてのア・プリオリな認識を有していない。したがってまた、それらを規定する普遍的な基準を有していない。それゆえに、個々の行為の基準としては、その時々の「理性の指示」に従うよりほかないとされるのである。

吾人人生の理想に関する吾人の知識は未だ甚だ不完全なる者なるが故に、何を善なり何を悪也と見るべきか、何を為すべし何を為すべからずと思う可きか、頗る其判断に惑うこと少なからず。其の如きの場合には、可成吾人の理性を明にし以て吾人人生の理想を発見するに若くはなし。[四一]

この引用文には大西の啓蒙主義の精神が脈動しているのが感じられる。ここでは、人間の本来の目的や理想や良心の何たるかの決定は、最終的には「理性の権威」にもとづかなければならないとされているのである。大西は他の箇所では信仰さえも理性によって基礎づけようとしている。[四二] このような大西の考えにはカントの啓蒙主義の影響が見られることは明白である。また彼の啓蒙的精神は同時に彼の批判的精神と密接に関連していることも明白である。そして両精神が相俟って、いわば「批判主義的啓蒙主義[四三]」ないしは「批判主義的理想主義」ともいうべき立場を形成しているのである。

ところで、啓蒙主義は必然的に進歩の思想を前提している。そうして大西の場合には、それは人間の自己本来の目的へ向かう目的論的進化の思想となってあらわれている。彼はこの目的論的進化の思想を前提しているがゆえに、人間は自己本来の目的が何であるかについてのア・プリオリな認識なくして、なおかつこの目的へ除々に接近していると説くことができたのである。しかしながら、このような進歩とか進化とかいう思想ははたしてわれわれの経験的事実と符合しているであろうか。というのは、もし人間が大西の主張するように目的論的進化を遂げつつあるとするならば、古代の人間より現代の人間の方が当然より進化しているわけであるから、ソクラテスの良心やプラトンの理想よりもわれわれが有している良心や理想の方が高尚であることになろう。また、これを一個人の生涯中において見ても、各人が少年期や青年期においてもつ理想や良心よりも老年期においてもつ理想や良心の方が次元が高いということにもなるだろう。しかし、そのようなことははたして真面目に主張できるだろうか。[四四]

大西の良心論の特徴は、人間は自己本来の目的を有しており、またその目的に向かう傾向衝動を有しているとする純理哲学的仮定と、人間は目的論的進化を遂げつつあるとする主張とが等号で結ばれている点にある。しかし、両者の結合ははたして大西の考えているように必然的であるだろうか。それは一つの臆断、否むしろ独断にすぎないのではなかろうか。人間が自己本来の目的へ向かう衝動を有しているということと、人間が目的論的に進化しているということとは全然別個の事柄に属するのではないだろうか。しかるに、両者を無造作に結びつけることによって、前述したような矛盾があらわれるばかりでなく、一般にわれわれの内にある頽廃とか堕落とか怠惰とかいった、いわば消極的で否定的な現象の説明ができなくなってしまう。この点で、われわれは大西の良心論のうちに、彼があれほど批判的であった生物学的進化論の残滓を見ることができるのである。

六

以上、主として大西の目的論的進化説に対する疑問点を述べた。ついでに、ここで彼の純理哲学的仮定についても若干の疑問点を呈示しておきたい。

大西は、良心の起原を考察するには純理哲学的仮定を要することを主張し、彼自身は人間が自己本来の目的とその目的に向かう傾向衝動を有していることを仮定した。大西の確信によれば、このことを仮定する以外に良心の起原を説明する方途はないのである。ところで、ここで指摘しておきたいのは、このような大西の仮定が誤っているということではない。前述したように、純理哲学的仮定の正否を論理的に決することは不可能である。むしろ問題とすべきは、大西がこのような仮定を最小限にとどめ、それに深入りすることを極力避けようとしている点なのである。大西は可能なかぎり、この純理哲学的仮定を掘り下げて吟味することを回避しているけれども、理想や良心の何たるかを真に把握しようと思えば、むしろこのような仮定を徹底して追究してみなければならないのではなかろうか。

大西は彼の良心論において、人間の自己本来の目的を仮定しながら、その目的とはいったい何であるかについての攻究を意識的に避けている。その結果、われわれはその時々の相対的な目的しか知ることができないことになってしまう。否、正確にいえば、それさえ知ることができないといわなければならない。というのも、そのときはそれが自己本来の目的であるということを自覚していなくても、後にそれが目的であったことが明らかになる、と大西は主張しているが、しかし彼がそう主張できるのは、人間は目的論的に進化していることを仮定しているからである。絶対的目的の何たるかを知らずして、相対的目的の何たるかを知ることは不可能である。なぜなら、そこにはそれが目的であることを判定する普遍的基準が何らあたえられていないからである。

以上のように、ひとたび純理哲学的仮定を導入するからには、その仮定の何たるか、またその根拠を徹底して究明してみる必要がある。すなわち人間に自己本来の目的が具わっていることを仮定するならば、その本来の目的とは何か、またその根拠の如何を徹底して究明してみる必要がある。しかるに、前述したように、大西の『良心起原論』には、この純理哲学的仮定についての考察を最小限度にとどめようとする傾向が見られるのである。おそらくそれは彼の批判的精神のあらわれであろう。しかしながら、『純粋理性批判』においては、一貫して形而上学批判をおこなったカントが、『実践理性批判』においては道徳法則の形而上学的基礎づけを徹底しておこなったように、大西も良心の形而上学的基礎づけを徹底しておこなう必要があったのではなかろうか。そして大西自身がこの不徹底さを自覚していた節が見られるのである。例えば、彼はつぎのように述べている。

吾人の本真の性なるものは決して夢幻の妄想にあらず、法界の自然の構造に於て其存在の根拠を有するものなれども、十数年若しくは数十年間此世界に生活する個々の人々は未だそれに到達し居らず、未だそれを実表し居らざる者なり。……吾人人間に予め定まれる目的は、法界の真実体より見れば、最も真実なるもの、実有なるものに相違なけれども、個々の人間となりて世に生れ来る吾人銘々に取りては未だ実在となりて現存せずして只だ理想として現じ居るなり（今茲に法界の真実体なる語を掲げしが、之に就いては猶お深くは茲に論じ入らざるべし。蓋しこは寧ろ純理哲学の本領に譲るべきものなればなり）[四五]。

以上の点から見れば、『良心起原論』は未完成の著書といえなくもない。しかし、序でも述べたように、そのことは何ら原理的な破綻を示すものではなく、今少し不徹底な要素が残っているというにすぎないのである。しかもその不徹底さは大西自身も気づいていたと見られるから、おそらく大西が早世さえしなければ、その点は十分に補正されていたであろう。前述した「倫理攻究の方法並目的」や「自然界と道徳界」においてはすでに大西はその方向へ一歩踏み出しているともいえるのである。

また、この点に連関して、大西は「随思随録」(『宗教』第一九号、明治二六年五月)と題する小篇のなかで、「理想」について、およそつぎのようにいっている。

「理想」というのは明瞭には想念できない「曖昧模糊」としたものである。しかし曖昧模糊であるからといって、けっして無力なものでも、非力なものでもない。むしろ、それはわれわれの生活を改造する力をもったものである。そうして、われわれの人生の目的は、この理想を徐々に明確なものにし、ますます力あるものにしていくところにある。

大西によれば、理想を描くというのは、あたかも知られざる顔を描こうとするようなものである。われわれの内にはこの曖昧模糊とした知られざる顔を明確に描こうとする衝動が具わっている。そして、この曖昧な想念を明確にしようとするのが哲学であり、その想念にしたがって、実際にわれわれの生活を形成していくのが道徳であり、そしてこれらの理想を歎美し、欽慕し、尊崇するのが宗教である。したがって哲学や道徳の原動力は宗教であり、我が欽慕する理想との一致が哲学・道徳・宗教の極致である。けれども哲学なき宗教は漠然とした追慕の念であって、それはあたかも闇夜に物を探るようなものであるから、哲学なき宗教は盲目であり、ここに哲学の存在意義があるという。

この未だ見ざる者を恋うるの心が、是れ人生の根底に潜まる所の大秘密なり。吾人の存在の妙義は、理想に

対する無際限の恋慕に外ならず、理想に対向する無窮の進歩に外ならず。[四六]

こうして現象界において理想界を実現するのがわれわれ人間の課題である。現象界には永遠なものはない。永遠なものはただひとつ不断の「理想的改造」だけであって、この極まるところのない理想的生活こそ真正の生活であるのである。この辺りの大西の文章はいくぶん文学的というか情感的であるけれども、そこに、「無限の努力」というカントの実践哲学の精神が赫々と脈打っているのを看取することができるだろう。大西にとっては理想の無限の進化がわれわれの生活の目的であった。実在の真意は理想の実現にあり、理想こそ真の実在である。そして真実在は一挙に自己を顕現するということはなく、われわれの無窮の営為を通して徐々に露になってくるものなのである。

以上のように、カントの倫理学が、当時、後進国ドイツが置かれていた歴史的・社会的状況を如実に反映していたように、大西の良心論もまた明治中期の日本が背負った歴史的・社会的状況を有体に映出している。そして、そうした傾向は、その理想主義的進化主義や啓蒙主義的漸進主義、あるいはまた目的論的楽観主義ともいうべき主張の内によくあらわれているといえるだろう。

注

一　「世界的哲学者西田幾多郎博士に物を訊く」『西田幾多郎全集』第二四巻、岩波書店、二〇〇九年、八六頁。
二　吉田久一『清沢満之』吉川弘文館、一九六一年、一頁。
三　綱島梁川『文学博士大西祝先生略伝』『梁川全集』（復刻版）、第七巻、大空社、一九九五年、三九三頁。
四　坪内逍遥「大西祝」『逍遥選集』（復刻版）、第一二巻、第一書房、一九七七年、四四二頁。
五　書簡五八、明治三六年一一月二九日付、『西田幾多郎全集』第一九巻、二〇〇六年、七一頁。

六　彼が指導をうけたのは外山正一（一八四八～一九〇〇年）とブッセ（Ludwig Busse, 一八六二～一九〇七）であった。外山からは主としてスペンサーの進化論を、ブッセからはカント哲学およびロッツェの理想主義を鼓吹されたと思われる。その影響の一端は理想主義的進化主義の立場に立ったこの『良心起原論』にもあらわれている。
七　姉崎正治「大西祝君を追懐す」『丁酉倫理講演集第六』。
八　「大西祝関係資料」として早稲田大学図書館に所蔵されている。
九　「本集の編纂に就きて」『大西祝全集』第五巻、日本図書センター、一九八二年、一頁。
一〇　大西祝宛書簡（明治二六年五月三日）。この書簡は、石関敬三・紅野敏郎編『大西祝・幾子書簡集 付 大西祝宛書簡』（教文館、一九九三年）に収録されている。
一一　『良心起原論』、小坂国継編『大西祝選集Ⅰ』（哲学篇）、岩波文庫、二〇一三年、五四～九六頁。
一二　同書、一二〇～一三八頁。
一三　同書、一八五～二〇〇頁。
一四　堀孝彦編著『大西祝『良心起原論』を読む』学術出版会、二〇〇九年、三五～三九頁、参照
一五　『良心起原論』一五三～一五四頁。
一六　『良心起原論』の構成と内容については、拙稿「『良心起原論』とその課題」（『明治哲学の研究――西周と大西祝』岩波書店、二〇一三年）参照。
一七　『良心起原論』一二八～一三〇頁。
一八　同書、一四四頁。
一九　Harald Höffding,*Ethik*,1880. Friedlich Paulsen, *System der Ethik*,1889. Max Wundt, *Ethik*,1886.
二〇　「道徳的理想の根拠」『大西祝選集Ⅰ』三六九頁。
二一　同論文、同頁。
二二　同論文、三七〇頁。
二三　同論文、三七二頁。
二四　同論文、三七五頁。

二五　同論文、三七九〜三八一頁。
二六　同論文、三七三、三八一頁。
二七　同論文、三八二〜三八三頁。
二八　『良心起原論』、『大西祝選集Ⅰ』一五三〜一五四頁。
二九　「倫理攷究の方法並目的」『大西祝選集Ⅰ』一九一〜二〇三頁。
三〇　同論文、二〇一頁。
三一　同論文、二〇六頁。
三二　同論文、二一〇頁。
三三　「自然界と道徳界（善悪の因果応報）」『大西祝選集Ⅰ』四一八頁。
三四　同論文、四一七〜四一八頁。
三五　井上哲次郎『倫理新説』『明治文化全集』第二三巻（思想篇）、日本評論社、一九二九年、四一九頁。
三六　同書、四二三〜四二五頁。
三七　『良心起原論』一五四頁。
三八　「倫理思想の二大潮流」『大西祝全集』第六巻、三八六〜三八八頁。
三九　同論文、三八九頁。
四〇　『良心起原論』一五一頁。
四一　同書、一六六頁。
四二　「理性の権威」『大西祝選集Ⅰ』三四〇〜三五〇頁。「理性の意義を論ず」同書、四四八〜四五七頁。
四三　高坂正顕、『明治思想史』『高坂正顕著作集』第七巻、理想社、一九六九年、二四三〜二四六頁参照。
四四　井上円了は仏教的観点から、宇宙は進化と退化を無限無窮に繰り返すと考え、それを「輪化」と呼んでいる。『哲学新案』『井上円了選集』第一巻、二九七〜二九八頁。
四五　『良心起原論』一五五頁。

四六　「随思随録」『大西祝選集Ⅰ』三一五頁。

個の確立と善なる世界——西田幾多郎『善の研究』における人間観と世界観——

白井雅人

序

西田幾多郎の『善の研究』は一九一一年（明治四四年）に出版された。この明治四四年という出版年が示すように、四十五年間続いた明治時代の最後期に出された哲学書として、『善の研究』はいわば明治期の哲学の集大成とも言える書物であった。つまり、『善の研究』に現れる人間観と世界観は、明治期における人間観と世界観の哲学的な到達点の一つであると言えよう。[1] それ故、『善の研究』の人間観と世界観を明らかにすることは、明治期の人間観と世界観を論じるために重要な役割を果たすと言えよう。

『善の研究』における人間観と世界観を明らかにするためには、『善の研究』それ自身を読み解くだけでなく、そこに至るまでの歩みを見ていくことも必要となる。その根底に流れているものを明らかにすることによって、『善の研究』で実際に書かれていることがより明瞭になるからである。

以上のような問題意識に基づき、まず『善の研究』出版までの西田幾多郎の半生を見ていく。最初に生い立ちから大学卒業までの西田の歩みを簡単に見ていく（第一節）。次いで西田が就職してから『善の研究』を書くまでの状況を概観する（第二節）。西田の歩みを押さえた上で、それが『善の研究』にいかに反映されているのかを論じる（第三節）。最後に、『善の研究』の内容を概観することによって、それがいかなる人間観と世界観を提起しているのかを明らかにしよう（第四節）。

一　西田幾多郎の生い立ちから学生時代

西田幾多郎は、一八七〇年（明治三年）に、石川県河北郡宇ノ気村（現在の石川県かほく市）に生まれた。[二] 西田の家は名字帯刀を許される豪農であったという。父は、得登《やすのり》と言い、非常に教育に熱心な人間であった。しかし、事業に失敗して田畑を手放すことになったり、強権的な側面もっていたりと、西田は父との関係に悩まされることになる。母の寅三《とさ》は、男勝りな性格で、浄土真宗への篤い信仰もっていた。しばしば西田の宗教論に対して浄土真宗からの影響が指摘されるが、[三] その真宗理解の基礎を作ったのは母との関係であると言えよう。

小学校を卒業した西田は宇ノ気から金沢に移住し、師範学校に入るために家塾に通うようになった。西田が学んだのは、数学と漢学である。漢学は井口孟篤《もうとく》に学び（とくに『詩経』、『春秋左氏伝』を学び、『爾雅』を教科書とした）、数学は石田古周《ひさかね》に学んだ。これらの勉学の成果もあり、西田は無事に石川県師範学校に入学したが、石川県専門学校に進むために、師範学校を中退することになった。師範学校中退後には、師範学校で教鞭を執っていた上山小三郎の家塾に通い数学を学び、また英語を集中的に勉強するようになった。

その後、西田は石川県専門学校の教員でもあった数学者の北条時敬《ときゆき》に私淑し、数学を学ぶことになった。この際、英語を用いて数学を学んでいたという。[四] 北条の尽力もあり、西田は無事に石川県専門学校（後に第四高等学校に改組）に入学することができた。

以上のように、西田は高等学校に進む前に、漢学の素養を身につけ、数学を学んでいたのであった。数学への興味は終生続き、晩年にも数学論を執筆していた。また、漢学の素養も西田の思想的背景として常に機能していたように思われる。なお、西田が金沢に出たことで、父母が別居状態になった。宇ノ気に残った父と、金沢に出てきた母との不和に、西田は頭を悩ませることになる。

　高等学校に入学した西田は、数学と哲学のどちらを選ぶか悩んだ末、哲学を学ぶために文科に進んだ。その頃、終生の友と言えるような友人たちと出会った。しかし西田は、行軍などの軍国主義的な授業をサボタージュした結果落第し、最終的には四高を中退することになった。高等学校を中退してしまったため、東京大学の正規の学生にはなれず、選科生として哲学を学ぶことになった。選科生として、本科生と異なる扱いを受け、高等学校時代とは異なり、友人もできなかったと西田は述懐している（一〇：四〇九〜四一二）。また、教員による扱いも平等ではなかったと西田には感じられたが（一〇：四〇九〜四一〇）、井上哲次郎のみが、平等に接したと西田は述べている（一一：二三九）。そのため、西田の娘である静子が「父の口から先生という言葉をきくのは、北條先生、ケーベル先生、井上哲次郎先生くらいであったかと記憶いたします[五]」と述べているように、井上哲次郎への尊敬は終生変わらなかった[六]。

　以上のような青春時代を過ごした西田であるが、高等学校時代や大学時代に書き残した文章から、彼がどのような思想を抱いていたのかを推測することが可能であろう。高等学校時代の西田は、「我尊会」という同人誌を友人とともに発行しており、そこに西田の書いた文章が残されている。そこに掲載された文章は、ジャン＝ジャック・ルソーについてのエッセー、スコットの詩の翻訳、漢文（課題を与えてその課題に沿った漢文を作文）、漢詩、時事評論などである[七]。これらの文章で、西田は「唯一本ノ「力ペン」ソノ強キ此ノ如シ。（……）記憶セヨ諸君、道理ノ力ハ大ニ腕力ニ勝ル事ヲ」（一一：三三六）と述べたり、廃娼論が下火になってしまったことを批判したり（一一：三七五〜三七七）するなど、リベラルな立場で意見を述べている。

　また、高校時代に書いた山本良吉宛の手紙で宗教批判を展開していることが注目に値するだろう。「宗教ハ皆一ノ迷ニテ決シテ信スヘキ者ニアラス」（一九：六）と述べ、宗教を信じるべきでない理由を以下のように挙げる。

一．「余今百辛ヲ嘗ルモ未来ハ必ス蓮花ノ上ニ座セン」（一九：六）。すなわち、現世で辛くても来世では幸福になれると安心したいがために宗教を信じるというのである。

二．また、ノアの箱舟に見られるように悪人を一掃するために洪水を起こした神について、「嗚呼天下豈斯クノ如キ奇怪千万ノ神アランヤ　只不平人ノ妄想ニ出ルニアラスシテ何ソヤ」（一九：六）と述べ、悪がはびこる世に不平不満をもった人間が、悪を裁く神を妄想したのだと主張する。

三．「実ニ宗教心ハ己ノ智力及ハサル所　何トナク恐怖ヲ生シ遂ニ一個ノ妄念ヲ発スル者タルニ相違ナシ」（一九：七）と述べるように、理解不能なものを恐れて神とあがめているだけである。

四．創造神について、「神ハ又神ノ神アリテ作レリト云フヘキカ」（一九：七）と述べ、創造神を創造した神がおり、さらにそれを創造した神がおり、という形で無限に考えなければならないのではないかと反論する。また、「イハレナキ大慈大聖ノ徳ヲ以テスルハ抑何ソヤ」（一九：七）と述べ、慈愛によって世界を創造する神がそもそも理解不能ではないかと述べている。

以上のような宗教に批判的な見解は、西田独自のものではないとの意見もあるが、[八] この時期の西田が宗教を信じていなかったことは確かであろう。[九]

一方、大学時代に残したレポートとして、カント倫理学についてのもの、スピノザの神の概念についてのもの、ヒュームの因果論についてのものが残っている。西洋哲学に関係するもののみが残っているが、西田は漢学者の島田重礼の授業に出席したと回想しているため、[一〇] 少なくとも漢学に関する授業には出ていたようである。

西田の学生時代の思想は、リベラルな立場でものを考え、無神論を唱えていた。西洋哲学を学びながら、漢学の素養を生かして漢学関係の講義にも出席していた。学生時代に残した文章からは、このような青年時代の西田の姿を見てとることができる。

二　就職から『善の研究』まで

東京大学文学部の選科を卒業した西田であるが、選科出身であったために、就職には恵まれなかった。石川県尋常中学の内定を得たが、役人の介入で内定を取り消され、尋常中学七尾分校の英語・倫理・歴史の担当となった。さらにようやく得た七尾分校の職も、分校が火事で焼失し廃校となってしまったために失う羽目になった。それでもなんとか第四高等学校のドイツ語講師として働くことができたのだが、四高でも解雇の憂き目に遭ってしまう。文部省の要求を優先するのか、あるいは地方の要求を優先するのかという問題で学内対立があり、その混乱に巻き込まれる形で西田は解雇されてしまったのである。しかしこの窮状の中で、四高時代の恩師である北条時敬が校長をしていた山口高等学校に招かれ、山口で教員生活を送ることになった。

この時期には、家庭でも混乱があった。父と妻の関係が悪化、妻が突然家出をするという事態が生じた。このような妻の態度に激怒した父は、西田と妻を強制的に離婚させてしまう。もちろん離婚させられたとはいえ、憎み合っていたわけではなく、この離婚期間中も二人の間に子供が生まれるなど、結婚生活は事実上続いていたようだ。また、父の事業が失敗するという出来事も起きた。

その後、四高の校長となった北条時敬に招かれる形で、四高の教師に復帰する。父の死後妻とも再婚をする。しかし、家庭では不幸が続き、弟の憑次郎の日露戦争での戦死、次女幽子の病死、五女愛子の産後すぐの死去など肉親の不幸が相次いだ。

父母の不和、父と妻の不和、肉親の不幸、そして不安定な仕事上の地位、そのような悩みの中で、西田は宗教に接近していく。参禅を集中的に行い、また山口時代にはキリスト教の宣教師と積極的に交流をした。宣教師との交流には英会話を習うという目的もあったようだが、西田は聖書を積極的に読むようになった。

聖書に関して、明治三〇年の山本良吉宛ての書簡では、以下の語が見える。

（……）馬太伝の六章に Which of you by taking thought can add one cubit unto his stature?〔あなたがたのうちだれが、思い悩んだからといって、寿命をわずかでも延ばすことができようか（マタイ六：二七）／引用者注〕の語を深く感し候か　之の語を守れは別に不平の起る筈も有之間敷と存し候（……）唯近頃マタイ伝第六章の神は蒔かす収めす蓄へさる鳥も之を養ふ〔マタイ六：二六／引用者注〕とき丶て少しく心を安んしうるなり　君も御存知の如くバイブルは実に吾人か心を慰むるものなり　余はどうして論語の上にありと思ふか貴説はいか丶（一九：四七〜四八）

頭を悩ます問題に直面しながら西田は、思い悩んだところで寿命が延びないという聖書の言葉に心を安んじるものを感じていたのである。また、西田は、何一つ役立つことをしない鳥でさえも神によって養われるという聖書の言葉に深い共感を寄せ、論語よりも優れているとさえ言っている。なかなか思うように業績を残せない自分の境遇に重ね合わせながら、聖書の言葉に慰めを感じたのであろう。

しかし、西田はキリスト教に入信したというわけではなかった。明治三四年の山本良吉宛ての書簡では、「余はキリストの教を喜ふも　もはや之によりて救はる丶の必要なきを」（一九：五六）と述べている。キリストの言葉に慰められはしたが、積極的にキリスト教徒にはならなかった。ただ、キリスト教徒にならなかったとはいえ、キリスト教に対して非常に高い評価を与えていたことには間違いがない。西田は二度目の四高赴任時代に、学生を自宅に住まわせながら指導を行う三々塾という試みをしているが、そこから逢坂元吉郎、高倉徳太郎、秋

月致といった日本基督教団の牧師を輩出したのである。[二一]

また、この時期の日記には「打坐」や臨済宗の禅僧であった雪門老師が指導している洗心庵を訪れたという記述が頻出する。聖書を通じてキリスト教に触れながら、坐禅に打ち込んでいたのである。[二二]

こうして宗教に接近した西田は、井上哲次郎などが唱える新宗教の考え方を批判し、以下のように述べる。

> 余は仏教と耶蘇教の改善を以て満足せんと欲する者なり、而も余の改善と云ふは仏耶両教其物を改善せんとするにあらず、今日の宗教家が両教祖の真意に復帰せんことを望む者なり。（……）何を苦しんで浅薄なる学者の新宗教に雷同せんや。（一一：六七、傍点原文）

西田は、井上哲次郎などが主張した仏教やキリスト教など諸宗教を合一して作る新宗教を、「浅薄なる学者の新宗教」と喝破し、キリスト教と仏教を改善するだけで満足であると述べる。しかもその改善も、学者が外から行うものではなく、むしろ宗教家が教祖の真意に立ち返るということなのである。それ故、西田は宗教家に対して、「耶蘇教宣教師は神学を研究せんよりは、先づ誠心誠意自己が日常の心を反省して果して能く基督の真意に合ふか否やを研究せよ、仏教の僧侶は梵語や哲学を研究せんよりは、深く顧みて称名念仏の為に自己が一身を犠牲にしうるや否やを検せよ」（一一：六八、傍点原文）と述べるのである。[二三]

以上のように、西田は仏教とキリスト教に接近し、論語よりも聖書のほうが優れていると述べるようになる。しかし、漢学への興味を失ったというわけではない。明治四〇年の日記には王陽明の「人々自有定盤針　万花根源総在心　却笑従前顚倒見　枝々葉々外頭尋」、「無声無臭独知時　此是乾坤万有基　抛却自家無尽蔵　沿門持鉢効貧児」という二つの詩と、「人々皆有通天路」という句を冒頭に掲げている（一七：一八一）。

また、日記の見返しの裏には、購入したもしくは購入予定の図書の書名、貸し借りした図書の書名と相手の名前を書き残している。[一四] そこでも、王陽明の著作である伝習録の名前が見られる。漢学への興味は、特に陽明学への興味として、この時期も持続していたと考えることができるだろう。

以上のように、西田は家庭の不幸、自身の職の不安定さの中で、参禅し、聖書を読んでいたのである。また、陽明学を中心とした漢学への興味も持続していた。このような状況で西田は『善の研究』の執筆を行っていたのである。次節では、『善の研究』の具体的な内容に触れながら、そこに現れてくるそれらの要素を見ていくことにしよう。

三　『善の研究』に現れる諸要素

これまで述べてきた『善の研究』前史から、この書には陽明学的要素、仏教的要素、キリスト教的要素が見出されることが容易に予想できよう。『善の研究』そのものを論じる前に、まずはそれらの要素を整理することから始めたい。

『善の研究』の第二編第一章は、以下のような書き出しで始まる。

> 世界はこの様なもの、人生はこの様なものといふ哲学的世界観及び人生観と、人間はかくせねばならぬ、かゝる処に安心せねばならぬといふ道徳宗教の実践的要求とは密接の関係を持つて居る。人は相容れない知識的確信と実践的要求とをもつて満足することはできない。（一：三九）

「第二編は余の哲学的思想を述べたもので此書の骨子といふべきものである」（一：六）と述べた第二編で西田は、最初に知識と道徳的行為の一致を説くのである。この知と行為の一致について西田は別の箇所で、「王陽明が知行同一を主張した様に真実の知識は必ず意志の実行を伴はなければならぬ」（一：八六）とも述べている。こういった知と行為を一体のものと捉える考え方からは、本人が王陽明の名前を挙げているように、陽明学の影響を窺うことができるだろう。「直接の実在は受動的の者でない、独立自全の活動である。有即活動とでも云つた方がよい」（一：四五）といった知と行為を切り離さず、実在を活動的なものと捉える考え方は、陽明学の影響との関連で理解できる。その他、「天地同根万物一体」（一：一二五）や「天地唯一指、万物我と一体」（一：一五三）といった陽明学由来の言葉を確認することができる[15]。

このような陽明学由来の用語を見ていくことによって、西田が考えている「実在」がいかなるものであるかについても、見通しがつくようになる。知識と行為が一体となった活動として、「天地万物」と「我」が一体になったあり方こそが、西田の考える実在なのである。

しかし同時に、『善の研究』における「天地万物」と「我」が一致するという西田の実在理解については、仏教との関連性も指摘できよう。西田は「真実在を知るということは自己自身を知ることである」という点に関して、以下のように述べている。

> 仏教の根本的思想である様に、自己と宇宙とは同一の根柢をもつて居る、否直に同一物である。この故に我々は自己の心内に於て、知識では無限の真理として、感情では無限の美として、意志では無限の善として、皆実在無限の意義を感ずることができるのである。我々が実在を知るといふのは、自己の外の物を知るのではない、自己自身を知るのである。（一：一三二）

西田は宇宙を貫く原理と、我々の自己を貫く原理が同一であると考え、宇宙と我々の自己が同一であると主張する。それ故、実在を知るということは、自己を成り立たせる根本的な原理を知るということであり、自己自身を知ることと同一なのである。そして、これは仏教の根本思想に通じると西田は主張するのである。ただし西田は、上記の箇所以外では、仏教を単独で論じる箇所はほとんどない。むしろ目立つのは、下記の通り、キリスト教と並べて宗教の根本的な境地を示そうとする箇所である。

学問や道徳は個々の差別的現象の上に此他力の光明に浴するのであるが、宗教は宇宙全体の上に於て絶対無限の仏陀其者に接するのである。「父よ、若しみこゝろにかなはゞこの杯を我より離したまへ、されど我が意のまゝをなすにあらず、唯みこゝろのまゝになしたまへ」とか、「念仏はまことに浄土にむまるゝたねにてやはんべるらん、また地獄におつべき業にてやはんべるらん、総じてもて存知せざるなり」とかいふ語が宗教の極意である。（一：一五八～一五九）

ここで西田が述べていることから明らかなとおり、「天地万物」と「我」が一体になる境地とは、自力で可能になることではない。自力の立場を捨てて、一切を神に委ねる他力の立場にまで徹底することによって可能になるのである。その意味では、「自己自身を知る」とか「自己と宇宙とは同一」ということは、むしろ徹底した自己否定を通じて、自己を絶対者に委ねるということから可能になると言えよう。

このように他力を重視するため、西田はキリスト教については積極的に引用する。『善の研究』においては、キリスト教と西洋哲学への参照が大部分を占めるのである。宗教を論じる第四編第一章の書き出しは以下の通りである。

宗教的要求は自己に対する要求である、自己の生命に就いての要求である。我々の自己がその相対的にして有限なることを覚知すると共に、絶対無限の力に合一して之に由りて永遠の真生命を得んと欲するの要求である。パウロが既にわれ生けるにあらず基督我にありて生けるなりといつた様に、肉的生命の凡てを十字架に釘付け了りて独り神に由りて生きんとするの情である。真正の宗教は自己の変換、生命の革新を求めるのである。基督が十字架を取りて我に従はざる者は我に協はざる者なりといつた様に、一点尚自己を信ずるの念ある間は未だ真正の宗教心とはいはれないのである。（一：一三五）

西田が宗教を論じるための糸口も、聖書の言葉なのである。「自己の命を生きるのではなく、自己の中に息づく神の命を生きている」という境地こそが真正の宗教心であり、自己を信じるような地力の立場に立つ限りでは真正の宗教心をもっているとは言えないのである。

以上のように、陽明学的要素、仏教的要素、キリスト教的要素を見ることによって、西田が「実在」をどのようなものとして考えていたのかが明らかになったであろう。「天地万物」と「我」が一体になるような知と行為が切り離せないような活動ことが、「実在」であった（陽明学的要素）[16]。そしてそれは、自己自身を知る営みとして遂行される（仏教的要素）。ただしそれは、最終的には自己を否定して、すべてを神に委ねるような他力として成就するものなのである（キリスト教的要素）。次節では、このように特徴づけられる実在がいかなるものであるのか、『善の研究』の内容を概観することを通じて明らかにしていこう。

四　『善の研究』が提起しているもの

『善の研究』の第一編第一章は、以下のような書き出しで始まる。

経験するといふのは事実其儘に知るの意である。全く自己の細工を棄てゝ、事実に従うて知るのである。純粋といふのは、普通に経験といつて居る者も其実は何等かの思想を交へて居るから、毫も思慮分別を加へない、真に経験其儘の状態をいふのである。例へば、色を見、音を聞く刹那、未だ之が外物の作用であるとか、我が之を感じて居るとかいふやうな考のないのみならず、此色、此音は何であるといふ判断すら加はらない前をいふのである。それで純粋経験は直接経験と同一である。自己の意識状態を直下に経験した時、未だ主もなく客もない、知識とその対象とが全く合一して居る。これが経験の最醇なる者である。（一：九）

ここで純粋経験といわれている事態が、判断以前の状態であり、主もなく客もない意識状態と書かれているために、実在とは、あらゆる判断や思考を停止してたどり着く境地のように思われるかもしれない。しかし前節で見たように、実在とは知と行為が一致している活動である。すなわち、知や意志がそこで働きながら、主客が互いに妨げ合わず活動している事態こそが実在のあり方なのである。この事態を見るために、西田が用いる「技芸の習熟」という例を見ていくことにしよう。西田は純粋経験について、以下のように、述べている。

我々は少しの思想も交へず、主客未分の状態に注意を転じて行くことができるのである。例へば一生懸命に断岸を攀づる場合の如き、音楽家が熟練した曲を奏する時の如き、全く知覚の連続 perceptual train といつてもよい（Stout, Manual of Psychology, p.252）。（一：一一）

ここで言われている「思想を交」えない「知覚の連続」とは、音楽家が熟練した曲を弾く際に、「次はこの音を弾こう」とか、「次はこうやって指を動かそう」などといちいち意識せずに、連続して音を奏でているという状態を指している。しかしこのような状態に達するためには、「熟練した」との言葉が示すとおり、習熟するための訓練が必要となる。このことについて西田は、「例へば技芸を習う場合に、始は意識的であつた事も之に熟するに従つて全く無意識となるのである」（一：一五）。と述べている。最初に楽器を手に取ったときには、楽器について、また楽器の弾き方について、いちいち意識をしなければならない。しかし楽器の弾き方が身につけば、だんだんそれらについて意識する必要がなくなるのである。ここで「未だ主もなく客もない」と西田が述べている意味が明らかになる。主体としての私と客体としての楽器が分離せず、ともに妨げない仕方で「楽器を演奏する」という活動が行われているという事態を示しているのである。「私」についても、「楽器」についても意識することなく、私と楽器が統一された状態の中で「楽器を演奏する」という経験が成就するのである。

この演奏の習熟は、楽器の弾き方を身につけたら終わりというわけではない。

我々が或一芸に熟した時、即ち実在の統一を得た時は反つて無意識である、即ちこの自家の統一を知らない。併し更に深く進まんとする時、已に得た所の者と衝突を起し、此処に又意識的となる、意識はいつも此の如き衝突より生ずるのである。（一：七四）

楽器の弾き方を覚えたとしても、より優れた演奏家になるためには、現在の自分の技能と、理想とする演奏とのギャップを意識せざるを得ない。理想の自分と現在の自分が異なっているという状態を西田は「矛盾衝突」と呼ぶ。この矛盾衝突を通じて、理想の通りに演奏できない「自分」や、理想の通りに音を奏でない「楽器」を再び意識するようになる。そして目指す高みにまで進んだときに、再び無意識の状態に入っていくのである。

このような矛盾衝突と統一の連続に終わりがないことを西田は以下のように述べている。

実在は一に統一せられて居ると共に対立を含んで居らねばならぬ。此処に一の実在があれば必ずこれに対する他の実在がある。而してかくこの二つの物が互に相対立するには、此の二つの物が独立の実在ではなくして、統一せられたるものでなければならぬ、即ち一の実在の分化発展でなければならぬ。而してこの両者が統一せられて一の実在として現はれた時には、更に一の対立が生ぜねばならぬ。併しこの時此両者の背後に、又一の統一が働いて居らねばならぬ。かくして無限の統一に進むのである。（一：六二）

例えば、「私」が「私」として意識されるのは、楽器が弾けずに楽器と対立状態にあるときである。そのときに、「楽器が弾けない私」がありありと意識に上るのである。しかしこの対立状態が成立するためには、両者の統一としての「私と楽器が一つになって演奏している」という事態が前提となっている。そして「楽器を演奏している自分」という状態は、「楽器をさらに上手に弾く自分」や、「楽器なんて弾いている場合ではない自分」との対立において成立している。前者の場合は上手に弾けない自分と弾ける自分の統一が目指すべき前提となっている。後者の場合も、「楽器を弾く自分」と「楽器を弾かない自分」を統一して、「趣味程度に楽器を弾きながら、より善い人生を目指す自分」といったものが目指すべき前提となっている。[一七]

西田は対立があるところには統一があり、統一があるところには対立があると考えた。さらに、統一が成立した場合、そこには既に対立があり、より大なる統一が目指されることになるのである。こうしたより大なる統一を目指して動き続ける活動こそ、西田が実在と呼んだものなのである。それ故西田は、「善とは自己の発展完成self-realization であるといふことができる。即ち我々の精神が種々の能力を発展し円満なる発達を遂げるのが最上の善である」（一：一一七）と述べるのである。より大なる統一へと進むことによって、我々の自己が完成し理想が実現していくこと、それこそが善とされるのである。

　こうした理想の実現を目指しながら、より大なる統一を目指すということは、最終的には全宇宙の統一を果たし、神と合一するところまで至ると考えることができるだろう。実際に西田は「かく最深の宗教は神人同体の上に成立することができ、宗教の真意はこの神人合一の意義を獲得するにあるのである」（一：一四一）と述べ、神と人間の合一を主張しているような叙述を残してもいる。しかし、この神人合一は、神と人間が単純に同一であるということを意味しているわけではない。前節で見てきたように、ここで言われている神人合一は、我々の自己の計らいを捨て、神の働きに全てを任すような他力的なあり方、自己否定を通じて神の命を生きるようなあり方なのである。

ここで西田は、神を単なる静的な統一状態のようには考えていない。神について西田は、「一方より見れば神はニコラウス・クザヌスなどのいつた様に凡ての否定である、之といつて肯定すべき者即ち捕捉すべき者は神でない、若し之といつて捕捉すべき者ならば已に有限であつて、宇宙を統一する無限の作用をなすことはできないのである（De docta ignorantia, Cap. 24）。此点より見て神は全く無である」（一：八一）と述べている。それ自身としては補足することのできない無限の作用であり、その意味では全くの無なのである。しかし、単なる無ではない。むしろ、統一として自らを現すために、分裂を生み出し、人間を生かすものとなるのである。西田は、以下のように語る。

神はその最深なる統一を現はすには先づ大に分裂せねばならぬ。人間は一方より見れば直に神の自覚である。基督教の伝説をかりて云へば、アダムの堕落があつてこそ基督の救があり、従つて無限なる神の愛が明となつたのである。（一：一五三）

「統一する無限の作用」である神は、分裂において人間を生かすことによって、「無限なる神の愛」として自らを明らかにするのである。この無限なる神の愛は、すべての人格を結びつけつつ、すべての人格の独立を保証するものとされる。

イリングウォルスは一の人格は必ず他の人格を求める、他の人格に於て自己が全人格の満足を得るのである、即ち愛は人格の欠くべからざる特徴であるといつて居る（Illingworth, Personality human and divine）。他人の人格を認めるといふことは即ち自己の人格を認めることである、而してかく各が相互に人格を認めたる関係は即ち愛であつて、一方より見れば両人格の合一である。愛に於て二つの人格が互に相尊重し相独立しながら而も合一して一人格を形成するのである。かく考へれば神は無限の愛なるが故に、凡ての人格を包含すると共に凡ての人格の独立を認めるといふことができる。（一：一五四）

イリングワースを引きながら、西田は相互に人格を認めることが愛であると定義づける。相互に認め合っているという点では互いに結びついているが、それぞれを独立の人格として承認しているという点では互いに独立している。こうした意味で、神の無限の愛は、全ての人格を結びつけるとともに、全ての人格を独立したものとして承認しているのである。神の無限の愛において、全ての人格が独立したものとして生きられるようになるのである。

以上のように、西田が考えている神人合一は、神の愛を通じて互いに結びつきながら、相互の人格の独立を承認するような事態を指しているのである。それ故、西田は「是に於て一方に神あれば一方に世界あり、一方に我あれば一方に物あり、彼此相対し物々相背く様になる」（一：一五三）と述べるのである。神の立場、万物一体の立場とは、それぞれ結びつきながら、同時に互いの独立を承認し合う立場だったのである。

これまで見てきたことをまとめよう。大なる統一を目指す純粋経験であるが、統一が分裂を含むという仕方で、逆に個人の独立を認める個人主義的な体系ともなっている。自己が矛盾衝突を経て、成長し、他者と結びつき、神にまで至る。宗教的な自己にまで至った自己は、愛によって他者と一つになりながら、同時に互いの独立を認め合う自己となっている。ここにおいて一つの人格として完成を見るのである。「主客合一」や「神人合一」という言葉を使いながら、体系としてはそういった統一において自己が独立の人格として際立ってくるのである。『善の研究』においては、大なる統一へと自己を発展させていくことが善である。一方、悪について西田は、「偽醜悪はいつも抽象的に物の一面を見て全豹を知らず、一方に偏して全体の統一に反する所に現はれるのである」（一：一三一〜一三二）と位置づける。すなわち統一の不十分さによって悪が生じるというのである。統一のあるところには必ず分裂があるという意味では、必ず悪が生じるということではある。[一八] だが、統一を目指す自己の活動は善に向かって動いているという意味では善なる世界観とみることができよう。

ただし、善なる世界観とはいえ、西田は他力を強調していた。自力では統一に至れず、統一を可能にしてくれる神の無限の愛に自らを委ねなければならない。そういった意味ではどこまでも我々の自己に収まりきらない他者としての神がいるということになる。[一九]

『善の研究』に現れる人間観と世界観はいかなるものであるのか。人間は、善へ向かって自己を発展させていくものである。ただしそれは、自己の力だけで完遂できるものではない。神の無限の愛において、それぞれの人格を認め合い、互いに独立した人格として承認し合うときに、我々の人格は結びつき統一されていくのである。「人類一味の愛」（一：一三三）において世界中の人類と結びつきながら、同時に独立した個人として人格が成立するのである。[二〇] 全人類が愛で結びつくことが可能であるという認識を持っているという点で、[二一] 善なる世界、楽天的な世界観がそこに表れていたということができるであろう。

結語　明治と西田幾多郎

西田幾多郎は、明治期を振り返って、以下のように述べている。

> 明治時代といへば、その弊を云ふのが今一般の風潮の様でもあるが、我々は明治時代といふものを既に日本歴史の一時代として、それが我が国の歴史に如何なる意義を有つかを深く静かに考へて見なければならない。それは我が国の歴史に於て実に偉大なる劃期的を有つたものと思ふ。世界的日本として基礎の置かれた時である。その趨勢には種々の弊も生じたであらう。併し五箇条の御誓文は今日も日本の国是ではなからうか。（一一：三〇九）

西田は五箇条の御誓文こそが、日本が基づくべき原理であると述べている。五箇条の御誓文は、以下の通りの内容である[23]。

> 五箇条ノ御誓文（明治元年三月十四日）
> 一広ク会議ヲ興シ万機公論ニ決スヘシ
> 一上下心ヲ一ニシテ盛ニ経綸ヲ行フヘシ
> 一官武一途庶民ニ至ル迄各其志ヲ遂ケ人心ヲシテ倦マサラシメン事ヲ要ス
> 一旧来ノ陋習ヲ破リ天地ノ公道ニ基クヘシ
> 一智識ヲ世界ニ求メ大ニ皇基ヲ振起スヘシ

もちろん、この五箇条の御誓文の内容について議論する余地はあるだろう。だがおそらく西田は、ここに明治期に夢見た理想が反映されていると読み取ったのであろう。民主的な議論を振興すること、身分の差なく全ての人が政治に参加すること、因習を廃して「天地の公道」といわれるような世界の普遍的な法を志向すること、世界に開かれた知識探求を行うこと、こういった世界に開かれた理想主義的な理念に、西田は共感を寄せていたに違いない。

『善の研究』において現れる人間観と世界観は、全人類が結びつくような世界において、個人が独立の人格として完成することを理想とするというものであった。こうした理想と、西田が五箇条の御誓文から読み取った理想とを重ね合わせることができるだろう。それは、若き西田のリベラルな青年期の姿とも合致する。明治期の最後を飾る『善の研究』は、このように、個人の自立を重要な契機として含みながら、世界において人類が結びつくような人間観・世界観を有するものであったのである。それは、新しい社会への理想に燃えていた時代の空気を反映するものとして、明治期における人間観・世界観を表現するものであったと言えよう。

凡例

一　西田幾多郎の引用は、クラウス・リーゼンフーバー他編『西田幾多郎全集』、岩波書店、二〇〇二年〜二〇〇九年から、（巻数：頁数）という形で引用する。

二　聖書からの引用は、新共同訳を使用し、書名〔章数：節数〕という形で表記した。

三　引用文中の（……）は省略記号である。また筆者による注を引用文に挿入する場合は、その箇所を〔〕をもって示し、その旨を明記した。また、旧漢字は新漢字に改めた。

注

一　船山信一も「明治哲学は西周から出発し、その観念論は井上哲次郎において確立し、西田幾多郎において大成した」（船山信一『明治哲学史研究』（一九五九年）、『船山信一著作集』第六巻、こぶし書房、一九九九年、七五頁）と明治期の哲学を素描している。

二　以下、伝記的事実に関しては、遊佐道子『伝記　西田幾多郎』、『西田哲学選集』別巻一、燈影舎、一九九八年を参照した。

三　竹村牧男『西田幾多郎と仏教』、大東出版社、二〇〇二年、四七～八三頁を参照。

四　北条時敬は禅者であったが、この当時に西田が参禅した形跡はない。もちろん、北条を通じて禅への興味が芽生えたということは推測可能かもしれない。

五　西田静子「父」、西田静子・上田弥生『わが父西田幾多郎』、弘文堂、一九四八年、九～一〇頁

六　西田は日記でも、井上哲次郎については常に「井上先生」と書いている。ただし、一九〇八年の田部隆次宛の手紙で、「小生はあまり井上さんの学術に感服せず　先生の事は悪口無礼せし事もあるが」（一九：一三五）と述べており、また一九二二年の山内得立宛の手紙においても、「井上さんがボルツァーノ全集を買はれたのは羨しい　多少猫に小判の感なきを得ない」（二〇：四〇）と述べているように、井上哲次郎の哲学自体は評価していなかったようだ。

七　これらの文章は、新版西田幾多郎全集の一一巻に収められている。

八　浅見洋は、竹内良知と上田久が中江兆民の唯物論との共通性を指摘していることを注記しながら、浅見自身の見解としては新井白石にもみられる伝統的な宗教意識の発露であると論じている（浅見洋『西田幾多郎とキリスト教の対話』、朝文社、二〇〇〇年、二四～二六頁）。

九　舩山信一も「青年西田の唯物論・無神論をわれわれはまじめなものと考えていいと思われる」（舩山信一『ヘーゲル哲学と西田哲学』（一九八四年）、『舩山信一著作集』第五巻、こぶし書房、一九九九年、一〇五頁）と述べている。

一〇　「島田重礼先生といふ様な漢学の大儒が居られた。先生は教壇に上り、腰から煙草入を取り出し、徐に一服ふかして、それから講義を始められることなどもあつた」（一〇：四一〇）。なお、島田の授業は、『荘子』を声に出して通読するだけの授業だったようである（遊佐道子、前掲書、五二頁）。

一一　明治三四年山本良吉宛ての書簡で西田は、秋月の「之より明治学院にても入り又米国なとへもゆきて神学を研究」したいとの希望に対して、「小生もかれか話をきゝて其志には感したる」が、「之には静思熟慮を要す」ため、軽挙すべきではないと諭したことを述べている（一九：五八～五九）。

一二　井上哲次郎は、諸宗教を合一した理性的で新しい宗教を作ることを以下のように述べている。「若し諸宗教の根柢に於ける契合点を執へ来たらば真正の唯一神教是に於てか始めて成立するを得べし、而して此の如き唯一神教は唯ゞ倫理的の旨趣を有するのみにて、毫も人格といふものを取らざるが故に、今日の哲学及び自然科学と併存して何等の撞着もあ

らざるなり」（井上哲次郎『倫理と宗教との関係』、富山房、一九〇二年、一五三頁、傍点原文）。

一三　ここで注意すべきは、キリスト教と並んで仏教について「称名念仏」と言われていることであろう。坐禅に打ち込んだ西田ではあるが、僧侶が立ち返るべき原点を、浄土宗や浄土真宗の基本概念である称名念仏にみていることは、西田の宗教観を理解するために重要な視点である。

一四　これらのメモ書きは、西田幾多郎全集一七巻に収められている。

一五　陽明学と『善の研究』との関連については、呉光輝「西田哲学の東洋的性格―陽明学受容の問題を中心に」、『日本の哲学』第一号、昭和堂、二〇〇〇年に大きな示唆を受けた。

一六　ここで強調したいことは、西田の陽明学的要素が単なる知行合一ではないということである。天地万物と自己とが一体であるような実在を西田が問題にしており、それが知と行為が切り離されない活動として具現化するものであるということが、西田の陽明学的要素として特徴づけられるのである。西田の陽明学的要素を、このような「心即理」の良知論として特徴づけたものとして、湯浅泰雄『東洋文化の深層』、名著刊行会、一九八二年、二七九～二八六頁、湯浅泰雄『日本人の宗教意識　――習俗と信仰の底を流れるもの』、「講談社学術文庫一三八四」講談社、一九九九年、三四五～三七九頁、小坂国継「補論」、西田幾多郎／全注釈　小坂国継『善の研究』、「講談社学術文庫一七八一」講談社、二〇〇六年、四八八～五一四頁を参照。

一七　西田は、矛盾対立と統一が続く事態を、「例へば色が赤のみであつたならば赤といふ色は現はれ様がない、赤が現はれるには赤ならざる色がなければならぬ、而して一の性質が他の性質と比較し区別せらるゝには、両性質は其根柢に於て同一でなければならぬ、全く類を異にし其間に何等の共通なる点をもたぬ者は比較し区別することができぬ。かくの如く凡て物は対立に由つて成立するといふならば、其根柢には必ず統一的或者が潜んで居るのである」（一：五六）と色を使って説明している。

一八　西田は、「一面より見れば偽醜悪は実在成立に必要である、所謂対立原理より成立するのである」（一：一三二）と述べている。

一九　クラウス・リーゼンフーバーは「先行する統一力はその深さと力に関して、意識を凌駕している」（クラウス・リーゼンフーバー『近代哲学の根本問題』、知泉書館、二〇一四年、三四八頁）と述べ、『善の研究』における「神」は、我々の意識に収まりきらないものであることを強調している。神人合一についてもクラウス・リーゼンフーバーは、「自己は愛においてこそ自らの主観性を乗り越え、自己とは区別されながらも自己を支えてくれる力を信じることによって、神への意志へと自発的に自らを委ねる」（クラウス・リーゼンフーバー、前掲書、三五二頁）と特徴づけており、神と自己との差異を強調する。

二〇「国家は今日の処では統一した共同的意識の最も偉大なる発現であるが、我々の人格的発現は此処に止まることはできない、尚一層大なる者を要求する。夫は即ち人類を打して一団とした人類的社会の団結である」（一：一三〇）と西田が述べるように、国家を越えた人類の団結が理想とされている。

二一 もちろん西田は、「併し此理想は容易に実現はできぬ。今日は尚武装的平和の時代である」（一：一三〇）と述べるように、人類の一致団結が簡単に達成できるとは考えていなかった。

二二『明治三十七年三月増訂　衆議院要覧』、衆議院事務局、一九〇四年、一頁。

明治期と自然災害

出野尚紀

はじめに――テーマ設定について

本題に入る前に、本稿のテーマ設定について、筆者の思いをまず記しておきたい。

東洋大学国際哲学研究センター第一ユニットのテーマは、「日本哲学の再構築に向けた基盤的研究」となっている。そのなかで、「明治期における人間観と世界観」という連続研究会が行われることとなった。これは、儒教や仏教の思想を基盤とした「日本哲学」なるものが、西洋の影響を受けてどのように形成されたのかを確認し、新時代の「日本哲学」なるものの生成と再構築という大テーマへと還流することを目指しているのだろう、と筆者は考えている。

そこで筆者は、欧米から文明が流入し、それを日本人が咀嚼・学習をした時期に、人間観と世界観に関して、日本社会と欧米社会のあいだで、何が大きく異なっていたのかを考えてみた。両者の差異が大きく見られるのは、やはり、自然観ではないだろうか。一般に、欧米的なキリスト教社会は、人間とその他に厳然たる一線を引く文明であるといわれ、逆に東洋的な社会は、アニミズム的に人間とその他に渾然としたあいまいさを認める文明であるといわれる。欧米的な自然に対する見方を、日本がヨーロッパの文明を受容する際に、どのような深度で取り扱ったのだろうか。技術一般と同様に表層的に捉えたのだろうか、さてまた、差異に気付いたものの受け入れなかったのだろうか。筆者は日本思想の専門家ではないため、この問題に対して思想面から接近することは難しい。そこで、明治期の著述家たちの自然災害に対する反応を通じて、彼らが抱いていた自然観を浮き彫りにするという方途をとることにした。

このテーマ設定については、筆者自身とも無関係ではない。筆者の住み続けている本所という東京の隅田川東側地域は、「災い」によって生まれ、「災い」を断ち切ることができずに歳月を経ている地域である。なんとなれば、本所という町の始まりは、明暦の大火という「災い」だからである。明暦の大火の際に、大川（隅田川）に橋が架かっていなかったために、火の回っていない東岸に逃れられなかったこと、大小名屋敷の分散や火除地の設置のために江戸城の城下を拡幅したことから、隅田川に新たに渡された橋が大橋、現在の両国橋である。それにより隅田川東岸の開発が始まり、現在の本所へとつながっていく。また、大火の死者、無縁仏の慰霊のため、隅田川の東岸に建立されたものが諸宗山回向院である。その後も、この地は風水害に悩まされ続け、明治四〇年の洪水を契機に、一九一〇（明治四四）年、岩淵から荒川放水路を開削することになった。また、地震災害でも被害があり、一八九四（明治二七）年の明治東京地震、一九二三（大正一二）年の大正関東地震の際には液状化や建物の倒壊で被害を出し、二〇一一（平成二三）年の東北地方太平洋沖地震でも建物の損壊が見られた。加えて、大正関東地震の際の火災や一九四五（昭和二〇）年三月一〇日の東京大空襲での焼損などさまざまな種類の「災い」があった。かつて筆者が通った築地本願寺江東学園幼稚園は、関東大震災の死者の遺灰を塗り込めた本尊阿弥陀仏が本堂に安置されており、慰霊施設である東京都立横網町公園と同じ陸軍被服廠跡にある。また、筆者の自宅は大正関東地震や東京大空襲で多くの溺死者が出た五間堀を埋め立てたところにある。敷地の一部である旧五間堀には、多くの遺体が浮いていたらしく、新大橋通りに架かっていた伊予橋付近では一〇〇体以上の遺体が引き上げられている。以上のようなことから、筆者は自然災害について身近に感じている。また、テーマについて考えていた二〇一四（平成二六）年三月に初めて、大内青巒が明治三陸大津波の津波碑に撰文をしていたことを知ったということも影響している。

さらに、日本では大きな「災い」の度に「天譴論」が口に出されるが、このような因果応報的考え方は、儒教的な考え方なのか、仏教的な考え方なのだろうかという疑問もある。これについては渋沢栄一が関東大震災後に述べたことから考えてみたい。

さて、「明治期」という言葉が指す範囲は、厳密には明治元年一月一日から明治四五年七月三〇日の間だけであろう。だが、「明治」という元号に比べて、「明治期」という言葉の範囲はもう少し広いものであるように思われる。そのため、本稿では「大正」に元号が変わった後も範囲に含め、「明治元年一月一日から大正一五年一二月二五日の間に発生した自然災害に対して、日本人がどのような見方をしていたのか」をテーマとすることにした。そもそも明治期に自然災害について自らの意見を発表した事例は、大森房吉のような自然科学者が災害発生後に現地に赴き、災害に対する聞き取りをして報告書をまとめる中で、自らの意見を加えるというような形が主たるものであり、[二]作家や思想家が日記や随筆のなかで、直接的に災害について自らの考えを著述したものは少ない。

本稿では、明治東京地震から大正大地震にかけての著名な災害が、日記や随筆のなかで、どのように記されてきたのかについて紹介しながら考察を進めていきたい。

一　明治・大正の災害

まず、明治・大正の自然災害を国立天文台編の『理科年表』をもとに見ていきたい。明治元年から大正末までの六〇年弱の間に、人が亡くなったり行方不明者が出たりした地震は二七回発生している。それらの地震による死者・行方不明者数は、詳細な数字が未確定のものもあるが、大正関東地震の被害者一〇万人強を含めて約一三万人強である。[三] この人数は、同期間の日清・日露・第一次世界大戦といった対外戦争での日本の戦死者数よりも僅かに多い。[四] 明治期の地震とそれに付随した津波による死者に限れば、三万八六二人である。また、戦後の一九四六（昭和二一）年から二〇〇五（平成一七）年までの六〇年間の地震死者・行方不明者数は、一万四八二一人である。[五] そして、同期間に発生した、人が亡くなった火山噴火は一〇回である。正確な死者数が分からない噴火もあるが、犠牲者は少なくとも七三〇人にのぼる。同様に明治期だけでは少なくとも六七二人である。なお、『理科年表』では大正以前の、台風などによる水害や土砂災害については記載されていない。主な水害の記録が、昭和以降だけで二三頁にわたる[六]ことから考えると、数が多く、また、様々な地域で発生したために、すべてをまとめることができなかったのだろうと推測できる。そこで、災害の頻度や大きさを見るため、名前が付けられていたり、死者が出たりした地震と火山噴火による災害についてのみ以下に列挙した。[七]

西暦	和暦	地域『名称』	主な被害
一八七二	明治五	出雲・石見『浜田地震』	死者約五五〇名、全潰約五〇〇〇戸
一八七二～一八七四	明治五～明治七	熊本県阿蘇山	死者数名
一八八八	明治二一	福島県磐梯山	諸村落埋没、死者四六一または四七七名、桧原湖など生成
一八八九	明治二二	熊本県西部	死者二〇名、全潰二三九戸
一八九〇	明治二三	長野県北部	死者一名
一八九一	明治二四	岐阜県西部『濃尾地震』	死者七二七三名、全潰一四万余戸、根尾谷断層

一八九二	明治二五	石川県能登半島西岸	死者一名、全潰二戸
一八九三〜一八九五	明治二六〜明治二八	福島県吾妻山	調査者殉職二名
一八九三〜一九〇〇	明治二六〜明治三三	鹿児島県・宮崎県霧島山新燃岳	死傷者一一名
一八九四	明治二七	北海道根室沖	死者一名、津波
一八九四	明治二七	東京府東部『東京地震』	死者三一名、全半壊多数
一八九四	明治二七	山形県北西部『庄内地震』	死者七二六名、全潰三八五八戸、全焼二一四八戸
一八九五	明治二八	茨城県南部	死者六名
一八九六	明治二九	岩手県三陸沖『三陸沖地震』	死者二万一九五九名、家屋流出全半壊八〜九〇〇〇軒、津波
一八九六	明治二九	秋田県東部『陸羽地震』	死者二〇九名、全潰五七九二戸
一八九七	明治三〇	宮城県沖『宮城県沖地震』	全潰一戸、大破六〇戸
一八九九	明治三二	三重県南部	死者七名、全潰三五戸
一九〇〇	明治三三	福島県安達太良山	死者七二名
一九〇〇	明治三三	宮崎県北部	死傷者一七名、全潰四四戸
一九〇一	明治三四	青森県東方沖	死傷者一八名、津波
一九〇二	明治三五	青森県東部	死者一名

一九〇二	明治三五	東京府伊豆鳥島	死者全島民一二五名
一九〇五	明治三八	広島県・愛媛県安芸灘『芸予地震』	死者一一名
一九〇七～一九一四	明治四〇～大正三	長野県浅間山	死傷者多数
一九〇九	明治四二	滋賀県東部『姉川地震』	死者四一名、全潰九七八戸
一九〇九	明治四二	沖縄島付近	死者二名
一九一〇	明治四三	北海道有珠山	死者一名
一九一一	明治四四	鹿児島県奄美大島付近『喜界島地震』	死者一二名、全潰四二二戸
一九一四	大正三	鹿児島県中部『桜島地震』	桜島噴火に伴う地震、死傷者三五名
一九一四	大正三	鹿児島県桜島	大隅半島とつながる、死者五八名
一九一四	大正三	秋田県南部『仙北地震』	死者九四名、全潰六四〇戸
一九一五	大正四	十勝沖	死者一名、全潰一戸
一九一六	大正五	兵庫県南岸	死者一名
一九一七	大正六	静岡県中部	死者二名
一九一八	大正七	北海道ウルップ島沖	溺死者二四名、津波
一九一八	大正七	長野県北部『大町地震』	全潰二二戸

一九二二	大正一一	千葉県西岸『浦賀水道地震』	死者二名
一九二二	大正一一	長崎県橘湾『島原地震』	死者二九名、全潰六五四戸
一九二三	大正一二	神奈川県西部『関東地震』	『関東大震災』全死者・行方不明者約一〇万五〇〇〇名、全潰一〇万九〇〇〇戸、焼失二一万二〇〇〇余戸、津波
一九二四	大正一三	神奈川県西部『丹沢地震』	『関東地震』の余震、死者一九名、全潰一二〇〇余戸
一九二五	大正一四	兵庫県北部『但馬地震』	死者四二八名、全潰一二九五戸

関東大震災については、『大東京繁昌記』が東京日日新聞に連載され、後に春秋社から発刊されている。そこでは、芥川龍之介をはじめとする文人たちが、震災被害地を回り、その感慨を種々述べている。それ以前の災害については、現在あまり知られていない。これは、関東大震災が東京において発生した直近の大規模自然災害とみなされているからであろう。例えば、京都で「先の戦争」と言えば、応仁の乱を指すという話が話題に上ることがあるが、[八]これは京都の町全体を焦がすような大規模市街戦が行われたのが、応仁の乱が最後であると見なしているることを示しているのであろう。

ところで、右に列挙した明治期の自然災害がどれくらいの規模であったかというと、実は前後の時期よりも規模が小さく、第二次世界大戦後の一九四八（昭和二三）年六月二八日の福井地震から一九九五（平成六）年一月一七日の兵庫県南部地震による阪神淡路大震災までの期間に匹敵するほど、地震災害が少なった。

さて、各災害について著名人が記した感想を見ていくことにしたいが、その前に災害が起きた際にしばしば口に上る「天譴論」について簡潔に考察を加えてみたい。

自然災害と「天譴」について

東日本大震災の際に、当時の都知事が「天譴論」を唱え、その発言に対して各方面から批判の声が上がった。渋沢栄一も関東大震災が起こった際に同様のことを述べているが、両者が置かれていた状況には多少の差異がある。すなわち、前者の都知事が地震の直接的な被害者ではないのに対し、渋沢は彼自身が関東大震災に遭って何とか王子まで逃れた上での発言であったのだ。

そもそも、「天罰」の語は、『書経』「周書 多士」に、「我乃明致天罰（我乃ち明かに天の罰を致す）[九]」とあるのが初出であるようだが、「天罰が下る」という考え方は、そこに続く「爾不克敬、爾不啻不有爾土、予亦致天之罰于爾躬（爾克く敬せざれば、爾啻に爾の土を有せざるのみにあらず、予も亦天の罰を爾の躬に致さん）[一〇]」という箇所がもとになっているように思われる。これは、中国古典における「天人相関説」に基づき、為政者の行いの善悪が判断され、悪と断ぜられれば、災害をもって警告や懲罰が与えられるという考え方であり、そこには皇帝の行いも含まれる。しかし、日本において、特に関東大震災の場合では、為政者としての天皇やそれに準ずる人の行いは含まれていない。渋沢の天譴論では、為政者にあたるものとして「全国民」が考えられている。しかし、罰を受ける行いについては「近来政治界は犬猫の争闘場と化し、経済界亦商道地に委し、風致の退廃は有島事件の如きを讃美するに至った」（『萬朝報』九月一三日）とあるように、具体的には有島武郎の心中事件が挙げられているのみである。渋沢自身も確固とした原因を想定しておらず、これを機会に人心一新、清く正しい社会を創造しようという、社会に対する老爺の苦言に類する発言と考えるべきであろう。しかし、後の『自叙伝』では、「私の常に主張して止まぬところの、孝悌忠信などには耳を傾けるものは至って少い状態であった。［中略］國民は華美に贅澤になり、又かう云ふ誇張した、好奇心を唆るやうな店に依って、其の華美贅澤は益々助長されて來て居たのである。然るに地震に依って是等の總てのものが一朝に破壊され、焼き盡くされたのは、國民に一種の天譴を加えられたのではないか?[一一]」と振り返っており、以前から警告していた、社会状況が渋沢の理想とする社会とは異なるものになってしまっていることと震災を関連づけている。渋沢は、江戸時代の武士の倫理を近代日本的に変容させながらも、根本には『論語』を活かすという考えをもっており、それに基づく会社経営を行い、『論語』を愛読した。その『論語』を活かす経営のモットーとなったのが、武士的精神による利益追求の抑制という「義利合一主義」であった。[二二]すなわち、自分さえよければ他人はどうでもよいという自利のみに走るのではなく、物欲に対して精神面、つまり道徳・倫理の面からストップをかけて、経済と道徳をバランスよく兼ね備えるということを目標としたのである。この精神面の徳目は、禁欲主義的、節制主義的、調和的ということにあると思われる。こうした点から、人妻であり『婦人公論』編集者でもある波多野秋子と有島が軽井沢で心中したことを、渋沢が非難するのもうなずけるだろう。渋沢にとってこの事件は、人妻が働いていたこと、さらには有島が人妻と愛人関係を持った上で、心中にまで至ったことなど、幾重にも非倫理的で許せなかった事件であったのであろう。

他にも新渡戸稲造など、倫理の退化から生じた「天譴」とこの災害を結び付けて発言した人物はいたが、震災直後の世相において大きな社会的影響を与えることは、ほとんどなかった。

明治中期以降に生まれた芥川竜之介らは、政治や経済への影響力がない一般市民が、天譴によって不貞不良の代わりに罪を償わなければならないことの不平等性を指摘した。彼らにとって、天譴論を持ち出すことは、江戸時代に生まれた人間による似非科学的な儒教倫理に固執した古臭い言いようであったのであろう。

渋沢は関東大震災時に天譴論を唱えた代表者と見なされているが、彼自身は自らの発言に責任を持ち、「古臭い」と言われ、聴く耳をもたれずとも、撤回していない。ただし、渋沢が天譴論を口先で唱えるだけでなく、災害の度に援助金を送る人物でもあったことには留意すべきであろう。例えば、「一八八五（明治一八）年六月是月及び同二三年七月・同三〇年夏、埼玉県大里郡八基村に利根川出水による水害あり。栄一、各回とも金品を送り之が救済を為す」[二三]と自伝にあるように、出身地の血洗島が、利根川の洪水にしばしば襲われる地域であったため、度々水害に対する救恤金を出している。

また、一八九一（明治二四）年の濃尾地震については「実に安政以来非常の震災なりと云ふも亦た過言に非ざるを悲しむ」と日記に記している。しかし、地震に関しては、「十五歳の時に安政の地震に遭ったが、其時は田舎に居たので、江戸の災害ほどには激しく感じなかった。故に大地震の経験は全く今度が初めてであっただけ、それだけ感慨の深きものがある」[一四]とも述べており、濃尾地震など、明治期の地震にも義捐金を贈ってはいるが、直接体験は関東大震災が初めてだったようである。しかし、渋沢のように大地震の知識を持たずどのような行動をとるべきか分からなかった人、実体験を持たずにどのような行動をとるべきか分からなかった人、体験をしていてもその濃度が薄まっていた人は、当時の東京には多かったと思われる。渋沢も震災直後には、午後三時まで雑談をして飛鳥山に帰宅しているが、「一体地震後には火災がないかどうかと云ふことを第一に考へなければならなかったのであるが、夫れを左程深くも考へず、又よしやあってもこんな大事にならうとは思はなかった。…中略…。最も経験がある八十老人が第一番に智慧を出さなければならなかったのに、それが出来なかった」[一五]と、適切な行動や指示に気付けなかったために、徳川慶喜伝記の草稿や明治の元勲との手紙、論語などを焼失したことを悔いている。[一六]そして、「天は国民を誡める為めにかうした大事変を起したのではないかと思ふ」というところに至り、結論として、「精神の復興を期しなければ、如何に物質的復興を計っても真正なる文明を実現することは不可能」[一七]とまとめている。この「精神の復興」ということが、「震災うつ」や無力感、倦怠感などからの解放につながるものとなるべきであろう。

明治東京地震

渋沢は、大正関東地震について、「大地震の経験はなかった」ことを記している。それ以前に東京に被害を与えた地震は、一八九四（明治二七）年六月二〇日に発生した「明治東京地震」と呼ばれる地震である。これは明治期の東京において最も被害の大きかった地震であり、樋口一葉と谷崎潤一郎が文章を残している。

一葉は日記、『水の上日記』に明治東京地震が起きた日のことを記している。そこでは、自分が見聞きしたことと知人の行動を記しているが、感想などはなく、淡々とした印象を受ける。

二十日　午後二時俄然大震あり
我家ハ山かけのひくき処なれはにやさしたる震動もなくそこなひたる処などもなかりしが官省通勤の人々なとつとめを中止して戻り來たるもあり　新聞の号外を発したるなとによれハさてハ強震成しとしる　被害の場処ハ芝より糀丁丸之内京橋日本橋邊おも也　貴衆兩院宮内大蔵内務の諸省大破死傷あり　三田小山町邊にハ地の裂けたるもあり　泥水を吐出して其さま恐ろしとそ聞く　直に久保木より秀太郎見舞いに來る　ついで芝の兄君來訪　我も小石川の師君を訪ふ　師君は此日四谷の松平家にありて強震に逢たるよし　床の間の壁落土蔵のこしまきくするゝなとにて松平家は大事成しとか　鍋嶋家にて新築の洋館害に逢て珍貴の物品ともあまたそこなひ給ひけるよし　師君のもとにハさしたる事もなかりき　此夜更に強震あるへきよし人々のいえはとて兄君一泊せらる　その夜十時過る頃微震あり　見舞状の來たりしは横須賀にて野々宮君静岡にて江崎ぬしなとなり　山梨へも見舞の状出す　例の返事はなし[一八]

次に、谷崎が後年になって明治東京地震について随筆の中で記した箇所を二つ見てみよう。ここからうかがえるのは、谷崎の地震恐怖症といってもよいほどの揺れに対する耐性のなさであり、パニック状態に陥ってしまうことである。こうした耐性のなさは彼の母親も同様であった。一方、祖母は腰が抜けたような状態になったとの記述があるものの、谷崎と母親ほどのことはないようである。そこに安政江戸地震の体験の影響があるかは定かではない。ただ、明治東京地震が起きた時点で「その前の地震」といえば安政江戸地震を指すこと、さらにはこの地震の体験者が身近であったことをうかがい知ることが出来るだろう。

まず一つ目の引用は、明治東京地震の記述も含まれているが、それ以前の地震（谷崎は濃尾地震であると考えている）の回想が主である。

明治廿四年十月廿八日の濃尾の大地震は、東京でも可なり大きく揺れたのを覚えているが、それはもう南茅場町の家に移ってからであった。記録に依ると明治年代における最大の地震であったと云うから、関東一円が相当の余波を感じたのであろう。時刻は六時三十何分とか云うのであるから、まだ床の中にいたに違いないのだが、地震ぎらいの母が真っ先に飛び起きて、私を連れて戸外へ走って出たのである。父やばあやはその時何処にどうしていたのか、母は取りあえず傍らにいた私だけを引っ張って出たのか、そう云う細かいことは覚えがない。が、父はそんな場合にわざと落ち着いてみせる方だったので、「何でえ、此のくらいな地震で飛び出す奴があるけえ」と、平気で寝ていたのかも知れない。母は地震ばかりでなく、雷を恐れることも甚しかったが、思うにあの頃の都会の女は総べてさう云うことに対して現代の女性よりは意気地がなく、寧ろ臆病であることを女の見えとも、たしなみともしていたのであろう。「おめえがそんなに恐がるからいけねえんだ。だから子供までが弱虫になるんだ」と、父は母を掴まえてそう云い云いしたが、少なくとも私の地震や雷ぎらいは確かに母の影響であろう。尤も雷に対する恐怖は十三四歳ぐらい迄で、成長するに従って忘れ去ったが、地震に対する方は七十歳の老齢に達した今日でも、なお完全には脱し切っていないことを思うと、少年の時に受けた母の感化というものがどんなに深いかを知るのである。

地震に限って特に強い影響を母から受けるようになったのは、今云う明治廿四年の十月、私が六歳の時と、明治廿七年の六月、九歳の時と、幼い時に二回大きな地震に遇い、その二回とも偶然母と二人きりで恐怖を体験したことが原因であろうと思う。廿七年の時のことは後に譲るとして、廿四年の十月の時は、東京ではどの程度の地震だったのであろうか。私はおぼろげな印象に依ると、それは廿七年のよりはずっと小さかったような気がするので、弱震と云うくらいのものではなかったろうか。私は地震そのものよりも、母の慌てかたを見て自分も慌てた。母は夢中で、家の前の往来を亀嶋川の方角へ向かって走って云ったが、私も後から追って行った。母は寝間着のまま素足で地面を歩いていた。その時分亀嶋川の岸からに三軒手前の左側に、私たちのかかりつけの松山セイジという医師の家があったが、母はそこまで駈けて行って、そこの玄関の式台に上った。そうこうするうちに地震が止み、ばあやが漸く追い着いて来たが、母の小さい素足が、足の蹠だけ泥にまみれて、まだぶるぶると顫えが止まらないでいた。[一九]

二つ目の引用は、以下のような内容である。この引用は明治東京地震の記述が主となっており、祖母の話も記載されている。

米屋町時代の出来事のうちでは、先づ何よりもその年の夏、廿四年の濃尾の時より遥かに大きな地震に遭遇したことを挙げなければならない。それは明治年間の東京に於ける最大の地震と云はれたもので、廿七年の六月二十日のことであるから、日清戦争の一ケ月程前、清国の軍隊が仁川に上陸したり、大鳥圭介が京城に出発したり、半島の風雲ただならぬ折柄であった。地震が起ったのは、午後二時頃、取引所は後場が立っている最中で、米屋町に軒を並べた商店の土間にも往来にも相場師の群衆が溢れている時であつた。私はちょうど学校から帰って、台所の板の間で氷あづきを食べていた。そして地震と気がついた瞬間には、早くも街頭に飛び出していた。仐商店のある表通りに比べると裏通りは道幅が狭かつたので、私は両側から家が崩れ落ちて来るのを恐れつつ、無我夢中で一丁目と二丁目の境界の大通りへ出、活版所の方へ曲る広い四つ角の中央に立った。と、前から私と一緒だったのか、その時私に追い着いたのか、私は始めて、母が私をぎゅっと抱きしめているのに心づいた。最初の急激な上下動は既に止んでいたけれども、地面は大きくゆるやかに揺れつつあった。私の顔は母の肩よりなお下にあったので、襟をはだけた、白く露わな彼女の胸が私の前を塞いでいた。見ると私は、さっきは確かに氷あづきを食べていて、地震と同時にそれを投げ捨てて戸外へ走り出た筈だのに、いつの間に何処でどうしたのか、右手にしっかりと習字用の毛筆を握っていた。そして四つ角の真ん中で相抱きつつよろめき合っている間に、私は母の胸の上へ数条の墨痕を黒々と塗りつけていた。その四つ角からは、(久)の店と活版所とが同じくらいな距離にあったが、地震が治まると、母は家へは帰らずに、私の手を曳いて真っ直ぐ活版所の祖母の許へ行った。三年前の十月廿八日の朝、裏茅場町の往来を裸足で逃げて、松山医師の玄関へ辿って行った時の記憶が、鮮やかに私に蘇生った。今度も母は活版所の上がり框へ腰かけて、泥だらけの足をバケツで洗った。祖母は家が揺れている間じゅう、台所の引窓の下につくばっていたと云うことであったが、私たちが這入って行くと、いつもの長火鉢の部屋に戻って、どうやら落ち着きを取り返していた。と、その時再び揺り返しが襲って来たので、又三人で台所の方へ慌てて逃げた。

「でもまあ揺り返しでよかったよ。私は今度こそほんとの大地震じゃないかと思った」

祖母はそう云って、安政二年十月の大地震の夜のことを語った。それは天保十年生まれの祖母が十七歳の時で、時刻は午後十時頃であったと云うが、睡い盛りの年頃なので、祖母は地震を知らずに寝ており、眼が覚めたら、自分の家がぴたんこに潰れていて枕元の行燈が消え、頭の上に都合よく引窓が来ていた。祖母はそこから難なく這い出すことが出来たが、外へ出てみると周囲の家が一軒残らず倒れてい、家族の者共が祖母の安否を気遣って大騒ぎをしている最中であったと云う。(二〇)

上記の一葉と谷崎の引用からは、地震に対する大局的な考察を見出すことができない。一葉の日記は、日記という性格もあり、地震直後に書かれたものであることも相まって、自身の体験が主であり、当日の一葉の行動と関係する人々や場所の被害状況がわかる記述内容となっている。だが、地震についてどのような感想を持ったのか、地震が揺れている最中に自分自身がどのような行動をとったのかは、記されていない。逆に谷崎の随筆は、後年、地震の際に自分がどのような行動をとったのかを主眼に書かれており、地震恐怖症の程度の激しさが伝わる記述となっている。しかし、ここでも彼自身の行動はわかるが、周囲の状況や地震をもとになにを考えたのかといった事柄は記されていない。

明治二九年の水害

明治二九年には、信濃川左岸が決壊し、大河津分水を作る契機となる「横田切れ」と呼ばれる洪水が七月に新潟県で発生している。一方、東京でも隅田川左岸側の向島や堀切で洪水が発生した。この水害では、東京市内の右岸側には大きな被害が出なかったようで、被災地とそうでない地域の落差が明白にわかる新聞記事が残されている。

東京日日新聞では、九月二四日に、「他人の難儀を七草同様に心得、酒殺を提げ美姫を携へて物珍しさうに堤上を徘徊するなどは実に気楽の沙汰」と記されている。そして、九月二六日には、水が引き、見物人が減り、見舞客ばかりになってきていると報じているが、続けて「明日は幸ひの日曜日なり、久し振りにて遭難見舞旁々杖を墨堤に曳くも亦一興ならん乎、併し酔歌高吟は稍憚りありと知るべし」と、あたかも震災ツーリズムを推奨するかのような記事になっている。

これらの記事からは、現地に行ってお金を落としつつ被災状況を知ることと、被災者に一定の配慮をすることの葛藤を読み取ることができる。同様のことが東日本大震災後の被災地においても見られたことは記憶に新しい。

明治四三年の東京水害

『深川区史』上巻四八二頁には、明治四四年三月二一日に「成田山新勝寺住職石川〔照〕勤寄付金受入一八万七千円」の記載があり、『渋沢栄一伝記資料』にも引かれている。この明治四三年の水害は、荒川放水路（現在の荒川本流）開削の契機となった。また、洪水被害だけではなく、山地崩壊も多くの場所で見られ、堤防によって氾濫を防ぐそれまでの洪水対策だけではなく、治山をも含む総合治水対策を迫られることとなった。具体的には、下流域に放水路を掘ることによって河水をあふれさせずに海に流すことや、山地の伐採制限などであった。そして、荒川、信濃川の放水路だけではなく、北上川放水路、木曽川三川分離事業、淀川改修などの大正から昭和初期にかけて大規模公共工事が行われることとなった。

磐梯山の噴火

志賀重昂の『日本風景論』では、磐梯山の噴火について「山腹噴煙十ヵ所あり、湯桁山より三大湖を望む、すなわち明治二一年大爆裂のさい新たに化成せしもの」[三]云々と簡単に書いてあるのみである。磐梯山噴火は、日本赤十字の災害派遣の第一号としての碑文もあり、『官報』明治二一年九月二七日付第一五七五号など、関谷清景と菊池安による多くの報告が書かれているが、当時の志賀は興味を寄せなかったようである。

これに対して、吾妻山の噴火は、一度目の噴火が落ち着いたため火口の調査に向かった三浦宗次郎と西山惣吉が殉職したため、二人を悼む文が『日本風景論』に掲載されている。[三]耕地などの被害が小さかった吾妻山の噴火の方を大きく取り上げる志賀の記述からは、災害時に自らの身を顧みずに自らの職務に忠実に英雄的行動をとる者を称える精神がうかがえる。

明治三陸地震と井上円了

二〇一一（平成二三）年の東日本大震災の際には、津波の到達地点や津波への警句が記された津波碑が注目を浴びた。岩手県の釜石市と山田町の津波碑には、そういった記述があるもののほかに、慰霊のために立てられたものがある。そこに文を記すのは、多くの場合は僧侶である。この文を撰んだ人物の中に、前述したように仏教学者であり僧侶でもあった大内青巒がいた。そして、哲学者井上円了もその碑を実見している。

円了が碑を見たのは、彼の巡講記録である『南船北馬集』によると、一九一七（大正六）年六月三〇日から八月十五日にかけて、宮城県と岩手県の巡講をしたときである。行路は以下のようになっている。

七月七日に、折立（現在の南三陸郡大字戸倉字折立）で海沿いに出ている。そして、「折立より志津川までの沿岸二里の間は太平洋に面し、湾曲あり、小嶼ありて、風光絵のごとし。[二三]」と、谷あいからリアス海岸にでたときの光景をまず記している。しかし、その後で、「宮城県一部巡講日誌」のまとめとして、巡講の後に「本吉郡沿岸は大抵明治二十九年度、三陸大つなみの災にかかりしも、ひとり気仙沼は海湾の深く入りしためにその災を免れたり[二四]」と、津波被害の難を逃れたことが記されている。気仙沼で海岸から離れた後、七月一〇日より、高田町、小友村、盛町、立根村、大船渡村と海沿いを進み、再び、世田米村、上有住村、上郷村、遠野町、宮守村、附馬牛村、土淵村と内陸部に入り、七月二一日に、軽便鉄道で釜石駅に移動している。釜石では石応寺に泊まっているが、そこには、大内書の津波碑が立っている。[二五]「当（釜石）町は明治二十九年、三陸つなみの中心に当たり、町内五千人の人口中、四千人溺死せりという。近在には一村落全滅、ただ一人、他行中にて免れたある所ありと聞く。宿寺の境内に二基のつなみ紀念碑あり[二六]」と記されており、その内の一基が大内の津波碑である。その後、大槌町に船で行き、また、海路で山田町に移動する。山田町の津波碑については特に記載されていない。津軽石村まで陸路をとったのち、海路で宮古町に移動する。茂市村、ふたたび宮古町と講演をしている。七月二七日には、船で小本村へと移動した。小本でも「先年、つなみの際全町流出し、ただこの校舎のみ残れり。よってつなみ紀念として旧来のまま保存すという」[二七]と津波に関する記述がある。以後の沿岸市町村としては、久慈町での講演があるが、津波や地震に関する記述は見られない。

円了の巡回講演についての記述は、日と天気、開会場所、発起人の記述と、その地域についての短いコメントを基本とするが、そのコメントに方言と産物以外の事柄が記されることは少ない。その中で津波の被害状況や現況に紙幅を割いているのは、その印象が強く刻まれることであったためと考えられる。

二　むすびにかえて―明治期の自然観

寺田寅彦は災害に関するエッセーを多数残している。それらは現在、『天災と国防』という一冊の本に収められているが、そこから寺田の災害についての考え方をまとめてみよう。寺田によると、日本は台風（風水害）の通り道に立地し、大陸塊の縁辺にあって海溝が控えているので、地震と火山の多いことは世界に引けを取らない。日本人を日本人にしたのは、神代から今日まで根気よく続けられてきた災難教育であった。予報よりも予防を重視するという立場に立つべきである。地震については、地殻の構造から算出できる最大限の地震を想定した施設を作れば恐れるに足らないというように、現在の災害対策にも繋がることが記されている。ただし、「最大限の地震で安全な施設」という点についていえば、過去の災害規模を過小に計算していたことが、現在クローズアップされてしまっている。

明治期には、死者が出るような自然災害が頻発していたが、情報通信が現在ほど発達していなかったため、渋沢の例のように事象は伝わっても、それが非被災者の血肉となるようなことはなかった。本稿では一葉の日記から円了の巡講記まで様々な資料を取り上げたが、いずれも個人の体験や感想、状況を述べるに止まり、「自然観」を表すような大局的な意見を述べたものは今回の調査範囲では見られなかった。このことから、欧米の技術の「受用」は進められていたが、自然科学においてはその前提となるような思想は単なる「受容」に止まっていたと結論できるのではないだろうか。

また、寺田の「最大限の地震で安全な施設」という考え方は、被害が出る場所を受け入れながら環境整備を通じて全体的な被害を軽減するという江戸時代までの災害対策からの変化が見られると言えよう。円了の巡講記に見られる、津波碑を立てたり、災害遺構を残したりすることは、明治三陸地震に始まるのではなく、江戸時代以前から行われた「災害の記憶」を継承する活動のひとつであるといえるだろう。また、東京日日新聞の記事や志賀の『日本風景論』などのように、東日本大震災後の日本の状況と通じる事柄が記されていることも既に見たとおりである。

今回は取り上げることができなかったが、安政江戸地震のかわら版や幕府の報告書から明治以降の災害に対する報道や記録を網羅的に調査すれば、日本人が西洋文明の影響を受けて災害対応が変化したのかがわかるのではないだろうか。

参考文献

津波ディジタルライブラリィ　http://tsunami-dl.jp/（二〇一四年一〇月七日閲覧）

津波被害・津波石碑情報アーカイブ　http://www.thr.mlit.go.jp/bumon/b00045/road/sekihijouhou/index.html（二〇一四年一〇月七日閲覧）

赤塚忠 訳『書経・易経（抄）：中国古典文学大系一巻』、平凡社、一九七二年

井上円了『井上円了選集 第一五巻』、東洋大学、一九九八年

宇佐美龍夫 他著『日本被害地震総覧 599-2013』、東京大学出版会、二〇一三年

大石久和『国土と日本人 災害大国の生き方』、中公新書、二〇一二年

大森房吉「明治二十七年六月二十日東京激震ノ調査」『震災豫防調査會報告』、震災豫防調査會、一八九九年

尾原宏之『大正大震災―忘却された断層』、白水社、二〇一二年
加藤常賢『書経（上）：新釈漢文大系第二五巻』、明治書院、一九八三年
北原糸子『津波災害と近代日本』、吉川弘文館、二〇一四年
国立天文台 編『理科年表』平成二七年版第八八冊、丸善出版、二〇一四年
志賀重昂『日本風景論 新装版』、講談社学術文庫、二〇一四年
渋沢栄一 述、小貫修一郎 筆記、高橋重治 編『澁沢榮一自叙傳』、澁澤翁頌德會、一九三七年
渋沢栄一『論語活かす』（新版）、明徳出版社、一九八九年
渋沢青淵記念財団竜門社 編『渋沢栄一伝記資料 第二四巻』、渋沢栄一伝記資料刊行会、一九五九年
渋沢秀雄『父の映像＝渋沢栄一』、角川書店、一九六一年
谷崎潤一郎『谷崎潤一郎全集 第一七巻』、中央公論社、一九六八年
寺田寅彦『天災と国防』、講談社学術文庫、二〇一一年
東京日日新聞社 編『大東京繁昌記（下町篇・山手篇）』、春秋社、一九二八年
陶徳民、姜克實、見城悌治、桐原健真 編『東アジアにおける公益思想の変容 近世から近代へ』、日本経済評論社、二〇〇九年
永谷健『富豪の時代 実業エリートと近代日本』、新曜社、二〇〇七年
樋口一葉 塩田良平、和田芳恵、樋口悦 編『樋口一葉全集 第三巻（上）』、筑摩書房、一九七九年
藤田省三『天皇制国家の支配原理』、みすず書房、二〇一二年
松浦茂樹「明治四三年水害と第一次治水長期計画の策定」『国際地域学研究』第一一号、東洋大学、二〇〇八年
安丸良夫『安丸良夫集一 民衆思想史の立場』、岩波書店、二〇一三年
米地文夫『磐梯山爆発：シリーズ日本の歴史災害 第四巻』、古今書院、二〇〇六年

注

一　現在の荒川本流。
二　現在も手軽に手に入る学者による文献としては、哲学館で教えてもいた志賀重昂の『日本風景論』にわずかに出ている火山ついて記されているなど、管見の及ぶ範囲では僅少である。
三　以下の部分にスパンを合わせて、明治元年の一八六八年から六〇年のスパンでとると一九二七年に北丹後地震があり、死者数が二九二五人増える。
四　『国史大辞典』（吉川弘文館、一九七九年）の該当項目の死者数を合算した。
五　一九四六年からの五九年間にした場合、二〇〇五年三月二〇日に発生した福岡県西方沖地震で、福岡市の女性で倒れたブロック塀の下敷きになって亡くなった方が除かれる。逆に、一九四六年を除くと、一九四六年一二月二〇日の昭和南海地震における死者・行方不明者一二二三名が除かれる。
六　『理科年表第八八冊』において、「気象災害」は三四〇頁から三六二頁に記されている。ちなみに、有史以来の日本の火山噴火は全部で八頁、地震は三四頁である。
七　『理科年表第八八冊』の「日本の活火山に関する噴火記録」六九九～七〇六頁ならびに「日本付近のおもな被害地震年代表」七四二～七四七頁および、宇佐美他二〇一三の二〇一頁～二八九頁から作成した。
八　筆者が直接聞いた例として、元総理大臣細川護熙氏が二〇一三年一二月二一日に東洋大学で行った講演で用いたものがある。
九　加藤一九八三、二五九頁一、四の漢文と読み下しを引用した。
一〇　加藤一九八三、二六一頁、一・一～一・二の漢文と読み下しを引用した。
一一　渋沢一九三七、九一七～九一八頁。
一二　永谷二〇〇七、二五九頁。
一三　渋沢青淵記念財団竜門社一九五九を参照した。
一四　渋沢一九三七、九一五頁。
一五　渋沢一九三七、九一九頁。

一六　ただし、焼けたことは直ぐに気付かず、翌日から働いていたことを、息子の渋沢秀雄が『父の映像』で「その翌日（九月二日）父は玄関先の椅子に腰かけて、両手をステッキの上に置きながら、凛然として、人々に指揮命令を与えていた。［中略］儼然たる調子で、椅子から立上ると、門の方へ歩き出してしまった。九月三日ごろには、父は市内を飛び回っていた。」（現代語に改めた）と記している。

一七　渋沢一九三七、九三〇頁。

一八　樋口一九七九、三八三〜三九〇頁。

一九　谷崎一九六八、七七頁。

二〇　谷崎一九六八、一一〇頁。

二一　志賀二〇一四、一二四頁。

二二　志賀二〇一四、一二〇〜一二一頁、三五四頁。

二三　井上一九九八、一五七頁。

二四　井上一九九八、一五九頁。

二五　津波碑は、津波到達地点に立てられるが、二〇一一年の震災時は、この津波碑よりもさらに上まで津波が到達した。新たな津波到達地点に、東日本大震災で落命した檀家の氏名が記された新しい津波碑が立てられている。大内が書を記した津波碑は、石応寺に、一八九七（明治三〇）年二月に建碑されたものであり、正面に大内青巒書の犠牲を悼む漢文の碑文が彫られ、裏面に、犠牲者である役員とその家族、一段小さい文字で職工とその家族の姓名が彫られて、左端に建碑者名として「東京田中本店釜石田中製鉄所大阪田中店員一同」とある。

また、山田町の龍昌寺にも大内が選書した津波碑が立てられているが、こちらも東日本大震災では、浸水地内であり、明治三陸地震の津波よりも大きい津波が東日本大震災のときに襲ったことがわかる。

二六　井上一九九八、一六六頁。

二七　井上一九九八、一七四頁。

『近代化と伝統の間』 索 引

＊(　)内のものも含む

人物名

ア行

カ行

サ行

書　名

事　項

ア行

カ行

サ行

タ行

ナ行

ハ行

マ行

ヤ行

ラ行

執筆者紹介（掲載順）

吉田公平（よしだ・こうへい）
東洋大学名誉教授。主な著作として、『王陽明「伝習録」を読む』（講談社学術文庫、2013年）、『陸象山と王陽明』(1990年)、『中国近世の心学思想』(2012年)、『日本近世の心学思想』(2013年、以上、研文出版）など多数がある。

小路口　聡（しょうじぐち・さとし）
東洋大学文学部教授。主な著作として、『「即今自立」の哲学―陸九淵心学再考』（研文出版、2007年）、『哲学資源としての中国思想』（編著、研文出版、2013年）などがある。

王　青（Wang, Qing）
中国社会科学院哲学研究所研究員。主な著作として、『日本近世思想概論』（世界知識出版社，2006年11月）、『儒教与東亜的近代』（編著、河北大学出版社、2007年10月）などがある。

西村　玲（にしむら・りょう）
公益財団法人中村元東方研究所専任研究員。主な著作・論文として、『近世仏教思想の独創―僧侶普寂の思想と実践』（トランスビュー、2008年）、「須弥山と地球説」『岩波講座 日本の思想 第4巻 自然と人為』（黒住真、苅部直、佐藤弘夫、末木文美士編、岩波書店 , 2013年所収）などがある。

岩井昌悟（いわい・しょうご）
東洋大学文学部准教授。主な著作・論文として、『現代仏教塾Ⅰ』（共著、幻冬舎メディアコンサルティング、2015年）、「今は無仏時代か有仏時代か？―仏の遺骨と生きている仏」（『東洋学論叢』65、2012年）などがある。

岡田正彦（おかだ・まさひこ）
天理大学人間学部教授。主な著作として、『忘れられた仏教天文学』（ブイツーソリューション、2010年)、『宗教の詩学―テクストとしての「宗教」を読む』（天理大学出版部、2007年）などがある。

三浦節夫（みうら・せつお）
東洋大学ライフデザイン学部教授。主な著作として、『井上円了―日本近代の先駆者の生涯と思想』（教育評論社、2016年)、『新潟県人物小伝 井上円了』（新潟日報事業社、2014年）『井上円了と柳田国男の妖怪学』（教育評論社、2013年）などがある。

ゲレオン・コプフ（Gereon Kopf）
アメリカ・ルーター大学教授。主な著作として、*Beyond Personal Identity: Dōgen, Nishida, and a Phenomenology of No-Self* (Richmond, U.K.: Curzon Press, 2001)、*Merleau-Ponty and Buddhism.* Eds. Jin Y. Park and Gereon Kopf (編著、Lexington Books, 2009) などがある。また、*Journal of Buddhist Philosophy*（SUNY Press, Vol. 1, 2015）の編集長を務めた。

相楽　勉（さがら・つとむ）
東洋大学文学部教授。主な著作として、『エコ・ファンタジー：環境への感度を拡張するために』（共著、春風社、2015年)、『ハイデガー読本』（共著、法政大学出版、2014年）などがある。

小坂国継（こさか・くにつぐ）
日本大学名誉教授。主な編著作として、『明治哲学の研究―西周と大西祝』（岩波書店、2013年12月)、『大西祝選集Ⅰ～Ⅲ』（編集、岩波文庫、2013～14年）など多数がある。

白井雅人（しらい・まさと）
東洋大学国際哲学研究センター研究助手。主な著作・論文として、『滝沢克己を語る』(共著、春風社、2010年)、「後期西田哲学における論理の場所―身体と自覚を手引きにして」（『哲学』59号、日本哲学会）などがある。

出野尚紀（いでの・なおき）
日本女子大学非常勤講師。主な論文として、「明治期哲学堂：『哲学堂来観諸君名簿』第一号からみた」（『井上円了センター年報』第23号、2014年)、「ヒンドゥー建築論書における都市の内部構成について」（『東洋学研究』第50号、2013年）がある。

東洋大学国際哲学研究センター　第一ユニット

2011年7月設立。
東洋大学国際哲学研究センターは、「多元化した地球社会の諸問題を自覚的に捉え、問題解決型の哲学研究の推進すること」を目的に、文科省による私立大学戦略的研究基盤形成支援事業として設立された。同センター第一ユニットは「日本哲学の再構築に向けた基盤的研究」をテーマにした研究ユニットで、東洋大学の創設者である井上円了の思想をはじめとする明治期の哲学を主要な研究課題とし、国際井上円了学会の設立、ヨーロッパ、東アジア、北中米の研究者との共同研究など、国際的な研究活動を行ってきた。それによる大きな成果として、和英両言語からなる国際井上円了学会の学会誌「国際井上円了研究」3冊の刊行、韓国東国大学校と結ばれた研究交流協定に基づく計4回にわたる国際共同セミナーの開催、フランスストラスブール大学と東洋大学をＷＥＢで結び正規の授業として開催された国際講演会などの国際的な教育活動の実践が挙げられる。

近代化と伝統の間―明治期の人間観と世界観

2016年1月27日　初版第1刷発行

編　者　吉田公平・岩井昌悟・小坂国継
著　者　東洋大学国際哲学研究センター　第一ユニット
発行者　阿部黄瀬
発行所　株式会社 教育評論社
〒103-0001
東京都中央区日本橋小伝馬町 12-5 YSビル
TEL 03-3664-5851
FAX 03-3664-5816
http://www.kyohyo.co.jp
印刷製本　三美印刷株式会社

ISBN 978-4-905706-39-7　C0010